俞吾金 著

俞吾金
哲学随笔
01

哲学遐思录

北京师范大学出版集团
BEIJING NORMAL UNIVERSITY PUBLISHING GROUP
北京师范大学出版社

前　言

在某种意义上，我们这个时代是大众传媒的时代。报刊图书、广播音像、网络信息、电视电影和铺天盖地的广告无例外地渗透到每个人的生活中。人们几乎只凭感觉、无须思想就可以轻轻松松地生活在这个世界上，因为大众传媒会指导人们如何去投资、经营、消费、休闲、娱乐，甚至会指导人们如何去学习、工作、恋爱、成家、保健等。总之，在市场经济的背景下，当代人的感觉突然变得敏锐了，他们能够鉴别出不同品牌的烟、酒、香水之间的极细微的差异；但与此同时，他们的思想却变得空前的肤浅了，以致我们竟看不出成年人的文化读本与儿童的文化读本之间究竟存在着什么样的差别。

思想的缺位导致了生活世界的畸变。于是，现象取代了本质，模仿取代了创造，矫情取代了质朴，恭维取代了批评。可是，人们仍然满足于在浴缸中戏水，在杯子里观察风暴，在摄影棚中欣赏雷电，在艺术赝品上锻炼鉴赏力，在武侠小说中学习历史，在影视作品中品味人生。最具讽刺意义的是，居然还有人称我们这个时代是"思考的时代"。多么近视的远见！多么无知的骄傲！如果人生可以被还原为单纯的感觉，那么人类和其他动物之间又有什么区别呢？如果无思想的生活是最美好的生活，那么人类的大脑又有什么用处呢？

记得法国哲学家帕斯卡尔（Blaise Pascal）曾经说过，"人是会思想的芦苇"。按照他的看法，在浩渺无垠的宇宙中，人是非常渺小的，但人却可以把整个宇宙纳入自己的思想中。思想才是人类真正的骄傲。事实上，离开了思想，连感觉本身也会显得肤浅。谁都不会怀疑，只有被理解了的东西，才能更深刻地被感受。所以，在这个思想缺位的时代，没有什么事情比召唤思想的归来更为重要了；而思想既不在远处，也不在高处，它就在日常生活中。它会随时从人们不屑一顾的生活细节中喷发出来，使人们感受到它的神奇的力量。

限于题旨，本书的内容，并不涉及法国哲学家利奥塔所谓"宏大叙事"，而只关涉到对日常生活中的琐事和观念的反思。然而，庄子早就告诉我们："厉与西施，道通为一。"借助于对隐藏在日常生活深处的思想的激发和召唤，我们的目的也正是领悟"道"之深义，从而进入更高的精神境界中去。

毋庸讳言，写作是极其艰辛的劳动，但唯其艰辛，作者在收获时才会经验到更多的喜悦。诚如古代史学家塔西陀（Tacitus）所说的："当你能够感觉你愿意感觉的东西，能够说出你所感觉到的东西的时候，这是非常幸福的时候。"

目　录

探索与创新

印象与感悟

文化与文明

文化发展的新反思[①]

21世纪文化发展的趋向如何？这是大家都十分关注的问题。在我看来，对这个问题的思考应该避免两种不正确的态度。一是浪漫主义的态度，如有的学者认为，21世纪是中国文化的世纪，与其说这种见解源自深邃的理性思考，不如说它植根于偏狭的民族情绪。二是事务主义的态度，即只关注文化细节上的变化，忽略了对文化总体变迁战略的反思。正确的态度应该是现实主义的态度，即从当代中国社会的现实出发，对文化的发展做出合理的、富有前瞻性的说明。

两种不同的多元主义

在当代中国社会中，文化发展的多元化趋

---

① 本文载《社会科学论坛》，2000（5）。

势已经成为一个不争的事实。这种多元化的趋势正是对"文化大革命"中以最极端的形式暴露出来的文化专制主义的一种反驳。毋庸讳言,在当代中国文化生活中,我们仍然能够寻觅到文化专制主义与话语霸权的种种踪迹,因为这些观念从未得到过系统的清理和批判。但是,在当代知识分子的意识层面上,多元主义的宽容态度已经普遍地确立起来,从而文化专制主义与话语霸权也受到了普遍的抵制。我在这里之所以强调"意识层面",道理很简单,因为在知识分子的潜意识层面上,这些观念还拥有相当的影响。要说明这一点,随便举一个例子就可以了。比如,在中国传统知识分子中间普遍地存在着一种"文人相轻"的陋习,总认为学问是自己的好。这种陋习似乎并没有被当代中国知识分子抛弃。学人们在文本中表述自己的观点时,特别喜欢使用"只有……才能……"这样的句型。这一句型表明,他们各自把自己看作真理的唯一拥有者。在这个意义上可以说,批判文化专制主义和话语霸权乃是中国文化界面临的长期任务。

然而,我们在这里强调的是意识层面。也就是说,应该肯定,在当代中国社会,至少是在知识分子中间,文化多元主义的意识已经普遍地建立起来了。现在我们需要进一步加以考察的是:文化多元主义是否无条件的是正确的?我们的回答是否定的。在我们看来,存在着两种不同类型的文化多元主义:一种是"自然主义的文化多元主义",另一种是"批评的文化多元主义"。种种事实表明,在当代中国社会中盛行的是前一种文化多元主义。

什么是"自然主义的文化多元主义"呢?这种文化多元主义的特征是以自然的,即听之任之的态度对待各种文化现象和文化观念,其口号是"Anything goes"(什么都行)。如果说,当人们刚从"文化大革命"中"四人帮"式的文化专制主义中挣脱出来的时候,这种自然主义的文化多元主义还有其积极因素的话,那么在今天,在多样性和异质性的观念已经深入人心的情况下,它的消极因素开始引起人们的重视。显而易见,自然主义的文化多元主义是拒斥任何批评的。乍看起来,它似乎是以公正的态度对待所有的文化现象和观念，但实际上，它却使平庸的、媚俗的、不健康的文化现象和观念，与富有创新意识的、高雅的、健康的文化现象和观念一样，获得了自己的生存空间。由于批评的缺席，不健康的文化现象和观念就会像热带植物一样迅速地生长起来，侵占健康的文化现象和观念的生长空间，从而造成文化总体质量的急剧下降。历史和实践一再证明，无批评的、自然主义的文化多元主义乃是一种形式化的、误入歧途的文化多元主义，它只能导致文化发展的"无政府主义状态"，从而最终使文化内部的生命力趋于衰竭。

那么，什么是"批评的文化多元主义"呢？这种多元主义的特征是把批评视为任何文化存在和发展的根本内驱力。但在这里，我们必须对"批评"这个词的内涵做出明确的限定。一方面，这种批评不是权力话语，而是批评者与被批评者之间的平等的、开放的对话。顺便指出，人们习惯于把学术上的批评和反批评称之为"学术民主"，其实，这个说法在根本上就是错误的。应该说，学术机构的产生要采用民主的方式，但在学术研究和批评上，我们只能使用"学术自由"的口号。因为民主蕴含着少数服从多数的原则，但在学术研究和批评上，永远不存在一个少数服从多数的问题。另一方面，这种批评不是着眼于批评对象的细枝末节，而是着眼于其大端和本质，从义理上深入地检讨批评对象的前提能否成立，它自身能否自圆其说。在批评的文化多元主义看来，只有通过平等的、开放的、充分说理的批评，健康的文化现象和观念才能获得自己的生存和发展的空间。比如，俄国文化之所以取得了举世瞩目的成就，与其拥有的杰出批评家——别林斯基、赫尔岑、车尔尼雪夫斯基、杜勃留波夫斯基等是分不开的。

简言之，在当代中国社会中，仅仅意识到文化必然以多元的方式存在是远远不够的，还必须从文化多元主义中进一步区分出自然主义的文化多元主义和批评的文化多元主义，并自觉地站在批评的文化多元主义的立场上。

两种不同的价值预设

在前面论述批评的文化多元主义时，我们曾强调指出，批评应该是平等的、开放的、充分说理的，但这三个限定词涉及的还仅仅是批评的形式方面，更重要的是批评的实质方面，即任何批评者行使其批评方面的权利时，他实际上拥有赖以出发的价值预设。

价值预设常常是潜藏在人们（也包括批评者）意识的深处的，甚至常常是居留在潜意识的领域中的。自发的批评者总是不自觉地受到自己潜意识中的价值预设的制约，但他自己却意识不到这一点。他认为自己的批评活动完全是自由的，他既可以自由地变换自己的批评对象，也可以自由地改变自己的批评用词，乃至批评风格。显然，他的想象力把自己的自由度无限地夸大了。事实上，他的全部批评活动不过是被一只看不见的手牵引着的一架竹制的风筝而已，而这只看不见的手正是他的"价值预设"。自觉的批评者在从事任何批评活动之前，先会对自己的价值预设做出心理的分析和认真的反思。所谓心理的分析，是把躲藏在自己潜意识中的价值预设拉到意识的层面上来；所谓认真的反思，则是对自己的价值预设进行批评性考察。这样一来，自觉的批评者在批评任何文化现象和观念之前，都会先行地澄明自己的价值预设。

那么，在当代中国社会中，可能存在着哪些价值预设呢？如果人们注重细节的话，可以说，存在着无限多的价值预设。如果我们从大处着眼的话，就会发现，当代中国社会大致存在着三大类有重大区别的价值预设。第一类是前现代的，即以传统观念为主导原则的价值预设，其基本内容是：王权至上、等级观念、祖先崇拜、男尊女卑、忠孝节义、重本（农）抑末（商）、明哲保身等；第二类是以现代性为主导原则的价值预设，其基本内容是：市民社会、法权状态、个人本位、独立人格、男女平等、自由民主、社会公正等；第三大类是以后现代主义为主导原则的价值预设，其基本内容是：解构传统、批判启蒙、反对极权、消解宏大叙事、女权主义、环境保护等。

面对着这三大类不同的价值预设，人们应该做何选择呢？我们认为，这种选择是不能笼统地、抽象地加以讨论的，必须把它置于当代中国社会所处的具体的历史情景之下。众所周知，中国是一个刚从自然经济和计划经济中脱胎出来的发展中国家，中国与西方国家在发展上存在着一个巨大的历史错位。当西方社会正在全力追求现代化的时候，中国社会仍然在传统社会中酣睡；而当西方社会产生出强大的后现代主义思潮，并对现代化和现代性的主导价值进行全面批判的时候，中国社会刚刚走上追求现代化和现代性的道路。当代中国社会所处的特殊的历史情景决定了：在今后很长的一段时间内，追求现代化仍然是我们面临的主导性任务。这一主导性的任务决定了我们对上面三大类价值预设的划分。我们可以进一步把它们划分为两种不同的价值预设：一种是"主导性的价值预设"，即第二类的以现代性为主导原则的价值预设；另一种是"扰动性的价值预设"，即第一类的以传统观念为主导原则的价值预设和第三类的以后现代主义为主导原则的价值预设。

所谓"主导性的价值预设"与现实生活中对现代化的追求完全是一致的，它应该成为批评者在从事任何文化批评前应该确立的、合理的价值预设。所谓"扰动性的价值预设"，是指前现代的传统观念和后现代主义的文化理论都把攻击的矛头指向现代性的价值体系，因而它们对于对现代化的追求和对现代性的执持起着一种干扰的作用。当然，这两者在干扰的方向上是根本相反的。如果说，传统观念是从右面反对任何现代化和现代性观念的话，那么后现代主义则从左面加以反对。尽管如此，我们必须看到，在传统的和后现代主义的观念中，都包含着一些合理的因素，我们必须吸纳这些因素，以便对现代性的价值体系进行必要的修正，从而更好地坚持这一价值体系。

两种不同的叙事方式

当人们自觉地运用主导性的价值预设，即现代性的价值预设去批评一切文化现象和观念的时候，当代中国文化是否会沿着健康的轨道向前发展呢？我们的回答仍然是有保留的，因为我们在这里讨论的"文化"主要是观念意义上的文化。显然，只有批评对象是观念性的东西，批评的价值预设也才是纯粹观念性的东西，在这样的情况下，对不同的叙事方式的选择就上升为根本性的问题。我们认为，存在着两种根本对立的叙事方式。

一种是马克思的历史唯物主义的叙事方式。根据这种叙事方式，各种文化观念的变迁、各种文化现象的生灭、各种价值预设的转换，归根结底可以从现实生活，尤其是经济生活中找到原因。当然，历史唯物主义不应该被曲解为经济决定论，在现实生活中，各种因素处于复杂的互动关系中，其中的每一种因素在特定的历史条件下都有可能起决定性的作用。马克思只是在归根结底的层面上来强调经济生活的基础性和重要性。历史和实践一再证明，当我们采用历史唯物主义的叙事方式时，一切文化现象和观念的实质就会清晰地显现出来。在这方面，马克思的《路易·波拿巴政变记》永远是无与伦比的典范。

另一种是韦伯式的观念主义的叙事方式。按照这种叙事方式，全部现实生活就像软木塞一样漂浮在观念之河上，历史的变迁也就是人们对旧观念的抛弃和对新观念的接受。总之，历史仅仅是观念，而观念则是全部历史。韦伯在他的名著《新教伦理和资本主义精神》一书中曾用新教伦理来解释西方近代社会的发展。但他显然忘记了，新教伦理并不是从天而降的东西，它也是在当时的现实生活，特别是在当时欧洲的市民经济生活和要求的推动下，通过宗教改革的媒介形成并发展起来的。如果完全撇开现实生活，只是在纯粹观念的范围内，在文本与文本之间进行叙事的话，这种观念主义的文化批评必然会流于荒谬。马克思在批判青年黑格尔主义者的观念主义错误时，曾经这样写道："有一个好汉一天忽然想到，人们之所以溺死，是因为他们被关于重力的思想迷住了。如果他们从头脑中抛掉这个观念，比方说，宣称它是宗教迷信的观念，那末他们就会避免任何溺死的危险。"① 这就告诉我们，在文化批评中，必须避免观念主义的叙事方式，而自觉地站到马克思的历史唯物主义的叙事方式上来。

综上所述，我们引申出如下的结论。第一，在 21 世纪的文化探讨中，仅仅肯定自己是一个文化多元主义者还是不够的，必须追求一种更高的文化多元主义的状态，那就是批评的文化多元主义。第二，在文化建设中笼统地谈论批评也是不够的，重要的是在进行批评之前，先在逻辑上建立一套合理的价值预设；而在当代中国社会的具体的历史情景下，以现代性为根本原则的价值预设应该是合理的、主导性的价值预设。第三，我们这里讨论的文化主要是观念形态上的文化，这就决定了我们在文化批评中不应该选择观念主义的叙事方式，而应该选择历史唯物主义的叙事方式。

---

① 《马克思恩格斯全集》，第 3 卷，16 页，北京，人民出版社，1960。

文化生活中的"修辞学转向"①

　　在当今中国人的文化生活中，存在着一种比较普遍的倾向，那就是自我包装、自我夸耀和自我炒作的倾向。我们这里说的"自我"可以指某个人，也可以指某个单位或团体。一般说来，自我评价是文化生活中的一个不可或缺的环节。如果这样的评价符合自我的真实情况，当然是无可非议的。然而，我们在这里批评的并不是实事求是的自我评价，而是那种不符合自我的实际情况的、有大量"水分"的自我炒作的倾向。我们之所以借用一个大字眼——"修辞学转向"来指称这种倾向，因为有时候只有大字眼才能道出生活细节的神韵。

　　在中国古代，修辞通常指论辩中的立论，所以古人有"修辞立其诚"的说法，强调立论应该尊重事实和真理。在古代西方，修辞是一种在论辩中说服他人的技巧，所以亚里士多德在《修辞学》一书中强调："修辞术的定义可以这样下：一种能在任何一个问题上找出可能的说服方法的功能。"我们在这里使用的"修辞学"这个词的含义是：通过语言（口语或书写语言）表达上的技巧来说服受众（即听众、观众或读者）；"修辞学转向"的含义是：从对自我的实际情况的重视转向对单纯的语言修辞手法的重视。要言之，没有事实，只有修辞。我们不妨对当前文化生活中的这种"修辞学转向"的现象做一个具体的分析。

其一，当人们外出旅游时，发现全国各地的风景点都充斥着这样的题词："天下第一泉""天下第一峰""天下第一河""天下第一湖""天下第一洞"等。当许许多多的"天下第一"展现在游客的面前时，他们就像置身于罗马的万神庙一样感到困惑不解：究竟哪个神才是最重要的呢？这种对"天下第一"这个词的滥用已经使它失去任何实质性的意义，沦为一个空洞的、无意义的修饰词。

其二，当人们有机会浏览求职者的自我介绍材料时，常常会产生这样的幻觉，即这个求职者即使不是一个百年难遇的全才，至少也是一个不可多得的重要人物。这种自恋式的、自我炒作的心态很容易使我们联想起海涅在《论浪漫派》一书中提到的沙皇保罗。当一位法国公使在俄国宫廷里对沙皇保罗提起俄国的一位重要人物时，"沙皇厉声打断了公使的话头，说了这样几句古怪的话：'在这个帝国里，除了正在和我说话的人以外，别无重要人物，而且此人也只有在我和他谈话的时候，才重要。'"阅读这样的自我介绍材料，仿佛是在阅读某个商品的广告。然而，当人们离开修辞世界而在现实世界中实际地接触这个求职者的时候，往往发现，他的真正的重要之处乃是他的不可救药的平庸！

其三，当人们审读各种各样的课题申请表或评奖成果申请表的时候，也常常会对申请者关于课题意义的论证产生迷惑。即使一个申请者申请的只是"饮料文化"方面的课题，申报的只是"村民风俗"方面的研究成果，他也会以充足的理由向我们证明，他的研究课题或研究成果"具有重要的理论意义和现实意义"。如果专家们不同意这样的课题立项或这样的成果获奖,人类就有可能继续在黑暗中徘徊!总之,在这种"修辞学转向"中,到处都充斥着"意义"这个词,然而,这个词本身已经失去任何意义,借用莎士比亚的说法,它不过是"一个空的豌豆荚"。

其四,当一个人、一个单位或团体在大众传媒或其他场合陈述自己的情况时,人们经常看到或听到的是这样的语词,如"世界一流""达到世界先进水平""国内领先""名列前茅""填补空白""零的突破""近年来少见的""著名的""最有发展潜力的""原创性的"等。毋庸讳言,由这些语词组成的文本或口头语言,听起来华丽动人,读起来朗朗上口,然而,它们不过是一场"修辞学上的革命"而已。也就是说,人们改变的只是表述世界的语词,但世界本身并没有任何变化!

当然,这种"修辞学的转向"在现实生活中还有许多其他的表现形式,但是,万变不离其宗,其要害是用大话、空话和套话来取代实际行动;用修辞学上的手法来取代现实生活中的真实。显然,在当今的文化生活中,这种倾向是十分有害的,它不但降低了人们相互之间的信任度,也使虚假的、浮夸的风气到处蔓延,从而加剧了文化的泡沫化。

为了使当今的文化生活沿着健康的轨道向前发展,一方面,我们应该弘扬中国古人的"修辞立其诚"的文化态度,坚持实事求是的工作方法和思想方法,把尊重事实理解为文化生活的命脉;另一方面,我们也应该深入地反思这一"修辞学转向",批判其理论基础,分析其具体的表现形式,确立起真实的自我,从而为民族文化精神的重建打下扎实的基础。

文明之忧思[①]

众所周知，美国人类学家摩尔根在《古代社会》（1877）一书中曾把人类历史的发展划分为三个阶段，即蒙昧时代、野蛮时代和文明时代。不用说，比较起来，文明时代也是人们最向往、最礼赞的时代，然而，一旦人类置身于文明之中，并且被文明的大潮推进到 20 世纪的时候，他们突然发现，他们梦寐以求的文明的最高境界竟然是一幅惨不忍睹的血腥画面。第二次世界大战，尤其是纳粹的暴行从根本上改变了人们对文明的看法，以致德国哲学家阿多诺断言，在奥斯维辛集中营之后，人类的任何道德说教都是苍白的。

其实，与浑浑噩噩的众生不同，一些敏锐的知识分子早就走上了质疑文明的思想之路。我们知道，法国哲学家卢梭在《论科学和艺术

[①] 本文载《探索与争鸣》，2005（5）。

的复兴是否有助于敦风化俗》（1749）一书中提出了一个振聋发聩的见解，即与科学和艺术的发展相伴随的，竟是人类道德的沦丧。这实际上是第一次对人类文明的本质提出了质疑。接着，英国历史学家卡莱尔也在《过去与现在》（1843）一书中对他生活时代的文明状况进行了批判性的反思，以致中译者干脆把这本书的书名译为《文明的忧思》。① 几乎与卡莱尔同时，马克思在《1844年经济学哲学手稿》（1844）、《共产党宣言》（1848）等著作中也对文明社会的现状和异化提出了尖锐的批评。随后，德国历史学家斯宾格勒在《西方的没落》（1918—1922）中也开始了对人类文明的系统反思。在20世纪中，这种对文明的忧思已经变得十分普遍，事实上，在任何情况下，这种忧思都是对人类盲目乐观情绪的一种解毒剂。

本能的冲突

在《文明与不满》（1930）一书中，弗洛伊德运用心理分析方法，对人类文明的诞生及其发展做出了诊断。他认为，人类具有两种不同的本能：一是"生命的本能"，在这一本能的驱使下，人类从事发展、建设和创造；二是"死亡的本能"，在这一本能的驱使下，人类从事侵犯、破坏和毁灭。一部人类史，包括文明的诞生和发展，都是在这两大本能冲突的基础上展示出来的。弗洛伊德这样写道："在我看来，现在文明进化的意义对我们来说不再是一个谜。当文明进化在人类中使自己消耗殆尽的时候，它一定要向我们展示爱欲和死亡之间，生的本能和破坏本能之间的斗争。这种斗争是组成一切生命的基本的东西，因此，文明的进化过程可以简单地描述为人类为生存而做的斗争。"②

弗氏的心理分析为我们透视人类历史，尤其是文明的历史，提供了

---

① 参见卡莱尔：《文明的忧思》，北京，中国档案出版社，1999。
② 车文博主编：《弗洛伊德文集》，第5卷，270页，长春，长春出版社，1998。

一个新的视角。回顾人类历史，尤其是近代以来的发展史，我们发现，人类社会几乎处于不间断的战争与冲突之中。即使在弗洛伊德去世后，我们发现，他做出的结论依然对当代人类文明的发展有效。不要说20世纪的两次世界大战，就是从第二次世界大战结束以来，人类的许多地区，尤其是中东地区，差不多一直处于战争和冲突的威胁下。更有甚者，人类文明和科学技术的发展是同步的，也许正是人类的"死亡的本能"促使人类设计并生产出一系列的、大规模的杀人武器。极具讽刺意义的是，目前人类已经拥有毁灭整个地球（包括整个人类）的核武器。在"生命的本能"和"死亡的本能"的冲突中，究竟何种本能会占据主导地位，即使"生命的本能"能够占据主导地位，谁又能保证这种主导地位能够永恒地保持下去呢？

人们也许会对弗洛伊德提出这样的疑问：难道破坏与毁灭竟然是人类的本能吗？人类有没有可能通过某些途径，如满足每个人在财产上的欲望和要求，来避免人类的破坏和毁灭的行为呢？弗氏的回答是否定的。他这样写道："攻击性不是由财产创造的；它在原始时代几乎毫无限制地占据统治地位，那时能占有的东西还是极其贫乏的。"[1] 也就是说，既然人类不可能因为某种外在的原因而抛弃自己的本能，那么，人类的全部生存和未来不都建筑在偶然性之上吗？

理性的冲突

如果在人类的本能中蕴含着死亡、破坏和毁灭的维度，那么，人类的理性能否有效地控制住这种本能，从而使人类文明沿着健康的方向向前发展呢？事实上，从古希腊时期起，有的哲学家已经把人称之为"理性动物"，肯定了理性在人类的思想和行为方式中的主导作用。正如费耶

---

[1]　车文博主编：《弗洛伊德文集》，第5卷，261页，长春，长春出版社，1998。

阿本德所说的："在保护西方文明中扮演重要角色的第二种思想是理性或者合理性的思想。"① 他说的第一种思想是客观性。其实，客观性概念也是在通常理性的基础上被采纳的。然而，德国哲学家康德却在《纯粹理性批判》(1871) 一书中表明，人类理性就其本性而言，必定会陷入种种"先验幻相"，即人类理性的一个自然而然的错误是：人类总是把仅仅适用于经验范围的知性范畴运用到超经验的物自体上，从而创造出种种虚幻的形而上学的体系。在康德看来，所有这些体系，无非是理性自身错误的确证。

人们通常运用理性进行思维，却很少对理性本身进行反省。实际上，这种反省越是深入，人们就越会发现，理性并不像人们通常所设想的那样，充满阳光和鲜花。相反，处处可见的却是理性的冲突。我们这里说的"理性的冲突"有以下两个方面的含义。

其一，理性的不同种类之间的冲突。哲学家们一直认为，存在着不同种类的理性。比如，康德把与数学、自然科学相关的理性称之为"理论理性"，把与道德、宗教、法律相关的理性称之为"实践理性"；韦伯区分了"工具合理性"和"价值合理性"，前者涉及人伦日用，后者涉及超越性意义层面。虽然韦伯与康德的表述存在着差异，但对理性种类的区分大致上是相同的。如果用今天的语言来表达，我们也许可以把理性划分为"科技理性"和"人文理性"两大种类。前者关注的是事实、客观性、效率，后者关注的则是价值、意义和公正。从历史上看，这两种理性常常处于冲突之中。近代社会以降，"科技理性"常常具有压倒性的优势，从而导致了"人文理性"的衰弱。卡莱尔甚至认为，"在这个由无神论主宰的世界上，从最高的天国与威斯敏斯特大教堂，通过充满谄媚与虚伪的社区，直到最底层的角落，都是肮脏的"②。尽管这样的见解显得过于偏颇，但它却道出了"科技理性"占据主导地位的真相。

---

① 保罗·费耶阿本德：《告别理性》，9 页，南京，江苏人民出版社，2002。
② 卡莱尔：《文明的忧思》，16 页，北京，中国档案出版社，1999。

其二，相同种类的理性内部的冲突。在不同共同体、不同个人所拥有的"科技理性"或"人文理性"内部，同样存在着尖锐的冲突。就"科技理性"而言，在不同的共同体和不同个人的具体利益的驱使下，会发生激烈的冲突；同样的情况也适用于"人文理性"。因为在不同的文化语境中，"人文"这个词具有完全不同的文化含义，其差异是十分巨大的，因而即使不同的共同体和个人都讲"理性"，它（他）之间的冲突仍然是不可避免的。正是在这个意义上，马尔库塞指出：尽管从各个具体的方面看来充满理性，"然而，这个社会作为总体却是非理性的"①。

宗教的冲突

在《文明的冲突与世界秩序的重建》（1996）一书中，亨廷顿指出："正如雅典人所强调的，在所有界定文明的客观因素中，最重要的通常是宗教。"② 亨廷顿特别分析了伊斯兰原教旨主义与西方基督教之间的冲突，并进一步指出："在穆斯林眼中，西方是世俗主义的和无宗教信仰的，因而也是不道德的，与产生这些现象的西方基督教相比，这些是更多更大的罪恶。"③ 显然，发生在 2001 年的"9·11"事件表明，亨廷顿关于不同文明、宗教之间冲突的理论并不是空穴来风。有趣的是，布什总统在对这一突发事件的反应中，也不知不觉地谈到了"十字军东征"的历史故事。而后来中东发生的一系列流血事件，尤其是具有恐怖主义倾向的"人体炸弹"事件也都是在所谓的伊斯兰"圣战"的旗帜下进行的。所以，尽管亨廷顿和其他学者都小心翼翼地谈论着所谓"文明的冲突"，但实际上，明眼人一看就知道，文明的冲突的根子仍然在宗教的差

---

① 马尔库塞：《单向度的人》，1 页，上海，上海译文出版社，1989。
② 塞缪尔·亨廷顿：《文明的冲突与世界秩序的重建》，25 页，北京，新华出版社，1998。
③ 塞缪尔·亨廷顿：《文明的冲突与世界秩序的重建》，236 页，北京，新华出版社，1998。

文明之忧思 17

异和冲突上。因此，就是宗教这一安顿人的灵魂的超越界的净土，仍然无法根治内在于人类文明之中的痼疾和相互之间的冲突。相反，宗教却助长了一种偏激的情绪，以致在某种程度上加剧了文明的危机。这一点，甚至连弗洛伊德也看出来了，他写道："当使徒保罗一旦主张把人们之间的普遍的爱作为它的基督教社会的基础时，在基督教里不可避免的结果就会是对基督教以外的所有人表示最大的不容忍。"① 只要人们稍稍了解基督教的发展史，就不会对弗洛伊德的见解提出疑问了。

　　综上所述，只有在完全对人类文明的现状采取鸵鸟政策的人那里，文明仍然像洁白无瑕的钻石一样发出耀眼的光辉，而我们则宁愿将卡莱尔的忠告抄录在下面："再下一步便不是踏在地上，而是悬在深不见底的深渊上空，除非引力定律忘却发挥自己的作用了。"②

---

　　① 车文博主编：《弗洛伊德文集》，第 5 卷，262 页，长春，长春出版社，1998。

　　② 卡莱尔：《文明的忧思》，11 页，北京，中国档案出版社，1999。

走进文本与走出文本[①]

众所周知，在英语中，idealism 这个词有三种不同的译法。在构词法上，当它被解读为由词根"idea"（观念）和后缀"-lism"（主义）构成的复合词时，它通常被译为"唯心主义"或"观念主义"；当它被解读为由词根"ideal"（理想）和后缀"-ism"（主义）构成的复合词时，它又常常被译为"理想主义"。就"唯心主义"这一译法来说，显然受到佛教的影响，因为佛教中有的教派主张"万物唯心"，肯定万物都存在于我们的心中。此外，这个概念的当代运用中还蕴含着强烈的意识形态倾向，它常常被曲解为一种政治立场。至于"理想主义"这一译法，则显得比较含混，因为人人都会拥有自己的理想，所以"理想主义"这一提法既不能证

---

① 本文原来的标题是"走进文本与走出文本——观念主义批判"，载《探索与争鸣》，2007（7）。

明什么，也不能否定什么。比较起来，我们更倾向于"观念主义"这一译法，因为它既避免了"唯心主义"这一译法的强烈的意识形态倾向，又避免了"理想主义"这一译法的含混性。那么，究竟什么是"观念主义"呢？我们认为，观念主义的出发点就是崇拜观念或文本，并把观念或文本理解为世界的基础，试图用观念的改变或文本的更替作为前提解释一切社会历史现象。

从历史上看，虽然观念主义屡经批判，但由于这类批判过于简单化和粗暴化，在某种意义上反而助长了它的发展。我们完全有把握地说，在当代中国人的现实生活和精神生活中，观念主义是最流行的思维方式之一。不彻底地批判并清算这种思维方式，不但会给我国的现代化事业带来巨大的损害，也会给思想文化建设造成灾难性的影响。

从"本本主义"到"两个凡是"

众所周知，反对观念主义是贯穿于新民主主义革命时期和社会主义建设时期的基本的思想任务之一。早在1930年5月，毛泽东就写下了题为《调查工作》的文章，这篇文章在20世纪60年代公开发表时，标题改为《反对本本主义》。其实，本本主义正是观念主义的主要表现形式之一，而反对本本主义、提倡实地调查则是这篇文章的中心思想。

在这篇重要的文章中，毛泽东这样写道："以为上了书的就是对的，文化落后的中国农民至今还存着这种心理。不谓共产党内讨论问题，也还有人开口闭口'拿本本来'。我们说上级领导机关的指示是正确的，决不单是因为它出于'上级领导机关'，而是因为它的内容是适合于斗争中客观和主观情势的，是斗争所需要的。不根据实际情况进行讨论和审察，一味盲目执行，这种单纯建立在'上级'观念上的形式主义的态度是很不对的。"[1]

---

[1] 《毛泽东选集》，第1卷，111页，北京，人民出版社，1991。

在这里，毛泽东分析了本本主义赖以栖身的两种不同的"本本"：一种是书本。在不少人的思想中存在着一种糊涂的见解，以为上了书本的内容必定是正确的。人们通常说的"开卷有益"也是基于上述糊涂见解。其实，在这个世界上，既有好书，即好的本本，也有坏书，即坏的本本。总之，对书本是不能一概而论的。另一种是来自上级机关的书面指示或文件。显然，对这样的"本本"，我们也不能"一味盲目执行"。因为这些书面指示或文件有可能是正确的，也有可能是错误的，要看它们的内容是否"适合于斗争中客观和主观情势"。总之，对这样的本本也不能采取盲目服从的态度。

在这篇文章中，毛泽东还深刻地揭露了本本主义可能导致的严重后果。他指出："本本主义的社会科学研究法也同样是最危险的，甚至可能走上反革命的道路，中国有许多专门从书本上讨生活的从事社会科学研究的共产党员，不是一批一批地成了反革命吗？就是明显的证据。我们说马克思主义是对的，决不是因为马克思这个人是什么'先哲'，而是因为他的理论，在我们的实践中，在我们的斗争中，证明了是对的。我们的斗争需要马克思主义。我们欢迎这个理论，丝毫不存什么'先哲'一类的形式的甚至神秘的念头在里面。读过马克思主义'本本'的许多人，成了革命叛徒，那些不识字的工人常常能够很好地掌握马克思主义。"①读了革命的本本，反而成了反革命。这是不是危言耸听呢？显然不是。在毛泽东看来，那些"专门从书本上讨生活的从事社会科学研究的共产党员"极有可能会走向革命的反面。道理很简单，因为他们不能从中国的具体国情出发去解读本本，尤其是马克思主义经典作家撰写的本本，这就很容易导致对马克思主义学说的误解，甚至否定、背叛这种学说。

那么，如何克服本本主义这一错误的思想方法呢？毛泽东告诉我们："马克思主义的'本本'是要学习的，但是必须同我国的实际情况相结

---

① 《毛泽东选集》，第 1 卷，111 页，北京，人民出版社，1991。

合。我们需要'本本'，但是一定要纠正脱离实际情况的本本主义。怎样纠正这种本本主义？只有向实际情况作调查。"① 在这里，毛泽东以其深湛的辩证法思想给我们指出了一条克服本本主义的道路：其一，把"本本"和"本本主义"区分开来。本本，尤其是马克思主义的本本，是一定要认真学习的，但脱离实际的本本主义却是要不得的；其二，学习本本，一定要采取理论与实践相结合的正确态度；其三，要走出以"本本至上"为特征的本本主义，只有向实际情况作调查。

毋庸讳言，《反对本本主义》这篇檄文是毛泽东批判观念主义的重要文献之一。在写于1942年2月的演说稿《整顿党的作风》中，毛泽东在清算"主观主义"这一错误思潮时，对本本主义做出了进一步的批判。他这样写道："如果一个人只知背诵马克思主义的经济学或哲学，从第一章到第十章都背得烂熟了，但是完全不能应用，这样是不是就算得一个马克思主义的理论家呢？这还是不能算理论家的。我们所要的理论家是什么样的人呢？是要这样的理论家，他们能够依据马克思列宁主义的立场、观点和方法，正确地解释历史中和革命中所发生的实际问题，能够在中国的经济、政治、军事、文化种种问题上给予科学的解释，给予理论的说明。我们要的是这样的理论家。"② 在这里，毛泽东再次告诫我们，重要的不是熟读乃至背诵马克思主义的文本，而是按照这些文本蕴含着的基本的立场、观点和方法对中国的实际问题做出正确的解释。

正是通过对观念主义的典型形式——本本主义的反复批判，毛泽东在革命队伍中成功地贯彻了理论联系实际的正确思想路线，从而引导新民主主义革命和社会主义建设初期取得了伟大的成就。然而，从20世纪50年代后期起，晚年毛泽东的思想却严重地脱离了中国社会主义建设时期的实际情况，尤其是在"文化大革命"中，林彪、"四人帮"把毛泽东的思想称之为"最高指示"，把毛泽东的本本称之为"一句顶一万句"的

---

① 《毛泽东选集》，第1卷，111～112页，北京，人民出版社，1991。
② 《毛泽东选集》，第3卷，814页，北京，人民出版社，1991。

"绝对真理"。历史的讽刺在于，毛泽东本人倡导的反对观念主义，尤其是反对本本主义的思想批判运动却开始指向他自己了。毛泽东逝世后，华国锋继续以观念主义，特别是本本主义的态度推行晚年毛泽东的错误思想路线。1977 年 2 月，经华国锋批准，《人民日报》《红旗》杂志和《解放军报》发表的两报一刊社论《学习文件抓纲要》公开提出了"两个凡是"的错误方针：凡是毛主席做出的决策，我们都坚决拥护；凡是毛主席的指示，我们都始终不渝地遵循。

不用说，"两个凡是"的错误方针乃是毛泽东本人批判过的观念主义、本本主义的最突出的表现形式。按照这个方针，只要是毛泽东做出的"决策"或"指示"，即使是不符合实际情况的、错误的，人们也只能"拥护"或"遵循"，不能提出任何不同的意见，也不能采取任何不同的做法。这样一来，毛泽东的思想和本本都被绝对化了，这显然是华国锋策动的另一次的造神运动。1977 年 5 月，邓小平在一次讲话中对"两个凡是"的错误方针提出了严肃的批评："按照'两个凡是'，就说不通为我平反的问题，也说不通肯定一九七六年广大群众在天安门广场的活动'合乎情理'的问题。……毛泽东同志自己多次说过，他有些话讲错了。他说，一个人只要做工作，没有不犯错误的。又说，马恩列斯都犯过错误，如果不犯错误，为什么他们的手稿常常改了又改呢？改了又改就是因为原来有些观点不完全正确，不那么完备、准确嘛。毛泽东同志说，他自己也犯过错误。一个人讲的每句话都对，一个人绝对正确，没有这回事情。他说：一个人能够'三七开'就很好了，很不错了，我死了，如果后人能够给我以'三七开'的估计，我就很高兴、很满意了。这是个重要的理论问题，是个是否坚持历史唯物主义的问题。彻底的唯物主义者，应该像毛泽东同志说的那样对待这个问题。马克思、恩格斯没有说过'凡是'，列宁、斯大林没有说过'凡是'，毛泽东同志自己也没有说过'凡是'。"① 其实，

---

① 《邓小平文选》，第 2 卷，38～39 页，北京，人民出版社，1994。

邓小平对华国锋提出的"两个凡是"的错误方针的驳斥，不但体现出他的讲话中蕴含着不可抗拒的逻辑力量，而且也体现出他在理论上的深邃的洞察力。在他看来，"这是个重要的理论问题，是个是否坚持历史唯物主义的问题"。今天，我们反思、批判观念主义，也应该站在同样的理论制高点上。

从"宗教治国"到"经典崇拜"，需要我们一步步地反思、批判。

从20世纪70年代末启动的改革开放以来，由于"从实际出发、实事求是和理论联系实际"的正确思想路线占据了主导性的地位，中国社会发生了令人瞩目的变化，取得了难以置信的成就。然而，在回顾这段历史时，我们发现，每当人们在前进的道路上遭遇到某些困难和问题时，观念主义总会通过各种不同的表现形式沉渣泛起。

在20世纪八九十年代，中国式市场经济在运作的过程中出现了不少问题，如假冒伪劣商品的泛滥、企业三角债的飙升、贪污腐败的蔓延、经济诈骗的增多、权力寻租的升级、社会治安的恶化等。面对大量社会失范现象的存在，有些学者认为是中国国民普遍缺乏宗教意识的约束造成的，因而主张：中国社会或者应该像西方社会一样，大规模地培植对宗教的信仰；或者应该像康有为等人所倡导的，把儒学宗教化，从而提升国民的整体素质，以救治中国式市场经济中出现的普遍失范状态。

毋庸讳言，这种所谓"宗教治国"论正是观念主义在新的历史条件下的表现形式之一。以为人为地从外面引入或从内部复兴某种宗教意识，一个社会的现实生活就会随之而改观。这完全是一种天真可笑的幻想。正如马克思在批判青年黑格尔主义者时所指出的："有一个好汉一天忽然想到，人们之所以溺死，是因为他们被关于重力的思想迷住了。如果他们从头脑中抛掉这个观念，比方说，宣称它是宗教迷信的观念，那末他们就会避免任何溺死的危险。"[1] 如果说，马克思这里提到的"有一个好

---

[1]　《马克思恩格斯全集》，第3卷，16页，北京，人民出版社，1960。

汉"和我们上面提到的"有些学者"有什么区别的话,那么完全可以说,前者要抛弃的是"宗教迷信的观念",而后者则试图从外面引入或从内部复兴的也正是"宗教意识"。他们的共同的错误是把宗教意识或观念理解为现实生活和世界历史的基础,以为只要抛弃某个观念或接纳某个观念,就可以重写人类的现实的历史。在马克思所批判的青年黑格尔主义者中,即使在自然观上具有唯物主义倾向的费尔巴哈,也难免对宗教观念的历史作用做出错误的估计,因为他坚持:"人类的各个时期仅仅由于宗教的变迁而彼此区别开来。"恩格斯认为,费尔巴哈的上述论断是"绝对错误的",[①] 因为这完全是观念主义的天真幻想,与人类历史上实际发生的事情毫不相干。

事实上,那些唯宗教观念或意识是从的学者们从未认真地反思过宗教本身的历史。就以基督教为例。从历史上看,欧洲中世纪的宗教裁判所不知把多少异端分子和异教分子送上了火刑柱,而疯狂的"十字军东征"也不知道蹂躏了多少民族,残害了多少生灵。罗素在《西方哲学史》一书中曾经转述过吉朋在《罗马帝国衰亡史》中记录下来的、发生在公元 5 世纪时的一件轶事,即一位信奉异教(犹太教)的贵妇人希帕莎如何惨遭天主教极端分子的残杀。罗素在写到希帕莎的时候这样写道:"在一个愚顽的时代里,她热心依附于新柏拉图哲学并以她的才智从事于数学研究。她被人'从二轮马车上拖将下来,剥光了衣服,拉进教堂,遭到读经者彼得和一群野蛮、残忍的狂信分子的无情杀害。他们用尖锐的蠔壳把她的肉一片片地从骨骼上剥掉,然后把她尚在颤动的四肢投进熊熊的烈火'。"[②] 由此可见,宗教观念或意识并不像有些学者所想象的那么简单。何况,中国人从来没有完全与宗教绝缘。在中国,既有本土宗教——道教,又有外来宗教——佛教、伊斯兰教、基督教等。记得鲁迅先生曾经说过,中国文化的根底在道教,要了解中国人,就要先了解道

---

① 《马克思恩格斯选集》,第 4 卷,235 页,北京,人民出版社,1995。
② 罗素:《西方哲学史》,上卷,452 页,北京,商务印书馆,1981。

教。佛教也是对中国国民产生重大影响的宗教，特别在隋唐时期是如此。在当今中国的沿海城市中，基督教也拥有一定的影响。总之，"宗教治国"论体现的是观念主义者的天真的幻想，是站不住脚的。

与这种"宗教治国"论相补充的是"儒家伦理治国"论。有些学者认为，正如梁漱溟先生在《中国文化要义》一书中所说的，中国社会是以伦理，尤其是儒家伦理为本位的国家。只要人们把以孔、孟为代表的儒学的伦理思想恢复起来，就能克服市场经济中出现的种种失范现象。诚然，我们也承认，在当代中国社会的思想文化和精神文明的建设中，批判地借鉴儒学的伦理思想资源是必要的，但并不等于说，我们可以把2000多年前孔孟的伦理思想原封不动地拿过来就用。事实上，在孔孟的伦理思想中，根本不可能蕴含当代人的伦理价值观念，如基本人权、独立人格、平等、自由、民主和社会公正等意识。因此，根本不可能用传统的儒家伦理来挽救当代中国人的心灵。相反，应该从当代中国社会的现实生活和实际需要出发，对传统的儒家伦理思想进行批判性的改造和创造性的转化。

21世纪初，在"宗教治国"论和"儒家伦理治国"论的呼声衰微以后，又出现了"经典崇拜"论。一些学者出来呼吁，一定要潜心阅读国内外的、传统的经典文本，以便从根本上改变当代中国社会的精神风貌。于是，"半部《论语》治天下"或"一部《周易》解释世界"的观念再度出现并流行起来；解释中外经典文本的各种白话译本相继问世，讲解中外经典文本的各种研讨班也应运而生，甚至连以形象思维为主导的电视荧屏也不甘落后，开辟出各种论坛，讲解《周易》《论语》《老子》《庄子》《史记》《三国演义》等一系列经典。一时间，人人都在谈论历史，个个都在诠释经典。仿佛只要把中外经典都讲解一遍，当代中国人的精神面貌就将自然而然地发生变化。显然，这是观念主义在新的历史条件下的又一种表现形式。

诚然，阅读经典是我们传承文化的一个重要的侧面，但关键不在于阅读经典这种外在的形式，而在于真正从中国的实际情况出发，使经典为我们所用。假如只是"为读经典而读经典"，或完全以崇拜的方式去读经典，那么，这样的解读方式不但起不到积极的思想引导的作用，反而会使阅读者误入歧途。正如毛泽东在《反对本本主义》一文中所说的，如果人们以脱离实际的方式去阅读马克思主义的经典，甚至完全可能走上反革命的道路。

由此可见，阅读经典是必要的，但经典崇拜则是错误的。事实上，要彻底改变中国式市场经济中出现的种种失范现象，不仅要从实际出发，做好思想文化和精神文明建设方面的工作（其中包括对传统文化的批判性改造和对经典文本的创造性解读），更重要的是，要通过体制改革、权力制衡、严肃法纪、素质教育、法权意识和道德实践主体的培育等一系列具体的措施，有针对性地解决这些失范现象，而不是天真地求助于所谓"经典崇拜"。实际上，这样的崇拜方式，像历史上已经出现过的观念主义的其他变种一样，并不能解决任何问题。

从"新教伦理"到"内圣外王"，我们反思、批判的程度不断加深。

在当代中国社会，尤其是中国思想界，观念主义的泛滥已经成为一个不争的事实，但人们很少注意到，近年来，这一思想方式从国外、境外引入的各种社会思潮中获得了强大的支援意识。限于题旨，我们在这里只分析以下三种影响较大的思潮。

一是德国社会学家马克斯·韦伯关于"新教伦理"的观念。众所周知，韦伯出版过两部颇有影响的著作：一部是《新教伦理与资本主义精神》，表明西方在宗教改革中形成的新教的伦理观念，如勤劳、俭节、自律、讲信用等，如何促进了西方社会的现代化，尤其是工业化进程的发展；另一部是《儒教与道教》，断言儒家的伦理观念对中国的现代化，尤其是工业化起着阻碍性的作用。这两部著作从一正一反两个角度强调了伦理观念的巨大作用，即西方的新教伦理促进了现代化的发展，而中国的儒家伦理则阻碍了现代化的发展。特别是韦伯的《新教伦理与资本主义精神》一书在国内翻译出版后，不少中国学者不加分析地接受了他的思维方式，以为只要在当代中国社会中创造出一种类似于西方"新教伦理"的"伦理观念""精神文明"或"核心价值"，当代中国人的素质也就变好了，当代中国社会中存在的一切现实问题也就迎刃而解了。毫无疑问，这种天真的幻想依然是观念主义的产物，它与我们上面提到的"儒家伦理治国"论实在有异曲同工之妙。（原作者：俞吾金）其实，韦伯的"新教伦理"说根本上就是一种片面性的、不完整的理论假设。他应该继续追问：新教伦理又是如何形成并发展起来的？显然，新教伦理是在16世纪的宗教改革运动中形成并发展起来的。那么，宗教改革运动又是什么原因造成的呢？不用说，这里既有天主教教会腐败方面的原因，也有欧洲当时已经开始形成新兴的市民阶层并提出自己相应的经济和政治要求方面的原因。也就是说，新教伦理并不是从天上掉下来的，更不是现代化的始源性的基础，而是适应于新的经济关系和政治需求而产生出来的。于是，我们又从韦伯返回到马克思，也就是说，从观念主义返回到历史唯物主义。正如马克思在谈到历史唯物主义时所说的："这种历史观和唯心主义历史观不同，它不是在每个时代中寻找某种范畴，而是始终站在现实历史的基础上，不是从观念出发来解释实践，而是从物质实践出发来解释观念的东西。"① 总之，新教伦理不是第一性的，而是第二性的；不是决定现实生活的始源性现象，而是由现实生活诞生出来的、伴随性的现象。

二是德国历史学家雅斯贝尔斯提出的所谓"轴心时代"的理论。根据雅斯贝尔斯的理论，公元前8世纪到公元前2世纪乃是人类历史发展中的"轴心时代"。正是在这个时代中，不同的文化环境各自诞生出一批伟大人物。如在中国产生了老庄、孔孟这样的大思想家，在印度产生了释迦牟尼，创立了影响世界的佛教，在希腊则产生了以苏格拉底、柏拉

---

① 《马克思恩格斯全集》，第3卷，43页，北京，人民出版社，1960。

图和亚里士多德为代表的伟大哲学家。在雅斯贝尔斯看来，中国文化、印度文化和希腊文化的范式正是由这些生活于轴心时代的伟大人物创造出来的，而迄今为止，这些文化的发展始终没有超出轴心时代的基本观念。显然，这一轴心时代的理论也是观念主义的典型表现形式之一，因为雅斯贝尔斯假定，人类不同文化的范式，即主要结构和基本观念在公元前8世纪到公元前2世纪那个时代中已经全部安排好了，人类不同文化以后的历史发展不过是那个时代的文化范式的演绎和展开罢了。这很容易使我们联想起英国哲学家怀特海的那个著名的见解，即全部西方哲学都是柏拉图著作的注脚。

然而，这个轴心时代的理论一经提出，立即得到了许多研究者的认同，在中国理论界，人们更是喋喋不休地谈论着它，并孜孜不倦地在古纸堆中寻找着理解当代中国人生活的秘匙。其实，这完全是观念主义建构起来的天真的幻想！另一位历史学家——意大利的克罗奇的见解才真正是正确的。在他看来，一切历史都是当代史。这一见解启示我们，所谓"轴心时代"决不像雅斯贝尔斯所认定的，只是公元前8世纪到公元前2世纪这个时代，它是不断地变换着的。换言之，"轴心时代"就是当代，因为在任何历史时期，唯一活着的人总是当代人，所以人类全部现实生活和精神生活的轴心必定在当代，在活着的人那里。也就是说，"轴心时代"永远是活人的时代，而不是死人的时代。当然，随着时间的流逝，当代会渐渐地转化为古代，原来意义上的当代人也会渐渐地消失在历史的黑洞之中。因而"当代"和"当代人"都不是凝固不变的概念，但我们完全可以断言：活着的人永远是当代人，他们正是当代的化身和标志。在这个意义上可以说，"轴心时代"就是不断更替着的当代，而唯有当代人的现实生活才构成真正的"轴心"，即决定着当代人将把历史上的哪些人称为"伟人"、把历史上哪些文本称之为"经典"，以便借助已死先辈的传统和服装来演出世界历史的新场面。正如马克思所说的："一切已死的先辈们的传统，像梦魇一样纠缠着活人的头脑。当人们好像刚好在忙于改造自己和周围的事物并创造前所未闻的事物时，恰好在这种革命危机时代，他们战战兢兢地请出亡灵来为他们效劳，借用它们的名字、战斗口号和衣服，以便穿着这种久受崇敬的服装，用这种借来的语言，演出世界历史的新的一幕。例如，路德换上了使徒保罗的服装，1789—1814 年的革命依次穿上了罗马共和国和罗马帝国的服装，而 1848 年的革命就只知道拙劣地时而模仿 1789 年，时而又模仿 1793—1795 年的革命传统。"① 显然，在马克思看来，不应该把保罗理解为路德的"轴心"，把罗马共和国和罗马帝国理解为 1789—1814 年革命的"轴心"。恰恰相反，"轴心"应该在路德那里、在 1789—1814 年的革命那里。也就是说，当代人之所以借用古代的服装、语言和口号，目的不是崇拜古代人，而只是让古代人充当自己的手段和道具，来演出世界历史的新剧目。由此可见，"轴心时代"与死去的先辈是无缘的，它永远只与活着的当代人为伴。

三是 20 世纪新儒家中的第二代，即以港、台为学术活动中心的牟宗三等人所提出的"内圣外王"论。这里所说的"内圣"主要是指原始儒家，特别是孔、孟的政治伦理观念，"外王"则指民主政治的建设和科学技术的发展。所谓"内圣外王"，就是要以"内圣"为基础来开启并拓展"外王"。毋庸讳言，这一理论也是观念主义的典型表现形式之一。完全不顾当代人的现实生活与古代人的生活之间的历史差距，试图通过恢复2000 多年前的、古代人的政治道德观念的方式来推进当代人的现实生活的发展，根本上是不可能的。诚然，继承文化传统中的合理的思想资源是必要的，但更为重要的是，当代人必须从自己的现实生活出发来建构能够指导当代人行为的政治道德观念，而不是把古代人的政治道德观念原封不动地搬用到当代来。以为用人为的方式给人们植入一个什么观念或鼓动人们放弃一个什么观念，就能改写历史的想法乃是观念主义所创造的彻头彻尾的幻想。

---

① 《马克思恩格斯选集》，第 1 卷，585 页，北京，人民出版社，1995。

从文本之"流"到生活之"源"

从上面的论述可以看出，观念主义对当代中国思想文化界的侵蚀已经非常严重。那么，人们究竟如何摆脱这种错误的、根深蒂固的思想方法的影响，回到正确思维的轨道上来呢？我们认为，应该努力认识并处理好以下三个方面的关系。

第一，"源"和"流"的关系。我们应该清醒地认识到，现实生活是"源"，即原初性的、根源性的、基础性的东西，而所有的文本和观念都是"流"，即非原初性的、第二性的、被奠基的东西。尽管现实生活被日常语言所包裹，而日常语言的表达则构成各种不同的观念和文本，但决不能由此而引申出下面的错误结论，即观念和文本是第一性的、基础性的，而现实生活反倒是第二性的、被奠基的。比如，人文社会科学范围内的不少学术论著在研究一种理论的来源时，常常只分析以前有哪些学者的观念、哪些文本影响了这种理论，很少去探索这种理论与当时的现实生活之间的内在联系。这样做的结果是：一方面，把现实生活这个"源"彻底地遗忘了；另一方面，以"流"的方式出现的前人的观念和文本则获得了前所未有的重要性。显而易见，这只能导致观念主义的泛滥。正如马克思在批判青年黑格尔主义者时所指出的："所有的德国哲学批判家们都断言：观念、想法、概念迄今一直统治和决定着人们的现实世界，现实世界是观念世界的产物。这种情况一直保持到今日，但今后不应继续存在。"[1] 诚然，对观念和文本的研究也是必不可少的，但我们应该清醒地意识到，现实生活必须始终以始源性的、第一性的对象的方式进入我们的眼帘。如果人们继续遗忘现实生活，只在观念和文本中去寻找真理，那么，这样的真理根本上就是靠不住的。

---

① 《马克思恩格斯全集》，第 3 卷，16 页注①，北京，人民出版社，1960。

第二，认同和批判的关系。在当今中国思想文化界，人们在解读各种不同的观念和文本时，经常显现出来的态度是只有认同，没有批判。比如，人文社会科学的研究生们的一个通病就是"研究什么，也就信奉什么"。研究尼采的，成了尼采的信徒；研究海德格尔的，成了海德格尔的信徒；研究罗尔斯的，成了罗尔斯的信徒等。换言之，人们只看见他们走进某些文本，却从来也没有看见他们走出这些文本。他们不幸成了德国哲学家马尔库塞所批评的"单向度的人"（one dimensional man），即他们只能认同外部世界（包括其观念和文本），却失去了质疑、批判外部世界的向度。这种思想文化领域里批判性向度的普遍匮乏在相当程度上也是由"概念来，概念去"或"文本来，文本去"的观念主义思维方式所造成的。其实，对各种观念和文本进行批判性解读的最深刻的基础仍然隐藏在现实生活中。换言之，现实生活乃是判定各种观念或文本是否具有真理性的根本标准。其实，马克思早已清清楚楚地告诉我们："人的思维是否具有客观的［gegenständliche］真理性，这不是一个理论的问题，而是一个实践的问题。"[①] 诚然，任何人，只要他拒绝采取彻底的怀疑主义的立场，总会与某些观念或文本认同，然而，对于他来说，更重要的是，必须紧靠现实生活，确立起自己的批判意识。历史和实践一再证明，唯有真正的批判意识才能真正地提升一个民族的思想文化水平。正如没有别林斯基、杜勃留波夫斯基、赫尔岑和车尔尼雪夫斯基这样伟大的批评家，就不会有灿烂夺目的俄罗斯文学艺术一样。

第三，传承与创新的关系。一般说来，在一个民族的思想文化的延续中，经典起着重要的作用，因而阅读经典、传承文化是每一代人面临的义不容辞的历史任务。然而，历史和实践一再证明，文化的传承和延续是不可能在对经典的单纯的注疏与模仿、信奉与崇拜，以及"为读经典而读经典"的形式主义的解读方式中得以实现的，而只能在后人的创

---

① 《马克思恩格斯选集》，第 1 卷，55 页，北京，人民出版社，1995。

造性的解读中得以实现。那么，创造式的阅读何以成为可能呢？归根结底仍然取决于阅读者是否把自己浸淫在现实生活中，从对现实生活的深入考察中提取出重大的理论问题，并把对这样问题的思索带入对经典的解读中。事实上，创造式的阅读依然是以先行地思索那些从现实生活中冒出来的重大问题作为前提的。反过来说，以观念主义的方式解读经典，不但不可能造福于当代人，还可能把经典中真正有价值的思想资源掩蔽起来。

总之，我们应该拥有自己的观念，但却不应该陷入观念主义的陷阱；我们应该阅读文本，尤其是经典文本，但却不应该陷入本本主义的泥淖。重要的是返回到马克思的历史唯物主义的立场上，把对任何观念或文本的领悟奠基于对现实生活的理解之上。对这个时代的学者来说，我们很愿意提出如下的忠告：

请你在自己思维的翅膀上绑上重物，以便你不会轻易地陷入观念主义的幻想，而能坚定地站在现实生活的基础上来思索问题。

中国传统文化观念的政治诉求[①]

　　历史和实践一再启示我们，在政治研究和文化研究之间应该建立良性的互动关系。一方面，从政治研究向文化研究的推进有利于人们认识纷繁复杂的政治现象得以形成的文化背景，从而不至于把政治研究简单化、表面化；另一方面，从文化研究向政治研究的回溯又有利于我们理解形形色色的文化现象的政治实质，从而不至于在文化研究中抓不住要害，甚至完全迷失方向。

　　在下面的探讨中，我们侧重的是这种互动关系的第二个方面，即从文化研究向政治研究的回溯。当代著名的文化批评家弗雷德雷克·詹姆逊在谈到文学时曾经指出："一切文学，不管其作用是多么微弱，都必定渗透着我们称之为政治无意识的东西；一切文学都可以被解读

---

　　① 本文载《探索与争鸣》，2009（4）。

为对共同体命运的象征性沉思。"① 其实，不光是文学，乃至全部文化现象，当然也包括文化观念在内，都被政治无意识所渗透。在我们看来，詹明信所说的政治无意识，也就是自然而然地蕴含在文化观念中的政治诉求。

在这里，限于题旨和篇幅，我们不可能对中国传统文化观念的政治诉求进行全面的论述，而是把探讨的焦点集中在中国传统文化的三个核心观念——性善论、清官意识和实用理性上。

性善论的政治诉求

众所周知，在中国传统文化中，存在着四种代表性的人性理论：一是"人性无善无恶论"（告子），二是"人性有善有恶论"（世硕），三是"人性本善论"（子思、孟子），四是"人性本恶论"（荀子）。经过反复的争论，以子思和孟子为代表的"人性本善论"在中国传统文化观念中取得了主导性的地位。毋庸讳言，"人性本善论"在对理想人格的培养和激励方面自有其合理的因素。按照这种理论，既然人的本性是善的，只要充分运用各种教育手段，使人性中的善端发挥出来，人皆可以成尧舜。宋代学者范仲淹在《岳阳楼记》里所说的——"不以物喜，不以己悲。居庙堂之高，则忧其民；处江湖之远，则由忧其君；是进亦忧，退亦忧。然则何时而乐耶？其必曰：'先天下之忧而忧，后天下之乐而乐'乎"——正是传统中国社会中的理想人格的典型写照。然而，"人性本善论"也蕴含着不合理的因素。

一方面，既然肯定人性根本上是善的，也就必定蕴含着对法律的漠视。为什么？因为法律是一种外在强制的手段，假如人性内在地是善的，也就没有必要用外在强制的手段来制约人的行为。林语堂先生在《中国

---

① Fridric Jameson，*The Political Unconscious*，New York：Cornell University Press，1981，p. 70.

人》一书中认为，"中国人不接受法制，总是喜欢'仁'政"①。因为中国人从"人性本善论"出发，对任何非人性的东西，包括法律和政府的机械观念都十分痛恨，从而"使得一个法治政府在中国简直无法生存。一个生气勃勃、严格依法办事，真正不徇私情的政府从来没有成功过"②。梁漱溟先生在《中国文化要义》一书中也强调，传统中国社会是一个以伦理为本位的社会。既然伦理起着法律的作用，那么真正意义上的法律自然也就被边缘化了。无独有偶，冯友兰先生在《新原人》中所说的人生的四个境界，即自然境界、功利境界、道德境界和天地境界，前三个境界都是从道德上加以论定的，一点也看不到法律和法权人格对人生境界的影响。自近代以降，由于中国的启蒙运动一直处于时断时续的、边缘化的状态下，所以通常作为启蒙运动产物的民法（其核心观念是人权观念）至今仍然处于草案状态中。自 1978 年改革开放以来，尽管每年都有多部法规推出，但它们很难内化为人们心中的权威，很难成为他们行为中的指导性的力量。事实上，"人性本善论"本身蕴含的就是单纯的道德维度，因为善恶问题通常是在道德学的范围内进行讨论的，所以这一观念自身就隐含着对法律理念的排斥。

另一方面，既然肯定人性根本上是善的，那么在政治生活中就会自然而然地倾向于"人治"的思路，即倡导"好人政治""贤人政治"或"圣人政治"，而西方的分权政治和权力制衡的理论在中国缺乏相应的文化土壤。在传统中国社会中，虽然设有御史制度，皇帝有时也会派出钦差大臣去处理一些棘手的事情，或采取"分而治之"的手法管理臣僚，但在历代皇帝"家天下"的主导语境下，这类权力牵扯的手段只是政治上的机巧权术，而不是理性上的制度安排，它们起不了实质性的作用。正如林语堂先生所说的："作为一个国家，我们在政治生活中一个最突出的特点就是缺乏一部宪法，缺乏民权思想。……我们认为政府官员是

① 林语堂：《中国人》，122 页，上海，学林出版社，1994。
② 林语堂：《中国人》，123 页，上海，学林出版社，1994。

'父母官'，他们实行的是'仁政'。他们会像照看他们自己的孩子们的利益那样照看人民的利益。我们放手让他们去处理一切事务，给予他们绝对的信任。我们把数以百万计的钱放在他们手中，但从不让他们汇报开支情况。我们给了他们以无限的权利，却从未想到过如何保护自己的权利。"[①] 其实，林语堂先生这里批评的"仁政"或"好人政治"正是以"人性本善论"作为思想基础和出发点的。既然人性是善的，也就没有必要在政治上对官员的权力进行监督和制衡，更没有必要把这类监督和制衡制度化了。在这个意义上可以说，分权政治与权力制衡的政治诉求都不可能在中国传统文化的主导性观念——"人性本善论"的基础上诞生出来。

与中国传统的文化观念不同，在西方传统文化中占主导地位的是"人性本恶论"。这种观念在基督教所倡导的"原罪说"中获得了经典性的表现。黑格尔在《小逻辑》（1817）中指出："教会上有一熟知的信条，认为人的本性是恶的，并称本性之恶为原始的罪恶。依这个说法我们必须放弃一种肤浅的观念，即认为原始罪恶只是基于最初的人的一种偶然行为。其实由精神的概念即可表明本性是恶的，我们无法想象除认为人性为恶之外尚有别种看法。"[②] 显然，"人性本恶论"的长处是：重视法律对人的行为的外在约束作用，重视分权政治和权力制衡。事实上，分权政治和权力制衡理论也只能在"人性本恶论"的基础上产生。这个道理是非常清楚的：因为人性本恶，所以出来担任政府公职的人也会做坏事，因而必须对他们的权力进行制衡。

然而，"人性本恶论"也有其致命的弱点：既然人性根本上就是恶的，人类之救赎就是不可能的，而上帝在完成创造世界和人类的任务后，本来已经无事可做了，由于人类从伊甸园里堕落，他不得不承担起第二个任务，即救赎人类。然而，既然人类是不可能被救赎的，上帝的存在

---

① 林语堂：《中国人》，209 页，上海，学林出版社，1994。
② 黑格尔：《小逻辑》，91～92 页，北京，商务印书馆，1980。

便是多余的，因而尼采出来宣布，Gott ist tot（上帝已死）。尼采的这句名言表明，基督教文化已经陷入困境。

从对东、西文化主导性的人性观的比较中可以看出，中国传统文化的核心观念之一"人性本善论"只能导致"人治"＋"伦理"的"好人政治"，而这种政治必定蕴含着对法权人格、现代民法和权力制衡理论的拒斥。

清官意识的政治诉求

众所周知，中国传统社会是以自给自足为特征的农业社会。在这样的社会中，农民和小资产阶级构成了汪洋大海。这就启示我们，在探索中国传统文化的政治诉求时，决不能撇开这个汪洋大海。事实上，当代中国人不仅背负着传统的小农经济社会留下的物质遗产，而且也传承了其精神遗产，如观念上的崇古、心态上的封闭、利益上的重己、行为上的拖沓、纪律上的散漫。当然，从政治上看，最重要的精神遗产则是所谓"清官意识"，即民众把国家的兴旺、民族的繁荣、生活的幸福都寄托在那些能施仁政的、廉洁自律的"清官"身上。比如，民间流传着关于包公、海瑞、狄仁杰等清官的许多传说，所谓"当官不为民做主，不如回家卖红薯"的民谚也表明，在传统中国社会中，清官意识既是老百姓的普遍的政治理想，也是有良知的官员得以自勉自律的政治目标。

然而，在传统的中国社会中普遍地得到认可的这种清官意识不仅是落后的、愚昧的，而且也蕴含着极其错误的政治诉求，值得引起我们的高度重视。首先，这种意识完全寄希望于"人治"，即依靠清官替自己做主，而从不考虑自己如何出来做主，也从不考虑如何把合理的政治观念制度化，从而既确保每个公民拥有神圣不可侵犯的权利，也确保绝大部分官员能够成为廉洁自律的清官。其次，这种意识永远不可能对传统中国社会中的统治阶级的统治构成任何威胁。当老百姓对某些贪官污吏发生信任危机时，历代统治阶级往往使用"避雷针"原理进行处理，即用其他名声较好的清官来取代这些贪官，于是，老百姓的怨恨和愤怒也就通过"避雷针"，即那些下台的贪官而传到地下去了。在这个意义上，清官常常在客观上充当了统治阶级平息老百姓的愤怒，从而使自己的王朝苟延残喘起到"避雷针"的作用。最后，这种意识蕴含着一种极端错误的政治诉求，即对"不受限制的政府权力"的无限崇拜。正如马克思在分析路易·波拿巴时期的法国小农时所指出的那样："这样，法国国民的广大群众，便是由一些同名数简单相加形成的，好像一袋马铃薯是由袋中的一个个马铃薯所集成的那样……他们不能代表自己，一定要别人来代表他们。他们的代表一定要同时是他们的主宰，是高高站在他们上面的权威，是不受限制的政府权力，这种权力保护他们不受其他阶级侵犯，并从上面赐给他们雨水和阳光。所以，归根到底，小农的政治影响表现为行政权支配社会。"① 显而易见，这种崇拜政府权力或行政权力的政治意向和诉求，构成了现代民主政治制度建设的思想障碍。

记忆犹新的是，20世纪八九十年代，随着亨廷顿的《变化社会中的政治秩序》一书的翻译和出版，在中国产生了一股"新权威主义"的思潮。所谓"新权威"，也就是在现代中国社会中握有行政权力而又能够廉洁自律的领导干部。新权威主义认定，新权威将会坚定地推进中国的市场经济和民主政治的发展，但它又无法说清其理论中的一些重要环节：其一，在现代推行的政治体制中，如何确保这样的新权威能够被老权威发现、推荐并遴选出来；其二，如何确保新权威一定会沿着坚定地推进中国的市场经济和民主政治的发展方向来发挥自己的政治作用；其三，寄希望于新权威而不是建设合理的制度和法律，这是否又退回到"人治"的老路上去了。其实，说穿了，所谓"新权威"，也就是传统中国社会中的"清官"。在这个意义上可以说，新权威主义乃是清官意识在新的历史

---

① 《马克思恩格斯选集》，第1卷，677~678页，北京，人民出版社，1995。

条件下的表现方式。由此，我们发现，"清官意识"始终是活跃于当代中国人政治意识中的一个幽灵，而其政治诉求则是对高高在上的行政权力的崇拜，它并不可能为现代民主政治及其制度的建设提供动力。

实用理性的政治诉求

什么是"实用理性"呢？李泽厚先生在《漫说"西体中用"》一文中这样写道："所谓'实用理性'就是它关注于现实社会生活，不作纯粹抽象的思辨，也不让非理性的情欲横行，事事强调'实用'、'实际'和'实行'，满足于解决问题的经验论的思维水平，主张以理节情的行为模式，对人生世事采取一种既进取又清醒冷静的生活态度。它由来久远，而以理论形态去呈现在先秦儒、道、法、墨等主要学派中。"① 在李泽厚先生看来，实用理性具有如下的特征：第一，它不崇拜任何抽象的理念、信仰和思辨，但仍能保持一种冷静的、以理节情的生活态度；第二，它本质上是一种讲究实用、实际和实行的经验论的思维方式；第三，它并不是从当今中国社会中产生出来的，而是古已有之的。

李泽厚先生还强调，中国人的实用理性不同于美国现代的实用主义思潮。如果说，实用主义不过是一种工具主义，那么，实用理性则有以天道和人道为基本构成因素的世界观模式和行为规范。然而，这种世界观模式和行为规范并不是西方意义上的宗教信仰，它并不包含非理性的信仰因素和情感因素，它并不妨碍中国人离弃自己原有的东西，而去接受外来的、更有价值的东西。李泽厚先生甚至认为，实用理性具有"为维护民族生存而适应环境、吸取外物的开放特征。实用理性是中华民族维护自己生存的一种精神和方法"②。

毋庸讳言，中国人的反抽象主义的实用理性的思维方式和行为模式

---

① 李泽厚：《中国现代思想史论》，320 页，北京，东方出版社，1987。
② 李泽厚：《中国现代思想史论》，322～323 页，北京，东方出版社，1987。

在中华民族的生存和发展中起过重要的作用。事实上，当代中国人的思维方式和行为模式也完全可以用实用理性命名之。然而，这种实用理性是否就像李泽厚先生所认为的那样是完美无缺的呢？我们的回答是否定的。

首先，实用理性把效用和功利提升到前所未有的高度上，然而，世界上却有许多事情比效用和功利更重要。比如，在日常生活中，当人们把效用和功利理解为爱情和友谊中的最高原则时，爱情和友谊实际上已经死亡了；再如，在宗教信仰中，当人们强调"无事不登三宝殿"（"三宝殿"指佛殿，整个句子的意思是：当佛对我有用时，我才去拜佛。对于这样的信徒来说，与其说他去"拜佛"，不如说他去"用佛"）时，信仰实际上也已荡然无存了。① 这就启示我们，实用理性对效用和功利的过度张扬，在很多场合下都会形成"急功近利"的现象，并把人的思想和行为引上错误的轨道。

其次，实用理性蕴含着一种自然而然的政治诉求，即对民主政体必定会拥有的抽象程序和相关的制度安排的排斥。因为这种理性看重的是效率和实际效果，因而很自然地把程序正义和权力制衡理解为"烦琐""低效"，甚至曲解为"扯皮"。比如，美国总统布什提出发动海湾战争的动议后，这个动议光在议会里就讨论了几个月。在不少人看来，这种"扯皮式的"讨论使美国贻误了最佳时机，然而，按照美国的民主政治制度的程序，布什的动议必须先获得议会的通过，否则就不具有政治上的

---

① 这种以实用理性为基础的宗教信仰态度，也表现在中国人对基督教的信仰中。我在访问美国和加拿大的时候，发现在这两个国家留学的不少中国的科技人员都信仰基督教。据说，有个中国科技人员以如下的方式向上帝祷告："感谢上帝，我女儿的签证终于出来了。"其实，这种祷告方式表明，他骨子里仍然是一个无神论者。在我看来，他的祷告词应该被理解为："上帝呀，如果你不能解决我女儿的签证，我是不会信仰你的。"不少学者对当前各种宗教势力在中国大陆的发展深表忧虑，在我看来，问题似乎并没有他们所设想的那么严重，因为中国人的宗教信仰是以实用理性为基础的，而实用理性的核心原则是效用和功利。也就是说，只要中国人信仰的对象是缺乏效用和功利的，这样的信仰迟早会被他们抛弃。

合法性。事实上，以实用理性作为自己思考和行为的出发点的人，无论是对自己与之打交道的周围事物来说，还是对自己在行为上必须考虑的规范来说，都把当下状态中的得心应手理解为自己追求的目标或理想。而这样的理想或目标必定会与从人类更长远、更全面的理性思考中确立起来的抽象程序发生冲突。反之，实用理性与我们前面讨论的、传统中国社会中的"人治"状态具有更多的亲和性。在这个意义上可以说，实用理性蕴含的政治诉求也是不利于民主政治体制的建议的。

最后，实用理性也包含着某种特殊的补偿机制，而在这种补偿机制的引导下，人们甚至可以出让自己的政治权利，自己人格上的尊严。众所周知，《圣经》中的以撒为了一碗红豆汤而出卖长子权，从而获得了千古骂名。其实，在《圣经》讲述的这个故事中，"一碗红豆汤"可以视为经济利益，而"长子权"则可视为政治权利。从雅各的角度看，他一直窥视着以撒的"长子权"，他狡猾地牺牲了"一碗红豆汤"来换取以撒的"长子权"。而从以撒的角度看，只要有"一碗红豆汤"可以"补偿"自己，出让自己的"长子权"也无所谓，而以撒之所以招来千古骂名，因为"一碗红豆汤"不过是蝇头小利，而"长子权"则是他从父亲那里继承过来的全部财产。

显然，《圣经》中的这个有趣的故事可以帮助我们理解包含在中国人的实用理性中的补偿机制。或许我们可以把当代中国人可以获得的权利和利益划分为三个领域，即经济领域、文化领域和政治领域，所谓"补偿机制"主要是指：只要当代中国人在经济或（和）文化领域中获得权力和利益上的某些"补偿"，他们就会自愿出让或限制自己在政治上的某些权力和利益。比如，不少中国人把人权首先理解为生存权和发展权，以为只要允许自己生存和发展，也就等于在政治上获得了人权。其实，人权乃是人在政治上有尊严地活着并发展自己。如果在人权与生存权和发展权之间画上简单的等号，那么奴隶社会也能宣布自己是合理的了。由此可见，实用理性隐含的这种补偿机制暗示了民主政治建设在中国的艰难性和曲折性。事实上，国外理论家之所以常常对当代中国社会的发展做出错误的判断，其中一个重要的原因是他们对当代中国人所普遍认同的这种实用理性及其补偿机制缺乏深入的了解。

相应的启示

通过上述三方面的考察，我们对隐藏在中国传统文化观念中的政治无意识获得了新的认识，从而也对中国民主政治体制的建设获得了新的认识。

首先，应该坚定不移地推进市场经济的发展和社会的转型。正如马克思在《哥达纲领批判》中所说的："权利决不能超出社会的经济结构以及由经济结构制约的社会的文化发展。"[①] 在马克思看来，文化观念的发展是受社会的经济结构的制约的。也就是说，要扬弃传统的文化观念，从根本上看，就要坚定不移地推动市场经济的发展和社会的转型。只有经济结构、社会结构和文化观念都发生了巨大的变化，谈论相应的政治上的权利才变得可能。

其次，应该补上启蒙这门课。只要回顾一下中国近代史的话，我们就会发现，连续不断的外患使启蒙这一思想文化主题一再被耽搁，并被边缘化。20世纪六七十年代以来，西方后现代主义思潮的兴起及对现代性和启蒙的批判性反思，又在知识分子中助长了对启蒙的拒斥。其实，当代中国人的处境很滑稽，他们连启蒙的正面价值也没有分享过，就开始糊里糊涂地跟在西方后现代主义理论家的后面，全面地批判启蒙的负面价值。其实，启蒙运动所蕴含的普遍价值——人权、人格、人性、个性、平等、民主、自由、正义等，构成现代文明社会的基本价值。在所有这些基本价值中，"人权"（human rights）乃是核心价值，而在中国

---

① 《马克思恩格斯选集》，第3卷，305页，北京，人民出版社，1995。

传统文化中，根本就没有"权利"（rights）这样的概念。

于是，我们就明白了：第一，为什么当代中国人的权利意识仍然如此淡薄，因为他们并没有真正地经过启蒙的洗礼；第二，为什么在思想文化领域里当代中国人不能把"个人主义"与"极端个人主义"严格地区分开来，并经常把"个人主义"当作"极端个人主义"加以批判，因为他们不明白，启蒙开启的正是个性和个人本位，而"个人主义"肯定的也正是个性和个人本位，它与"极端个人主义"是两个内涵完全不同的概念；第三，为什么民法在当代中国社会中至今仍然处于草案状态中，因为一般说来，民法正是启蒙运动的产物，而民法所要界定的正是作为公民的个人所应有的权利和义务。与此同时，在市场经济和启蒙所开启的个人本位的文化背景中，逐步形成普遍的、自觉的法权人格和道德实践主体。这就启示我们，像中国这样的发展中国家仍然需要经过启蒙的洗礼，从而为现代社会的政治文明的建设准备坚实的文化土壤。

最后，认真学习国外政治哲学研究的丰硕成果，深入批判中国传统文化观念及其相应的政治诉求，重新探索人性和人的本质的理论，把实用理性提升为价值理性，从而为现代社会的民主政治制度的健全提供强大的文化支援意识。

启蒙的缺失与重建[①]

对于当代中国人来说，文化心理上的承受力是至关重要的：一方面，他们必须接纳并适应快速变动着的周围世界涌现出来的各种新现象和新观念；另一方面，他们又必须认真地反思并总结西方社会，尤其是欧洲社会早已经历过的那些重大的思想文化事件。我们今天讨论的"启蒙"对于当前中国文化建设来说，就是一个重大的、绕不过去的话题。

比较研究与启蒙主题

众所周知，启蒙发生在18世纪的欧洲。毋庸讳言，当当代中国人提起启蒙这个话题时，自然蕴含着中西文化之间的比较。长期以来，

---

① 本文原来的标题是"启蒙的缺失与重建——对当代中国文化发展的思考"，载《上海师范大学（哲学社会科学版）》，2010（4）。

比较研究处于"无政府主义状态"中，任何一个研究者都可以随意地从中国文化中抽取出一个人（如庄子），再从西方文化中抽取出另一个人（如海德格尔），进行比较。事实上，这类比较只注意对象在表面上的"形似"，而完全不考虑它们在思想实质上是否"神似"，是否真正地具有可比性。在我们看来，要打破这种"无政府主义状态"，使比较研究上升为科学，就必须引入一种新的时间观念。

我们认为，在中西文化的比较研究中，存在着两种不同的时间观念：一种是"编年史的时间"（chronological time）。按照这种时间观念，2009 年 4 月 29 日在中国发生的事情和欧洲发生的事情应该是"同时代的"；另一种是"形态学的时间"（morphological time）。人所共知，形态学是生物学的一个分支，专门研究动、植物及其组成部分的形态与结构。形态学时间又可进一步细分为以下两种。

一种是"生物学意义上的形态学时间"（morphological time in biological meaning），由德国历史哲学家斯宾格勒所首倡。在《西方的没落》一书中，他列出了"同时代的文化时代"的表格，列举了埃及的、古典的、西方的、阿拉伯的四种文化模式，每种模式在发展中都经历了"前文化""文化"和"文明"的阶段。在他看来，不同的文化模式只有在相同的发展阶段才具有可比性。英国历史哲学家汤因比继承了斯宾格勒形态学时间观念。

另一种是"社会学意义上的形态学时间"（morphological time in sociological meaning），由马克思所首倡。在《1857—1858 年经济学手稿》中，马克思提出了著名的"三大社会形态"理论。第一社会形态是人对自然的依赖关系，第二社会形态是人对物的依赖关系，第三社会形态是自由个性的发展。按照这一时间观念，当今中国社会正处于第二社会形态中。在这个意义上可以说，当代中国社会与 16—19 世纪的欧洲社会在文化形态上应该是"同时代的"。①

---

① 俞吾金：《寻找新的价值坐标》，382～389 页，上海，复旦大学出版社，1995。

在我们看来，比较文化研究要上升为科学，就应该在马克思所倡导的"社会学意义上的形态学时间"所蕴含的"同时代的"观念的基础上展开。如前所述，既然欧洲社会的启蒙运动发生在 18 世纪，而当今中国社会在"社会学意义上的形态学时间"上又是与 16—19 世纪的欧洲社会是"同时代的"，这就表明，启蒙也正是当今中国社会的主题。当然，在引入形态学的时间观念时，我们并不否定编年史的时间观念，因为我们的身体和一部分观念毕竟已经从属于 21 世纪了。也就是说，编年史的时间观念也会对我们的文化心理产生一定的影响，然而，要深入地把握当代中国人的文化心理，尤其是深层文化心态，我们却不得不主要诉诸形态学的时间观念。

下面，我们再来考察"启蒙"这个概念的含义及启蒙运动所蕴含的主导性的精神要素。从字源上看，"启蒙"（Enlighten）作为动词的原初含义是"点亮"，引申含义则是精神上的启迪、启发。柏拉图的"洞穴之喻"、弗兰西斯·培根的"洞穴假相"、鲁迅的"黑屋子之喻"都有这方面的含义，即人应该脱离黑暗，接受光明的启发和引导。德国哲学家康德在 1784 年的"什么是启蒙?"一文中曾经指出:"启蒙运动就是人类脱离自己加之于自己的不成熟状态。不成熟状态就是不经别人的引导，就对运用自己的理智无能为力。其原因不在于缺乏理智，而在于不经别人的引导就缺乏勇气与决心去加以运用，那么这种不成熟状态就是自己加之于自己的了。Sapere aude!（要敢于认识! ——语出罗马诗人贺拉斯）要有勇气运用你自己的理智! 这就是启蒙运动的口号。"[1] 人们经常从康德上面的这段话出发去理解启蒙，其实，正如当代法国哲学家福柯在《何谓启蒙》（1984）一文中谈到康德的那篇文章时所说的:"我丝毫无意把它视为对'启蒙'的恰当的描述; 我想，没有一位史学家会对该文就 18 世纪末所发生的社会、政治和文化上的变革所做的分析感到满足。"[2]

---

① 康德:《历史理性批判文集》，22 页，北京，商务印书馆，1991。

② 《福柯集》，杜小真编选，532 页，上海，上海远东出版社，1998。

不管如何，康德关注"启蒙"这个时代主题，并把它理解为人类摆脱自己加之于自己的不成熟状态的一种精神运动，仍然说出了启蒙的核心内容。

至于"启蒙运动"（the Enlightenment），作为名词，其基本含义是指18世纪的欧洲，尤其是法国发生的精神运动，而其引申含义则指称一切精神上、思想上的解放运动。

如果我们把康德和其他启蒙学者的观点综合起来，就会发现，启蒙的理想化的主导性原则主要有以下四条。

一是理性法庭。在漫长的中世纪中，欧洲人都为基督教的信仰所催眠。随着近代自然科学的兴起和发展，人们身上沉睡着的理性渐渐地被唤醒了。启蒙运动自觉地把理性视为最高的原则，不但倡导个人要独立思考，而且也主张全社会应当以理性，而不是以信仰作为判断是非的标准。于是，"理性法庭"诞生了，至少在人们的心中，理性的权威被建立起来了。据说，意大利科学家伽利略由于维护了哥白尼的"日心说"，受到了宗教裁判所的监禁。尽管他不得不把自己的双手按在《圣经》上发誓，放弃"日心说"，但他的内心仍然处于理性的主宰下，因而默念着："地球依然在转动"；同样地，意大利科学家布鲁诺为了从理性上维护哥白尼和伽利略的"日心说"，坚决不向信仰屈服，被活活地烧死在罗马的鲜花广场上。与此类似的是，西班牙科学家塞尔维特为了维护理性所发现的人体血液循环方面的真理，被宗教改革的领袖加尔文活活地烧死在日内瓦的火刑柱上。

在18世纪的法国，启蒙思想家们为了维护理性的权威，对宗教信仰展开了激烈的批判。霍尔巴赫在《袖珍神学》（1767）中谈到宗教裁判所对异教徒或异端采用的火刑时，以嘲弄的口吻写道："（宗教裁判所宣判式，火刑）是偶尔献给神的美味肴馔。它是隆重地用异教徒和犹太人烧烤而成的，其目的在于更有把握地拯救他们的灵魂并教育观众。不言而喻,仁慈的父总是特别喜爱这道菜的。"① 接着,霍尔巴赫又深入地揭露了宗教的本质——取消理性:"在世界上对于理性的生物来说没有比理性再有害的东西了。上帝注定谁要受来世惩罚,就给他理性;上帝要想拯救谁或使之有利于教会,就仁慈地剥夺他的理性。打倒理性!这是宗教的基础。"② 法国另一位启蒙学者狄德罗指出:"如果理性是天所赋予的东西,而对信仰也同样可以这样说,那么天就给了我们两种不相容的而且彼此矛盾的礼物。"③ 又说:"我在夜间迷失方向在一个大森林里,只有一点很小的光来引导我。忽然来了一个不认识的人,对我说:'我的朋友,把你的烛火吹灭,以便更好地找到你的路。'这不认识的人就是一个神学家。"④ 启蒙学者对宗教迷信的批判极大地解放了欧洲人的思想。1796 年,法国科学家拉普拉斯出版了《宇宙体系论》,当拿破仑问他,为什么在这部著作中没有提到宇宙的创造者上帝时,拉普拉斯回答道:"陛下,我不需要这个假设。"⑤ 这充分表明,到 18 世纪末,理性法庭的权威已经得到了充分的认可。

二是世界祛魅。"祛魅"(Entzauberung)这个概念来自德国社会学家马克斯·韦伯,意即从神秘主义的观念,尤其是从宗教所营造的、神圣化的"上帝之城"(city of God,这也是教父哲学家奥古斯丁的一部著

---

① 霍尔巴赫:《袖珍神学》,20 页,北京,商务印书馆,1996。英国学者吉朋在《罗马帝国衰亡史》第 47 章中谈道,5 世纪时,一个居住在亚历山大里亚的犹太贵妇人希帕莎。她从事数学研究,并热衷于新柏拉图主义学说,当她经过一个天主教堂时,被一群疯狂的天主教徒"从二轮马车上拖将下来,剥光了衣服,拉进教堂,遭到读经者彼得和一群野蛮、残忍的狂信分子的杀害。他们用尖锐的蠔壳把她的肉从骨骼上剥掉,然后把她颤动的四肢投进熊熊的烈火"。参见罗素:《西方哲学史》,上卷,452 页。而茨威格则在《异端的权利》一书中描绘了西班牙科学家塞维斯特如何被加尔文烧死在日内瓦的火刑柱上。参见茨威格:《异端的权利》,143 页,北京,生活·读书·新知三联书店,1986。
② 霍尔巴赫:《袖珍神学》,58 页,北京,商务印书馆,1996。
③ 《狄德罗哲学选集》,36 页,北京,生活·读书·新知三联书店,1956。
④ 《狄德罗哲学选集》,36 页,北京,生活·读书·新知三联书店,1956。
⑤ W.C. 丹皮尔:《科学史》,259 页,北京,商务印书馆,1979。

作的名称）中摆脱出来，重新用人的眼光，而不是用神的眼光来审视一切。也就是说，重新返回到以自然人性为基础的、世俗化的现实生活中来。众所周知，早在文艺复兴时期，意大利学者薄伽丘在《十日谈》中就留下了许多脍炙人口的"祛魅"故事。比如，一位虔诚的基督教徒，在他的妻子死后，他把全部财产捐给了教会，并带着幼年的儿子上山修炼，不让儿子和任何其他的人接触。当儿子成年后，他带着儿子一起下山，到城里化缘。他儿子见到女孩，特别喜欢，父亲对他解释：这些女孩都是"绿鹅"，是不好的东西。回到山上后，儿子念念不忘的仍然是"绿鹅"。这就表明，基督教的神圣化的禁欲主义不但不能改变人性和人的自然的欲望，而且越是压抑它，它就会变得越是强烈。

在启蒙运动中，"祛魅"则在更宽泛的范围内成为精神运动的主题。法国学者孟德斯鸠的《波斯人信札》同样贯穿着这个重要的主题：波斯贵族郁斯贝克到欧洲观光，把一大群妻子留在家里，交给阉奴看管。妻子们在欲望的折磨之下，千方百计与各自的情人幽会。郁斯贝克最喜欢的妻子洛克莎娜在与情人幽会时，其情人被阉奴杀死，洛克莎娜毒死了所有的阉奴，在毒死自己前，她写信给郁斯贝克，表示："我虽一直生活在奴役中，但是我一直是自由的；我将你的法律按自然的规律加以改造，而我的精神，一直保持着独立。"① 《波斯人信札》表示，任何神秘化的、神圣的约束都无法遏制人的自然的、世俗的欲望。丹纳在《艺术哲学》中认为，奥林匹斯山上的众神不过是世俗家族的神圣化罢了。这就深刻地启示我们，一切神圣化的东西都是世俗的东西异化的产物。到了19世纪，作为启蒙运动"祛魅"的结果：一方面，法国小说家巴尔扎克通过其《人间喜剧》，充分展示出资本主义世俗社会的景致；另一方面，德国哲学家费尔巴哈则在《基督教的本质》（1841）中揭示出上帝和基督教神学的全部秘密。他告诉我们，上帝是人的本质异化的产物，因而神学的

---

① 孟德斯鸠：《波斯人信札》，274 页，北京，人民文学出版社，1984。

本质就是人类学。

三是追求平等。启蒙运动的政治维度表现为对一切等级和特权制度的拒斥及对以平等为基础的资产阶级民主共和国的憧憬和追求。早在意大利学者马基雅维利、荷兰学者格劳秀斯和英国学者霍布斯那里，披在欧洲社会政治和国家制度上的神秘面纱就已脱落了，他们开始用人的眼光，而不是神的眼光，来看待人世间的政治制度的安排了。到了 18 世纪，法国启蒙思想家卢梭在《论人类不平等的起源和基础》一书（1755）中，分析了人类社会中存在着的两种不平等现象：一是自然上或生理上的不平等，二是精神上或政治上的不平等。卢梭为第二种不平等的呼吁，其矛头直接针对法国的君主等级制度，从而为法国大革命准备了精神武器。正如德国诗人海涅在《论德国宗教和哲学的历史》的长文（1834）中所说的："记住吧，你们这些骄傲的行动者！你们不过是思想家们不自觉的助手而已。这些思想家们往往在最谦逊的宁静之中向你们极其明确地预示了你们的一切行动。马克西米连·罗伯斯庇尔不过是卢梭的手而已，一只从时代的母胎中取出一个身体的血手，但这个身体的灵魂却是卢梭创造的。使让-雅克·卢梭潦倒终生的那种不安的焦虑，也许正是由于卢梭在精神里早已预料到他的思想需要怎样一个助产士才能降生到这个世界上来，而产生的吧？"[1] 启蒙浪潮过后，在 19 世纪中人们才普遍地认识到，资本主义市场经济才是传统的等级和特权的最有力的摧毁者，作为一般等价物的货币才是最有力量的平等主义者。正如马克思和恩格斯在《共产党宣言》（1848）中谈到资产阶级的历史作用时所说的："一切固定的僵化的关系以及与之相适应的素被尊崇的观念和见解都被消除了，一切新形成的关系等不到固定下来就陈旧了。一切等级的和固定的东西都烟消云散了，一切神圣的东西都被亵渎了。人们终于不得不用冷静的眼光来看他们的生活地位、他们的相互关系。"[2]

---

① 张玉书选编：《海涅选集》，291 页，北京，人民文学出版社，1983。
② 《马克思恩格斯选集》，第 1 卷，275 页，北京，人民出版社，1995。

四是个性自由。卢梭在《社会契约论》（1762）一书中指出："人是生而自由的，但却无往而不在枷锁之中。"[1] 追求个性自由，乃是启蒙运动的主旋律，而这一主旋律在美国的《独立宣言》和法国的《人权宣言》中都得到了充分的体现。德国哲学家黑格尔在《精神现象学》（1807）中描述了欧洲社会如何从原始伦理实体转向以个人为本位的法权状态，而在这一转变过程中，孟德斯鸠的《论法的精神》（1748）乃是一个标志性的精神存在物。如果稍稍改变一下叙述的视角，就会发现，在前启蒙社会中，个人处于垂直的身份制度的约束中，实际上没有任何自由可言，而在后启蒙社会中，平等的契约制度开始占主导地位，个性的自由得到了普遍的承认和张扬。所以，丹麦哲学家和神学家克尔凯郭尔竟然把自己的墓志铭写成"这个个人"（the individual）。

我们上面列举的启蒙的主导性原则总是在不同民族的启蒙运动中一而再再而三地表现出来。

启蒙的缺失：历史与现状

从 1840 年以来，近代中国社会的启蒙运动是在救亡的大背景下，以"三部曲"的方式展现出来的。第一阶段可以称之为"洋务运动"，其代表人物是曾国藩、李鸿章等。他们总结两次鸦片战争失败的经验教训，决定走魏源所说的"师夷长技以制夷"的道路。以为只要把外国人的技术，尤其是军事技术买进来，就可以拒敌于国门之外了。但 1894 年中国北海舰队在甲午海战中的失败，使洋务运动彻底破产。人们开始意识到，只有诉诸政治制度上的改革，中国才有希望。第二阶段可以称之为"政治维新"，其代表人物是康有为、梁启超、谭嗣同等，但随着戊戌变法的失败，这条路也走不通了。实际上，欧洲近代史早已启示我们，没有思

---

① 卢梭：《社会契约论》，8 页，北京，商务印书馆，1982。

想文化上的启蒙运动作为先导，无论政治上的改革，还是革命，都是难以取得成功的。当时，中国的知识分子痛定思痛，认为要拯救中国之危亡，根本上要从改造中国人的国民性做起。于是，新文化运动开始了，其代表人物是陈独秀、李大钊、鲁迅等，这一运动在"五四"期间获得了经典性的表现形式。

众所周知，传统中国社会乃是以血缘关系为纽带的宗法等级制社会。在这样的社会中，国家和家庭的权力是至高无上的，而个人和个性则什么也不是。因此，在当时的新文化运动中，启蒙的主题更多地表现在个体和个性对自由的向往和追求上。其实，《红楼梦》的主题是贾宝玉对个性自由（包括自由恋爱）的追求和从大观园中的出走。尽管他只能到佛学的意境中去领悟精神的自由，但这毕竟是对传统礼教的叛逆；鲁迅等人探讨的易卜生剧本《玩偶之家》中的"娜拉出走"的问题，在当时的中国社会中也具有普遍的启蒙的意义。事实上，无论是巴金的系列小说《家》《春》《秋》，还是钱锺书的小说《围城》，其主题也都是主人公的出走。前者通过觉民、觉慧的出走而表达出来，后者则通过方鸿渐的出走而表达出来。所有这些作品的启蒙意义，都通过个性对自己的追求而被传达出来。

然而，与18世纪的欧洲社会不同，启蒙的主题始终没有在近代至当代中国社会的发展中被主题化。相反，这一重要的主题不断地受到挤压，从而一直处于边缘化的状态下。下面，我们来考察当今中国社会现实生活中启蒙缺失的种种现象。

一是宗教观念的蔓延和迷信思想的泛滥。在今天的社会生活中，谁都不会否认，还有相当一部分的思想和行为处于迷信思想的摆布之下。在人们的日常闲谈中，看手相、看面相、算命、对鬼神的信奉和畏惧、对辟邪物和吉祥物的喜爱，始终是经久不衰的主题；人们甚至把数字也划分为两个阵营：一方面，车牌号、门牌号、手机号、座机号，最好都与"8"有关，甚至不惜用巨款买下一连串的"8"字。事实上，几乎所有的喜庆活动都在每个月的"8日""18日""28日"或其他"黄道吉日"进行；另一方面，人们又像躲避瘟疫一样地躲避"4""14""24"这样的数字，许多建筑物甚至不设第4层、第14层等。在农村，特别是缺乏文化的地方，各种迷信现象死灰复燃，甚至出现了巫医、巫婆、算命先生横行不法的局面。尤其需要指出的是，人们的迷信思想在殡葬活动中得到了最充分的体现。常常出现的情形是：死者在生前得不到应有的关怀和治疗，但死后却获得了巨大的哀荣。家属不仅把他厚葬，甚至替他配备了工匠制作的精美的别墅、二奶、小秘、保姆、汽车、电视机、冥币等，以便让他在阴间过豪华的生活。

与迷信不同，尽管人们的宗教信仰是受法律保护的，但同样被法律认可的无神论在社会生活中却缺乏积极的、主导性的影响。众所周知，近年来，不光在国内信奉宗教，尤其是佛教的人数急剧向上攀升，而且出国人员，尤其是缺乏传统人文精神熏陶的科技人员，大部分也都相信基督教了。在国内，有相当一部分官员，也热衷于在寺庙里烧头香、撞头钟，佩戴吉祥物，甚至捐钱为菩萨"塑金身"。整个社会风俗越来越深地沉陷到烟雾缭绕的宗教氛围中。这就从反面印证了一个事实，即启蒙意识在当代中国社会意识中是何等软弱和苍白。

二是等级观念的复苏和特权意识的肆虐。就马克思倡导的社会主义理论来说，其宗旨是消灭阶级，实现人与人之间在政治上的平等。然而，我们发现，在当今中国社会的现实生活中，等级观念和特权意识却不合时宜地被强化了。人所共知，在计划经济的背景下，资源是按照单位和人的级别来分配的。比如，一个单位是局级还是副部级，在资源分配上会出现重大的差别。所以，单位出来争级别，是中国行政生活中最常见的现象之一；而对于个人，尤其是干部来说，争级别，如科级、处级、局级、部级，实际上成了他全部生活和表现的隐秘的动机。因为在不同的级别上，他将获得完全不同的待遇、住房、医疗等资源。这种等级观念是如此深入人心，以至于一个和尚的名片上写着"厅级和尚"的字样，而一个退休老干部的名片上则赫然写着"（相当于）局级巡视员"这样的字样。

众所周知，在理想型的市场经济的背景下，资源应该是由市场来分配的，然而，在中国模式的市场经济中，行政权力的高度参与不但固化了原来已有的等级观念，而且也进一步强化了特权意识。显然，等级观念和特权意识在当前中国社会中的固化和强化，同样表明了当代中国社会中启蒙空气的稀薄。

三是怀旧意识的流行和传统观念的复魅。与像美国这样的新兴的民族比较起来，当代中国人在思想文化的更新上必定会遭遇到更多的阻力，因为中国有着数千年悠久的传统文化，中国人在文化发展上的习惯是"十步九回头"，甚至不断地退回去"追恋埃及的肉锅"。记得在"文化大革命"以前，毛泽东曾经批判中宣部和文化部是帝王将相部、才子佳人部、死人部，现在，我们仿佛又退回到这样的状态中去了。打开电视机这一当代文化的晴雨表，我们马上就会发现，各种历史剧、怀旧剧、侠士剧铺天盖地地向我们涌来。尽管剧中人物所处的历史时代和面具是各有不同的，但这些剧作的结构和主题思想则完全是落套的。无非是王权至上、等级观念、男尊女卑、江湖义气、英雄救美、好勇斗狠，而蕴含在这些剧作中的道德说教——恶有恶报，善有善报——既贫乏，又苍白，缺乏任何真正有分量的批判意识。人们曾寄予无限希望的陈凯歌、张艺谋之流，不但不可能再在当代中国电影的发展中再有什么建树，相反，他们早已与传统文化一起变酸，一起发酵，一起腐烂了。

随着全国各地的开发热潮的蔓延，各种传统观念正处于复魅的状态中。在思想文化界，我们见不到真正有分量的批判性的论著，触目可见的是所谓"歌德派"或"颂德派"，传统文化不分青红皂白地受到热捧，而当代意识则不问情由地被斥为"无知"或"幼稚"。当代中国思想文化中出现的一个奇怪的现象是：一方面，人们无时无刻不在谈论"创新"；另一方面，他们又事事处处拜倒在传统文化的"偶像"之前。就像胸腔里跳动着两颗相反的心的浮士德！

四是集体观念的统治和自由个性的湮没。在当代中国的思想文化中，集体主义与自由个性常常被尖锐地对立起来。比如，人们倡导的所谓"献身精神"，就是无限地抽空个性和个体的生命，把它奉献给一个抽象的集体。他们很少深入地思考下去，如果一个集体不以维护所有个体的生命作为自己存在的宗旨，相反，要靠个人的生命来滋养，那么，这样的集体存在下去是合法的吗？难道抽象的集体比具体的生命更具有存在的价值吗？比"献身精神"缓和一点的是所谓"螺丝钉精神"，这种精神把个体视为完全没有权利，而只有单纯义务的，纯粹被动的存在物。这种精神同样是对个体的独立性和完整性的阉割。在当代中国文化观念中，人们还常常把"个人主义"与"极端个人主义"不加区分地混同起来。其实，前者肯定的是个人的正当的权利和义务，而后者则具有反社会的倾向。应当加以反对的是后者。

何况，集体主义也并不像人们所想象的那样，在任何情况下都值得肯定。比如，"地方保护主义"就是集体主义的一种存在方式；厦门海关的走私案也具有集体主义的方式；一个制造假冒伪劣商品的企业、一个诈骗团体、一家从事金融欺诈的公司等，也常常是以集体主义的方式出现的。总之，决不能建立如下的等式：集体的＝好的；个人的＝坏的。事实上，启蒙所要唤醒的，正是每个人的独立人格和个性的自由。

事实上，在当前中国文化中，普通个人和个性始终处于边缘化的状态下。我们知道，在哲学教科书中，普通个人常常被归属于"人民群众"这个集合名词中，而这个集合名词并没有使法律上承诺的每个普通个人的权利得到应有的尊重。在日常生活中，每个人都可能会有如下的遭遇：当他到商店里买东西，而营业员的态度十分恶劣时，他就指着挂在营业员头顶的"为人民服务"的牌匾，批评对方没有认真地为自己服务。那位营业员立即反唇相讥："为人民服务就是为你服务吗？"试想，如果这个营业员在每个为别人服务的场合下都做得不好，那么在他的心中，"为人民服务"就始终是一句空话。因此，在我们看来，实际生活需要的并不是"为人民服务"这类空洞的口号，而是需要尊重每个普通个人的权利，而这种权利是神圣不可侵犯的。人们通常习惯于把人权理解为生存权和发展权。这种理解是成问题的。我们认为，人权就是人有尊严地活在这个世界上，并发展自己。如果让一个人活着就等于给了他人权，那么，奴隶社会也可以宣布自己是合理的了。总之，历史和实践都告诉我们，在一种文化中，个人、个性这样的观念越是匮乏，就越表明这种文化没有经过启蒙的洗礼。

启蒙的缺失：原因的探寻

在近代和当代中国社会中，之所以出现这种启蒙缺失的现象，主要是由以下各种不同的原因引起的。

第一个原因是救亡对启蒙的挤压。如前所述，从 1840 年的第一次鸦片战争以来，外患频仍，中国社会始终处于生死存亡的危急状态中。也就是说，政治舞台上的灯光始终集中在民族救亡的主题上，启蒙自然处于被挤压的、边缘化的状态下。更为重要的是，救亡和启蒙各自所要张扬的价值，至少从表面上看起来是相悖的。救亡强调的是集体的力量和铁的纪律，而启蒙肯定的则是个人的独立和个性的自由。在救亡中，个人通常被理解为集体中的一个片断、一个环节，他随时可以为集体而牺牲自己。然而，在启蒙中，个人的独立和个性的自由则成了至高无上的目标，为了确保这些价值的实现，个人不得不与集体相抗衡，甚至脱离集体，为自己争得自由的空间。1949 年以前，当救亡成为压倒一切的目标时，启蒙的话题就始终是一个边缘性的话题。1949 年以后，当启蒙有可能上升为第一话题时，人们又继续沿用了救亡时期的整个思路，并始终把集体主义作为正面价值与个人主义作为负面价值抽象地对立起来。

直至今天，在思想文化观念上，启蒙所蕴含的主导性价值，尤其是个性自由方面的价值，仍然处于被挤压的状态之下。

第二个原因是商品经济发展的滞后。中国传统社会信奉的始终是"重本（农）抑末（商）"的政治路线，与这一政治路线相伴随的则是"士、农、工、商"的社会结构和民间的所谓"无商不奸，无奸不商"的文化观念。按照这样的文化观念，商业几乎可以与欺诈画等号。在这样的文化氛围中，商品经济的发展自然举步维艰。而当以孙中山先生为代表的中产阶级打算大力发展民族实业和商品经济的时候，在欧洲主要国家兴起的空想社会主义思潮，也通过马克思思想的传播而渐渐渗透到中国文化中。因此，当列宁通过"十月革命"缔造了世界上第一个社会主义国家后，中国的知识分子，包括中产阶级的知识分子，自然把苏联看成了自己的奋斗目标。与此同时，列宁关于小生产者每日每时都在产生资本主义的观念也对当代中国社会产生了巨大的影响。1949年以后，当"割资本主义尾巴"始终是现实生活中的最高目标时，商品经济根本不可能占据主导性的地位。1978年以后，在改革开放的背景下，随着社会生活的转型，商品经济的发展才获得了强大的推动力。与商品经济发展同步的是，国家利益和集体利益之外的个人的合法利益得到了充分的肯定，这就为在思想文化领域中重建支离破碎的启蒙精神提供了条件。然而，由于中国式的商品经济的特殊性，即行政权力的高度参与，所以启蒙的任务是双重的：一方面，启蒙要唤醒个人的权利和义务；另一方面，启蒙又不得不与权力造成的特权、等级观念和寻租现象展开激烈的斗争。由于迄今为止商品经济仍然处于初始阶段，所以启蒙仍然缺乏相应的经济基础。

第三个原因是自然科学在近代中国社会中的萎缩。由于商品经济在近代中国社会中得不到充分的发展空间，从而使自然科学的研究和发展也失去了相应的动力，而隋唐以来实施的科举制度，也使最有才华的知识分子热衷于仕途。正如胡适在《先秦名学史》一书中所指出的：中国知识分子讲的"格物致知"，在其原初含义上，"物"是指自然对象，"知"是指自然科学方面的知识，然而，这一原初的含义却渐渐地变质了。"物"成了社会关系，"知"成了护官和升官方面的知识。也就是说，中国知识分子在仕途上老于世故，而在很大程度上鄙视自然科学方面的研究。由于这方面研究的落后，宗教观念和迷信思想到处泛滥，理性无法得到张扬，启蒙自然也难以获得持久的、强大的推动力。

第四个原因是把社会主义价值体系与启蒙意识所蕴含的普遍性价值，如珍惜生命、尊重人格和人权、提倡自由和民主、倡导平等和公平、追求真理、崇尚科学等内容尖锐地对立起来。人们力图把马克思主义与人道主义、社会主义与资本主义对立起来，指责启蒙意识和普遍价值是"从抽象的人性出发的"，甚至是虚假的，完全看不到社会主义的价值体系与启蒙意识所蕴含的普遍价值之间的内在联系，仿佛只有抛弃启蒙的所有的成果，才可能建设起社会主义的价值体系。正是这种对立的情绪，使社会生活中任何启蒙的观念都受到了压制。其实，这种抽象对立的情绪完全违背了马克思的历史唯物主义的理论。

每一个尊重历史的人都会发现，从历史上看，正是启蒙意识所蕴含的这些普遍性价值为社会主义价值体系的建立提供了历史基础。列宁早已在《共青团的任务》(1920)一文中告诉我们："无产阶级文化并不是从天上掉下来的，也不是那些自命为无产阶级文化专家的人杜撰出来的。如果硬说是这样，那完全是一派胡言。无产阶级文化应当是人类在资本主义社会、地主社会和官僚社会压迫下创造出来的全部知识合乎规律的发展。"① 按照列宁的见解，社会主义价值体系正是在启蒙意识所蕴含的普遍价值的基础上形成并发展起来的。没有这个基础，社会主义价值体系就有可能变质为传统社会的价值体系，因为作为社会主义核心价值的集体主义只有经受过启蒙的洗礼，才能避免集体与个体之间的

① 《列宁选集》，第 4 卷，285 页，北京，人民出版社，1995。

抽象的对立，才能使每个普通个人的独立人格和人权得到普遍的承认和尊重。

第五个原因是西方学者对启蒙运动的反思和批判影响了当代中国人对启蒙的接纳。众所周知，黑格尔早已在《精神现象学》中对启蒙运动进行了全面的反思。在他看来，启蒙运动及启蒙精神的主要问题如下：一是启蒙对传统，尤其是宗教采取了简单化的否定的态度，其实，宗教对于人类的生存和发展来说，仍然是不可或缺的；二是启蒙片面地崇尚科学思维，而这种思维很容易被引向功利主义，忽视了对于人的安身立命来说更重要的价值理性的作用；三是启蒙对无任何约束的自由，即"绝对自由"的追求导致了法国大革命中的恐怖。

在黑格尔之后，不少思想家出来反思和总结启蒙的经验教训。霍克海默和阿多诺撰写的《启蒙辩证法》（1947）是这方面的代表作。他们把法西斯现象称之为"神话"，并到启蒙中去探寻这种神话的起源：一方面，在古代神话，如荷马的《奥德修斯》中已经蕴含着神话；另一方面，在启蒙中，也蕴含着神话，而启蒙中的神话因素正是启蒙自身所蕴含的负面价值，如对理性的神化等。在他们之后，后现代主义者更是对启蒙和现代性的传统进行了全面的抨击。在这样的文化情绪的冲击下，当代中国人对启蒙又多了一份戒心。

通过对上面这些原因的探寻，我们也就明白了，为什么在当前的中国社会中，会出现启蒙严重缺失的情形。其实，当代中国人的思想文化处境真正说得上"可怜"，他们连启蒙的成果也未感受到，却已经在分享启蒙带来的灾祸了。

启蒙的精神：重建与修正

我在演讲的标题中包含的"启蒙的重建"并不是指启蒙运动的重建。事实上，启蒙运动作为一种历史性的运动，它的发生和展开是由一系列主观和客观方面的条件所决定的，而我说的"启蒙的重建"是指启蒙精神的重建，而这种"重建"又总是与"修正"结伴而行的。如前所述，在形态学的时间观念上，当代中国社会与16—19世纪的欧洲社会是"同时代的"，因此，启蒙精神需要"重建"；但从编年史的时间观念上看，当代中国社会又是与当代欧洲社会"同时代的"，因而又需要吸纳当代欧洲社会的知识分子在反思启蒙运动时提出的有价值的见解，从而对启蒙精神进行必要的"修正"。

就启蒙精神的重建来说，下列措施具有积极意义。

第一，认真学习18世纪法国唯物主义的论著，对宗教意识和迷信观念展开彻底的批判，确立理性和科学（不光是自然科学，也包括人文社会科学）的权威；

第二，遏制等级观念、特权意识和权力寻租现象，发展中产阶级，形成与国家权力相制衡的市民社会，尽快编写并出版民法典，使个人的权利和义务以法律的形式积淀下来；

第三，弘扬启蒙的主导精神和普遍价值，并在普遍价值的基础上确立社会主义价值体系；

第四，借鉴传统文化中的启蒙要素。站在当今时代的高度上，重新审视传统文化，抉出其中具有启蒙含量的精神价值因素，并对这些价值因素进行创造性的转化；

第五，发展教育，弘扬人文精神，确立普遍的法权人格和道德实践主体。

就启蒙的修正来说，下列措施同样是值得重视的。

其一，深刻意识到当代中国社会与当代欧洲社会之间存在着"历史错位"现象。一方面，我们必须从中国的具体国情出发，坚持启蒙和现代性的基本立场，发展市场经济，推进现代化的事业；另一方面，我们又必须借鉴后现代的眼光，不断地对现代化的道路做出调整，使之以适合中国国情的方向向前发展。

其二，深入了解并探索西方现代学者和后现代学者的启蒙批判史，全面反思并总结欧洲启蒙运动的经验教训和启蒙精神的贡献与局限，努力遏制启蒙精神重建中负面因素的作用，避免重走欧洲社会的精神发展道路。

当代中国文化的内在冲突与出路[①]

自 1978 年改革开放以来，中国社会的文化生活是异常丰富的。古老的京剧、昆曲、越剧等传统剧目与当代流行歌曲、流行音乐和现代舞蹈同台演出；中国传统思想家的著作与当代西方思想家，甚至后现代主义思想家的著作陈列在同一个书柜中；各种文化思潮和"文化热"不断地变换着。从 20 世纪 80 年代初以来，文化思考的主题不断地更新着，如"人道主义与异化""萨特与存在主义""港台新儒学""周易热""福山的历史终结论""新保守主义""后现代主义""萨伊德和东方主义理论""亨廷顿和文明冲突论""人文主义精神热""自由主义""宪政主义"，等等。实际上，各种文化思潮的纷然杂陈和文化热的迅速变换并不意味着文化

① 本文载《浙江大学学报（人文社会科学版）》，2007（4）；摘引《高等学校文科学术文摘》，2007（10）摘要介绍。

研究的繁荣，而是处处暴露出当代中国文化的内在矛盾。在全球化的大背景下，当代中国文化究竟如何发展，这是当代中国人必须加以解答的问题。

当代中国文化的概况

要了解当代中国文化的概况，首先要搞清楚以下三个概念。

第一，"中国"概念。这个词可以在两个不同的意义上加以使用：一是地理学意义上的中国，二是文化学意义上的中国。显然，我们在这里讨论的"中国"指的是地理学意义上的中国。

第二，"当代"概念，主要指 1949 年以来的中国社会。它可以进一步划分为两个阶段：一是从 1949 年到 1977 年，二是从 1978 年到目前。我们上面提到的"文化热"主要是在后一个阶段出现的。

第三，"文化"概念。"文化"一词有三百多种定义，但我们没有必要纠缠在这些定义中，在此不妨区分出两个不同的文化概念：一是"广义的文化"概念，凡是人类在其生存活动中创造出来的一切都可以称作为文化，主要有器具、制度、观念（包括作为其核心的价值观念）三个不同的层面；二是"狭义的文化"概念，主要指观念形态上的文化。我们这里涉及的是"狭义的文化"概念，所以我们主要是在观念的层面上来讨论文化问题。从观念文化的角度来考察，当代中国文化在结构上是由三大部分组成的。

第一部分是中国本位文化。这部分文化主要是由以儒家、道家思想为主导的传统观念和从汉代以来进入中国的佛教观念融合而成的，至今在民间，特别是农村仍然拥有广泛的影响。

第二部分是通过苏联、日本等渠道传播进来的马克思主义观念，人们通常称之为"苏联模式的马克思主义"，在哲学上则称之为"辩证唯物主义和历史唯物主义"。我们不妨把这种以物质本体论为基础的观念称之为"马克思主义Ⅰ"。改革开放以来，中国理论界通过与西方理论界的直接对话和对以卢卡奇、葛兰西等人为代表的西方马克思主义思潮以及新发现的马克思手稿的深入研究，才认识到不仅马克思的思想与恩格斯、列宁、斯大林之间存在着差异，而且马克思本人的学说，如青年马克思与成熟时期的马克思之间也存在着差异。在一部分思想比较解放的理论家那里，马克思主义的理论形象被更新了，我们不妨把这种以实践本体论为基础的观念称之为"马克思主义Ⅱ"。

第三部分是西方的非马克思主义思潮，特别是自由主义和宪政主义思潮。从西方古典自由主义的发展脉络来看，洛克的《政府论》及其分权理论和卢梭的《社会契约论》及其"公意"理论代表了不同的路向。第二次世界大战之后，西方出现了以哈耶克、伯林、波普尔、罗尔斯、诺齐克、泰勒、桑德尔等人为代表的新自由主义思潮。在笔者看来，泰勒、桑德尔与罗尔斯、诺齐克的争论，不过是"家族内部的争论"。比较起来，罗尔斯更多地从属于康德的传统，即主张自由是超验的东西；而泰勒则更多地从属于黑格尔的传统，即主张自由只能放在历史地演化着的共同体内部来进行讨论。这部分西方思潮对中国知识分子，特别是青年知识分子有一定的影响。所以，目前法哲学、宪法学和比较宪法研究成为学术界的一个热点。

当代中国文化的结构并不是以偶然的方式形成的，而是在近现代中国世界性的历史遭遇中逐步产生的，其中既有客观形势的逼迫，也有知识分子的自觉选择。在所有的历史遭遇中，西方资本主义的入侵、普世文化价值的传入和五四运动后中国知识分子对苏联模式的马克思主义的接受，对近现代中国社会的发展，特别是文化发展产生了决定性影响①。

---

① 在探讨近现代中国社会发展的问题上，笔者既不赞成黑格尔式的"西方文化中心主义"，也不赞成柯亨式的所谓"中国中心论"。虽然我们不能简单地用"刺激—回应"的方式描述近现代中国社会的演化，但西方资本主义的入侵，无论如何是影响近现代中国社会发展的基本因素之一。

上面这三部分文化之间的互动构成了当代中国文化演化的轨迹。如果人们仅仅着眼于大众媒体的话，就会发现，苏联模式的马克思主义在当代中国文化结构中始终是支配性的力量。但深入考察表明，实际情形并非如此。如果说在 1949—1977 年这个历史阶段中，苏联模式的马克思主义占据着绝对支配地位的话，那么从 1978 年迄今，尤其是从 1989 年迄今，苏联模式的马克思主义的影响已经大大地弱化了。在民间，特别是在农村，传统文化观念和宗教观念起着一定的作用；而在知识分子，特别是沿海城市的知识分子中，西方文化所蕴含的普世价值，尤其是自由主义和宪政主义理想、基督教观念①的影响也是不能低估的。总之，把握当代中国文化的基本结构及各部分文化观念之间的互动关系，是我们理解当代中国社会中发生的各种文化现象的一把钥匙②。

当代中国文化的内在冲突

有些西方学者通过大众传媒、短暂的访问或游历，就对当代中国文化遽下断语，这常常会导致误解。深入地考察当代中国文化，不但要了

---

① 近年来，基督教在当代中国社会中的影响已经大大地加强了。在学术界，基督教的研究机构不断增加；在民众中，信奉基督教的人也有一定幅度的增加，圣诞节似乎已经成为民众的一个重要节日。笔者在美国和加拿大访问时，曾经参观过一些华人教堂，听过一些华人牧师的布道，发现在留学海外的中国科学技术知识分子中，信奉基督教的人很多。信奉者的动机既有融入西方社会的愿望，又有排遣精神孤独的无奈，其中有少数人的动机则是肤浅的、极端功利主义的。据说有人在祈祷时说："感谢上帝，我女儿终于得到签证了。"这样的祷告与其说是祷告者的有神论倾向的证明，不如说是对他的无神论倾向的一种确证，因为在他的祷告中蕴含着完全相反的意思："上帝呀，如果我的女儿得不到签证，我就绝不会信奉你！"

② 从当代中国文化的结构可以看出，早已不存在所谓"纯粹的中国文化"，当然也不存在所谓"纯粹的西方文化""纯粹的东方文化"或"纯粹的日本文化"等。在全球化发展的态势下，单纯的民族国家文化或单纯的区域文化都已无法继续存在下去。文化之间的互渗，特别是强势文化对弱势文化的入侵已经成为不争的事实。在这样的情况下，"东西文化比较"这样的研究领域在意义上就显得含混起来。

解它的基本结构，而且要把握隐藏在它深处的内在矛盾或冲突。按照笔者的看法，当代中国文化中至少包含着四对矛盾。

一是总体本位与个体本位的冲突。传统中国社会作为东方专制主义社会，在其漫长的历史发展中既未经历过欧洲意义上的奴隶社会阶段，也未经历过欧洲意义上的封建社会阶段①，它实际上是一种以自然的血缘关系为基础的家族本位制的社会。这一制度是以总体为本位的，这里的总体主要有两种含义：一是指家族，二是指国家。在中国传统社会中，"家"和"国"是不可分离地连在一起的，汉语中的"国家"一词就暗含着这种密切的关系。儒家主张在治理社会时"以孝为本"，就是基于这样一种思维方式，即只要每个家族都稳定了，国家也就稳定了。在中国传统社会的"家"与"国"中，真正独立的个人是不存在的，存在着的只是血缘和身份意义上的个人。在家族中，个人只是父亲、儿子、兄弟，但绝对不是独立的人格；在国家中，个人只是臣民，而不是一个自由的个体。黑格尔认为，在中国传统社会中，只有一个人，即皇帝是自由的。其实，连皇帝也不是自由的，因为他的自由也是有条件的，即必须维护整个皇族的利益。一旦他违背这种利益，他的自由，甚至连他的存在本身也会被取消。然而，在当代中国社会中，在市场经济机制的驱动下，个体本位变成一种越来越基本的发展趋势，因为市场经济的契约机制正是以这种从家族身份制度中游离出来的、自由的、平等的个体的存在为基础的。在某种意义上，没有这样的独立的个体，也就不会有真正意义上的市场经济。这就使总体本位与个体本位之间的矛盾渐渐地变得尖锐

---

① 毛泽东把近现代中国社会称之为"殖民地半殖民地、半封建社会"，但值得深入思考的是，把"封建社会"这样的概念移到中国社会中来是否合适？但毛泽东的这一论断有着广泛的影响，直到20世纪80年代开始重新讨论马克思关于"亚细亚生产方式"的理论时，这一论断才受到严峻的挑战，但迄今为止还有不少学者信奉这一论断。

起来①。

当代中国社会是从传统的中国社会演化过来的，它所经历的计划经济是高度集权的，即使在当前的市场经济运作模式中，也是高度集权的，换言之，仍然是以总体为本位的，但现在的总体主要是指单位（如国有企业）和国家。在这样的制度平台上，总体与个体的矛盾通过一系列方式表现出来。

第一，改革观念上的矛盾。改革开放要求把中央的权力下放给地方、基层单位和个人，但政府总是通过对宏观调控的重要性的强调，把放下去的权力再收上来。这样就出现了"一放就乱，一管就死"的现象。

第二，政治观念上的矛盾。总体本位强调的是政治思想上的高度统一性，这就必然使意识形态的话语权力化，成为判断一切是非的标准；而个体本位强调的则是现实生活中政治思想的多元性，借用西方流行的话来说，即"虽然我不同意你的观点，但我坚决维护你说话的权利"。

第三，与总体本位对应的伦理观念是全能主义，而与个体本位对应的伦理观念则是个人主义；在意识形态的话语中，个人主义总是被简单地等同于自私自利而遭到批判；但在现实生活中，个人的权利亟须得到维护，个人的职责和责任亟须得到明确的界定。

反之，集体主义的伦理观念却面临种种挑战。如果作为集体主义载

---

① 改革开放以来，农村里大量的人口流向城市，有学者把这种"民工潮"称之为"盲流"。实际上，"民工潮"并不是"盲流"，用经济学的术语来说，它是从经济要素低的地方流向高的地方，这是服从价值规律的。从哲学的角度来看，这是一种有重大历史意义的社会现象，即个人从家族中分离出来，被抛向社会，而这正是使他成为真正独立的、自由的个体的第一步。从十五六世纪开始，欧洲也有大量的农村人口涌向城市，欧洲的学者和文学家常常把他们称作"流浪汉"，其实，他们也是从农村的家族中分离出来的，从而也在完成一个向现代社会转化的伟大的历史过程。

体的某个集体在市场竞争中破产了，我们是不是还要用一种超经济的力量去维护这个集体的存在呢？特别是当集体犯罪的现象（如集体制假、集体走私、集体腐败、地方保护主义等）经常出现时，我们还能抽象地强调集体主义的伦理原则吗？

显然，在当代中国文化的发展中，总体本位与个体本位之间的矛盾还会通过各种不同的形式表现出来。就其发展趋势而言，个体本位必将占据越来越重要的地位。当然，这将是一个漫长的历史过程，而在这一历史过程中，道德实践主体的建设和法权人格的建设将成为核心的问题。

二是商品经济发展的不平衡与共同富裕的冲突。中国传统社会是以农业为基础的，所以占主导地位的观念始终是"重本抑末"。历代统治阶级都强调"民以食为天"，把农业放在国民经济基础的位置上，即使是知识分子，也以"耕读世家"为荣。在传统的"士、农、工、商"的社会结构中，"农"仅仅因为等级关系而在地位上屈居于"士"之后，而"商"则被列在最后。一言以蔽之，在传统社会中，"商"完全被边缘化了。历代统治阶级都把最能获利的商业活动控制在政府或豪门大族的手中，并用种种手段对小商品生产者、手工业者和商人进行政治上的压迫和经济上的盘剥。而儒家强调"君子喻于义，小人喻于利""有国有家者，不患寡而患不均"等，始终把一种平均的、共同的富裕状态作为自己追求的理想。在这种平均主义的理想中，明显地包含着对商品经济和商品意识的压制；而社会上广泛流行的所谓"无商不奸，无奸不商"这样严酷的伦理评价，也使中国的商业活动始终不能得到大规模的发展，从而使强大的商人阶层和中产阶级始终发展不起来。长期以来，中国社会一直在这对矛盾中痛苦地挣扎着。在当代中国社会中，特别是20世纪90年代以来，随着计划经济向市场经济的转轨，整个社会滑向了另一个极端，出现了"全民经商"的现象。个人心中长期以来被压抑的欲望和利益被唤醒了，于是，追求个人和家庭发财致富成了人们心中普遍化的、最重要的愿望①，甚至为了自己致富而制造伪劣商品、坑蒙拐骗，简直无所不用其极。众所周知，市场经济奉行的是优胜劣汰的机制，它只能使一部分人先富起来，而究竟应当让哪一部分人先富起来呢？先富起来的人是否一定会带动其他人走共同富裕的道路呢？这些都是悬而未决的问题。

三是发展科学技术与遏制科学主义蔓延的冲突。在考察这对矛盾之前，我们必须先澄清一些基本概念。一是科学技术。显然，这里的科学主要是指自然科学，自然科学的目的是发现经验现象的规律，而技术则把这些规律转换为可操作的器物，用以改造自然。一般来说，科学技术是一种中性的东西，但当代西方的一些学者，如海德格尔不同意这种观点，他认为现代技术是一种消极的东西，它不但控制自然，而且也控制人，使人处在高度异化的状态中。二是科学精神。尊重理性、尊重事实、追求真理、强调协作等都是科学精神的具体表现。一般认为，科学精神是一种积极的东西。三是科学主义。它实际上是一种科学万能的观念，认为人们可以用科学解决所有的问题，认为自然科学的概念和方法可以无条件地推广到现实生活和人文科学中去。正如有学者所指出的，科学主义"认为宇宙万物的所有方面都可以通过科学方法来认识"②。一般认为，科学主义是消极的东西，必须加以遏制。四是人文精神。用什么东西来遏制科学主义的蔓延呢？人们提出了各种答案，这些答案的实质是人文精神。人文精神是对人的尊严、价值、权利、责任和终极关怀的强调。一般认为，与科学主义相对的人文主义是一种积极的东西。

在当代中国文化的独特语境中，发展科学技术与遏制科学主义之间形成了尖锐的矛盾。一方面，中国是一个发展中国家，在科学技术上相对落后。要赶上西方的先进水平，就要普及科学知识，发展科学技术。

---

① 每年正月初五是财神节，从农村到城市，家家户户都为迎财神而放爆竹，以致马路成了"红地毯"，许多草坪被烧毁了。这充分反映出人们追求财富的浮躁心理。

② 郭颖颐：《中国现代思想中的唯科学主义》，1页，南京，江苏人民出版社，1995。

另一方面，科学主义的蔓延也很严重。不少人认为，科学技术可以解决一切问题，从而忽视了对人文社会科学，尤其是宗教和神秘主义思想的研究，忽视了对人文精神和人文关怀的倡导。于是，在当代中国文化的发展中，出现了这样一种奇观：一方面，官方的理论家总是不断地举行科学技术方面的会议，强调发展科学技术的重要性和普及科学知识的必要性；另一方面，民间的学者总是强调人文精神的失落及重新振兴它的必要性。显然，这样的矛盾还会在当代中国文化的发展中长期存在下去。

四是激进主义与保守主义文化心态的冲突。中国是一个有着悠久历史和文化传统的国家，但长期以来，文化保守主义一直占据主导地位，形成了闭关锁国的惰性的文化心理。从1840年以来，在西方列强的进攻下，中国被迫打开了国门，当时先进的知识分子对中国文明和西方文明的优劣进行了比较，深感中国的落后，特别是中国在科学知识和政治制度方面的落后。巨大的落差助长了激进主义思潮的蔓延，这一思潮的特点就是对中国的传统文化采取全盘否定的态度。正如林毓生先生所说的："20世纪中国思想史的最显著的特征之一，是对中国传统文化遗产坚决地全盘否定的态度的出现与持续。"[①] 这种激进主义思潮在五四运动中已见端倪，当时有学者主张把文化古籍扔到厕所里去，甚至主张把汉字拉丁化或者干脆把汉字废掉。后来，在"大跃进"中，也出现了一系列激进主义的口号，如"不是做不到，而是想不到""人有多大胆，地有多大产"，等等，甚至有人认为，中国已经进入共产主义社会，可以实行按需分配的制度了。在"文化大革命"中，许多激进主义的口号，如"横扫一切牛鬼蛇神""大公无私"等也被提出来了。

自1978年以来，随着改革开放的不断扩大和市场经济的发展，知识分子的自我意识不断增强，对贫富落差的感受和对金钱财富的追求，为激进主义的发展提供了新的动力。自20世纪90年代以来，保守主义又

---

① 林毓生：《中国意识的危机》，2页，贵阳，贵州人民出版社，1986。

渐渐地在文化界抬头了。法国革命与英国革命的优劣重新得到了评价，过去史学界受激进主义思潮的影响，总是褒扬法国革命而贬低英国革命，现在英国的"光荣革命"成了革命的最佳形式，伯克的《对法国大革命的反思》一书成了新保守主义者的"圣经"。毋庸讳言，在当代中国文化的发展中，激进主义与保守主义的矛盾还将长期存在下去。这是由中国既具有悠久的历史，又是发展中国家这一双重身份决定的。

综上所述，当代中国文化处在一系列矛盾和冲突之中。只有认识这些矛盾，才能全面地理解当代中国文化。

当代中国文化的出路

当代中国文化向何处去？在讨论这个问题之前，我们先要纠正关于文化问题的一些错误的看法。

第一种看法笔者称之为"自然主义的文化多元主义"。按照这种看法，在当代中国社会中，文化的多元性已经成为知识分子的共识。如果故意倡导某一种文化观念，这种观念就有可能成为话语霸权，从而导致文化专制主义的复现。所以，对当代中国文化的发展应当采取听之任之的态度，让其自然而然地发展。这种看法显然是错误的，因为它完全排斥文化发展中的批评机制。事实上，历史和实践一再告诉我们，没有真正的批评，也就不可能有真正的文化发展。在笔者看来，应当追求的是"批评的文化多元主义"，当然，批评要确立严格的原则和规范，使它不至于蜕化为话语霸权。

第二种看法笔者称之为"文化观念决定论"。按照这种理论，在任何社会的发展中，观念都起着决定性的作用。只要少数知识分子抛弃了某种旧观念，旧世界就崩溃了；同样地，只要他们接受了某种新观念，新世界也就诞生了。这种把文化观念理解为一切力量中最根本的力量的看法，是很天真的。事实上，当某种文化观念还没有被人们普遍认同的时候，它什么也不是。即使被普遍认同了，要转化为现实的力量，也要通过实践。单纯的观念并不拥有任何力量。在当代中国文化中，由于"文化观念决定论"在知识分子中有广泛的影响，所以他们都倾向于接受并模仿韦伯在《新教伦理和资本主义精神》一书中提出的思维方式，认为当代中国文化发展的要旨是建立一种新的伦理观，由此来推进中国现代化的发展，就像西方的新教伦理推动西方资本主义的发展一样。而这一思维模式又与传统儒家和当代新儒家倡导的"内圣外王"的思维方式是一致的。直到近年来东南亚国家受到金融危机的重创，人们才认识到，所谓"儒家伦理"在东南亚国家中也不过是一种边缘化的、无足轻重的力量。归根结底，决定一个国家发展的是经济、政治、技术、军事方面的现实力量。文化观念就像纸币一样，它是否有价值取决于银行里是否有相应的黄金储备。

第三种看法笔者称之为"追求完美论"。国内的不少学者提出：要把中国文化中有价值的东西与西方文化中有价值的东西结合起来，建设一种完美无缺的新文化。这也是一种十分天真的观点，因为任何文化都不可能是绝对完美的，否则它就失去了自己的生命力和继续向前发展的动力。事实上，人们永远只能追求比较好的文化，而无法达到绝对好的文化。正如黑格尔所说的："纯粹的光明就是纯粹的黑暗。"[①] 他也说过："好的最大的敌人是最好。"[②] 这就启示我们，我们永远只能去追求比较好的东西，但却不应该去追求绝对完美的东西。总之，在这方面，需要有一种抵御"完美乌托邦"诱惑的能力。

如何建设当代中国文化？如果从广义的文化概念，即器物文化、制度文化和观念文化这三个层面来看，制度文化的重要性正在凸现出来。就制度文化建设的角度来看，政治体制的改革和民主化是制度文化建设的核心。如果从狭义的文化概念，即观念文化的角度来看，应该认识到，

---

① 黑格尔：《小逻辑》，108 页，北京，商务印书馆，1980。
② 黑格尔：《法哲学原理》，226 页，北京，商务印书馆，1961。

当代中国文化变动的实质是从原始伦理精神向法的精神和道德精神转化。所谓"原始伦理精神"是以自然的血缘关系为基础的传统社会的主导性精神，其基本特征是：以家族为本位，以孝悌为核心，重视等级制度、身份关系，强调人情关系，等等。所谓"法的精神和道德精神"，是以现代文明社会的社会关系为基础的主导性精神，其基本特征是：以个人为本位，以个人的良知为核心，以契约和法律为准绳，追求独立和自由，强调公正和民主，等等。不管我们是否赞成，从原始伦理精神向法的精神和道德精神的转化将是一个不可避免的历史过程①。也就是说，我们关于当代中国文化建设方面的思考应当自觉地适应这一历史的过程，而不是把自己的愿望与这一过程对立起来②。当然，仅仅认识到这一点还是不够的，为了促使当代中国文化健康地向前发展，我们应该从文化生态学的立场出发，协调好关系。

其一，既要接受外来文化中蕴含的普世性价值，用以推进中国的现代化建设事业，又要继承中国传统文化中富有智慧和价值的因素，从而对现代化的理念做出必要的修正。总之，要以开放的心态，自觉地把全球化蕴含的普遍性与中国文化包含的特殊性有机地统一起来。

其二，既要坚持以经济建设为中心，又要强调政治体制改革的必要性和同步性。因为政治和经济不可能长期处于分离状态。政治不过是经

---

① 只要我们考察一下现代欧洲文化思想演化的历史，就会发现，法的精神和自觉的道德精神的确立乃是现代文化产生的最重要的成果。孟德斯鸠的《论法的精神》（1748）和康德的《实践理性批判》（1788）乃是现代文化精神的重要标志。

② 某些意识形态专家对所谓个人主义的批判就犯了这样的历史性错误。他们竭力把个人主义与自私自利等同起来。其实，个人主义是肯定个人应有的权利与义务，与自私自利完全是两回事。当然，在当代西方社会中，个人主义的发展过了头，形成了一种极端的、反社会的个人主义。这种极端的、反社会的个人主义是任何社会都会加以批判的，但个人主义却是合理的。另一些学者则以形式主义的态度对待西方学者的观点。如有的西方学者在高度工业化的、异化的西方社会中感到孤独，因而提出了"返回家园"的口号。一些中国学者跟在后面亦步亦趋，也高喊"返回家园"。殊不知，在当代中国的历史情景中，不是孤独太多，而是太少，不是"返回家园"，而是要"走出家园"，因为普遍的、独立的个体还没有从宗法家族中分离出来。

济的集中表现。只有把经济建设与政治体制的改革协调起来,当代中国文化的发展才不会步入歧途。

其三,既要重视法制建设,倡导法的精神,培养法权人格,又要强调道德建设,提倡道德意识,培养道德实践主体。老子云:"法令滋彰,盗贼多有。"秦王朝只认苛法,15年就垮台了。因此必须在造就法权人格的同时造就道德实践主体,才能保持文化精神在生态上的平衡。

其四,既要重视发展科学技术,普及科学知识,发扬科学精神,又要重视人文学科的建设,提倡人文关怀,倡导人文精神。绝不能使当代中国文化分裂为科学主义和人文主义两极。事实上,真正的精神自由存在于精神各要素的和谐之中。只有从文化生态学的视角出发,自觉地协调各文化要素之间的辩证关系,才能促使当代中国文化沿着健康的轨道向前发展。

当代中国文化的哲学诊断[①]

　　无数历史事实表明，人既是种种观念的创造者，同时又是自己所创造的观念的膜拜者。在这个意义上，也许可以说，"庸人自扰"这个成语不仅适用于庸人，而且也适用于所有的人。即使人类文明，尤其是科学技术高度发展的今天，人类仍然无法摆脱这种劣根性。相反，借助于新文明激发起来的、越来越活跃的想象力，这种劣根性以前所未有的方式表现出来。

　　当代人对自己置身于其中的时代的理解就是这方面的一个范例。确实，当代人生活的时代既是两个世纪的交接点，也是两个千禧年的会合处。仅仅这一点就足以激起人们的无限的遐想，仿佛这个时代是人类历史上最伟大的时代，而生活在这个时代的人则是人类历史上负有最重要使命的人。几乎全世界所有的报刊、

---

　　①　本文载《甘肃社会科学》，2006（3）。

电视和电台都开设了"世纪之交""20世纪回眸""新世纪展望""走向新千禧年"等栏目。如果仅限于这样的描述方式，还算不了什么。然而，人们并没有就此止步。他们以严肃的口吻和大胆的想象力，提出了一系列新观念，不断地拔高这个时代的意义，不断地哄抬生活在这个时代的人的地位和价值①，仿佛要把所有的一切通通拍卖给外星人！这不禁使我们联想起恩格斯在批判杜林先生时随口说出的一句名言："无责任能力来自夸大狂。"②

众所周知，把每一百年确定为"一个世纪"、把每一千年确定为"一个千禧年"，不过是基督教文化传统确定下来的一种纪年法。尽管这种纪年法在国际交往中已经获得普遍的认同，但它毕竟是人类自己创造出来的纪年法，人类没有必要跪倒在自己的创造物前面顶礼膜拜，仿佛最重大的历史事件总是发生在世纪之交或新千年之初，仿佛只有生活在这个时代的人才是拉伯雷笔下的"巨人"，而其余时代的人则通通是侏儒，是在历史的边缘游荡着的群氓！事实上，这个时代赖以构成的每一天都与已经逝去的那些日子同样平淡无奇，不过是人类的想象力使它们变得与众不同罢了。认识到这一点，我们也就揭去了笼罩在这个时代上空的第一道灵光圈。

遗憾的是，我们还不能就此打住。事实上，这个时代不但不值得我们加以夸耀并赋予过多的意义，相反，由于它携带着种种可能传染开来的负价值，它应该被置于我们的观察、治疗和解剖刀之下。毋庸讳言，这个时代不但不是一个思想开朗、生气勃勃的时代，而是一个精神消沉、

---

① 最不可思议的是，人们竟提出了所谓"跨世纪人才"的新概念，并用这个概念指称年龄上有严格规定的极少数青年人才。他们显然忘记了一个基本常识：凡是活到21世纪而又具有特殊才能的人都可以称为"跨世纪人才"。这个新概念所蕴含的意向显然是有害的，即它只承认极少数获得这一称号的人是"跨世纪人才"，这样一来，它等于默认：除了这些人以外，其余所有的人或者不是人才，或者活不过20世纪！这充分表明，人们在提出新概念和新观念的时候是何等草率！

② 恩格斯：《反杜林论》，321页，北京，人民出版社，1972。

委琐卑微的时代。它表现出震荡、断裂、无序、失范、浮躁、媚俗、贪婪、虚假、做作、伪善等种种病症①，无论是这个时代，还是生活在这个时代中的人的精神，都显得浅薄平庸、飘荡无根。正如英国学者卡莱尔在《文明的忧思》一书中所说的："人们从流飘荡，茫然无助，只剩下了求生的本能！"②

作为生活、思考在这个时代中的人，我们既不能随波逐流地把这个时代的精神病症当作美德来歌颂，从而使语言和思想沦为掩盖现实的工具；也不能像贺拉斯笔下的乡下佬，把消极等待作为自己的座右铭：

乡下佬等候在河边，

企望着河水流干；

而河水流啊、流啊，

永远流个不完。③

事实上，这个时代的精神病症也决不会在我们的消极等待中自行解除。我们唯一可取的态度就是以批判的方式诉诸这个时代及其他精神病症。

然而，问题立即就产生了：既然我们也生活在这个飘荡无根的时代中，我们又如何找到一个坚实的思想基点，从而对这个时代进行准确的诊断和批判呢？毋庸讳言，我们全部思想的出发点应该是真实的生活世界。在以自然思维态度对待这个世界的人们看起来，似乎没有比找到这样的出发点更容易的事情了。这个世界离开他们不过咫尺之遥，他们不但伸手就可以抓住它，甚至他们认为自己完完全全地就是生活在这个世界之中的。

但实际上，他们与真实的生活世界之间不啻隔着万里长城。因为他

---

① 参见拙文《对新世纪开端的文化病症诊断》，载《世纪》，2000（4）。

② 卡莱尔：《文明的忧思》，52页，北京，中国档案出版社，1999。

③ 转引自康德：《未来形而上学导论》，5页注，北京，商务印书馆，1982。

们和其他人一样，无例外地都是以语言的、信念的方式拥有这个世界的。只要他们对自己所运用的语言和信念还没有先行地进行反思和批判，那么他们必定仍然生活在一个与真实的生活世界异质的、虚假的语言世界中。在这个虚假的语言世界中，与其说语言的功能是揭示事物的本质，不如说是掩盖事物的真相；与其说人们的信念是他们生活的真实的向导，不如说是使他们的生活随波逐流的船筏。这就告诉我们，自然思维的态度并不能通达真实的生活世界。唯有自觉地意识到自己通过语言和信念所拥有的世界与真实的生活世界的异质性，并时时保持清醒的怀疑意识，才有可能退回到真实的生活世界中，并对这个时代的精神病症进行准确的诊断和批判。

在我们开始对这个时代进行批判之前，有必要先对"批判"这个术语做出自己的说明。我们坚决反对任何具有话语霸权倾向的"批判"，而主张批判者与被批判者之间应该进行平等的对话。虽然我们知道，这种理想的对话状态在现实生活中是很难达到的，但我们愿意往这个方向努力。也正是在这个意义上，我们并不赞成时下流行的所谓"酷评"。乍看起来，"酷评"似乎主张以严肃的态度对待批评，但由于这种批评或好作夸张之词，或进行人身攻击之实，所以它似乎与恭维式的或小骂大帮忙式的批评截然相反，实际上却是殊途同归。如果说，恭维式的批评削去了批评本身的锋芒，使它变质为一种无原则的吹捧，那么，"酷评"则把批评看作批评者追求自己虚荣心实现的一种特殊手段，从而把它变质为对被批评者的简单的恐吓和辱骂。在这两种情况下，批评本身都已经荡然无存。

我们在这里之所以特别提到"酷评"，是因为在真正的批判长期缺席的情况下，思想文化界的有些人试图通过对"酷评"的倡导，重新恢复人们对真正的批判的记忆。然而，这种夸张的、走极端的做法无异于饮鸩止渴。它表明，在"文化大革命"中臻于极点的"文化专制主义式的"批判并没有自行撤出历史舞台，在新的历史条件下，它又死灰复燃了。

德国哲学家文德尔班在评论类似的批评样式时，曾经写道："在一段时期，在德国有一种风气，从'当前的成就'出发，嘲弄、侮辱、鄙视希腊和德国的伟大人物，对这种幼稚的骄矜，我们无论怎样反对都不会过分。这主要是一种无知的骄傲，此种无知丝毫没有觉察到：它最后只靠咒骂和鄙视人的思想过活，但幸亏这种胡作非为的时代已经过去了。"①总之，"酷评"永远不会把我们引领到真正的批判的道路上。在我们看来，真正的批判在形式上应该是朴实的，它崇尚的是平等的、建设性的对话，而不是专断的、主观主义的独白；同样地，真正的批判在内容上应该是实事求是的，它注重的是认真的、深入的学理上的剖析，而不是那种"顾左右而言他"的矫情。

把当今的时代理解为一个飘荡无根的时代，绝不是故作耸人听闻之论，而是生活世界本身昭示给我们的真理。在某种意义上，人们生活在一个大众传媒用日常语言精心地编织起来的美丽的精神世界中。只要他们自愿停留在这个舒适的世界中，他们对周围生活中真实地发生着的一切就会视而不见，听而不闻。在日常生活和日常语言中，"视而不见"和"听而不闻"这两个成语的主要含义是：当人们的注意力集中在某一方面时，往往会觉察不到正在自己周围发生的其他事情。实际上，这两个成语具有宽泛得多的含义，即每个人只能看到和听到他置身于其中的语言世界允许他看到和听到的东西。对这个世界之外的任何东西他都会视而不见，听而不闻。换言之，一个人的语言的界限也就是他的思想的界限。当他沾沾自喜地以为自己的思想是无拘无束的时候，他实际上生活在一个虚假的语言世界中；而只有当他对自己置身于其中的语言世界进行怀疑和反省时，他才可能走出这个世界，看到真实的生活世界，聆听到这个世界发出来的真理之声。也就是说，任何人，只要他还没有放弃精神上的努力，只要他敢于超越自己已然接受的语言世界和信念世界，无论

---

① 文德尔班：《哲学史教程》，上卷，29页，北京，商务印书馆，1996。

他把审视的目光投向哪里，他都能见到这个飘荡无根的时代所呈现出来的种种病症。

何谓"中国模式的市场经济"

让我们先把自己的目光投向这个时代的主导性的生活方式——中国模式的市场经济。为什么我们在这里不谈"市场经济"，而要谈"中国模式的市场经济"呢？因为一般意义上的"市场经济"根本上就是不存在的，存在着的只是具体的、以主权国家或以其他的联合体为载体的经济模式。时下中国的学者都热衷于谈论"市场经济"，但如果他们还没有意识到一般意义上的"市场经济"是不存在的，存在着的只是"中国模式的市场经济"，或者说，如果他们还没有意识到"市场经济"与"中国模式的市场经济"这两个概念之间存在着的巨大的差异，那么情况完全可能是这样：他们关于市场经济谈论得越多，离开当代中国社会的现实生活就越远。这是因为在"市场经济"这一抽象的概念下，人们能够看到的只是不同模式的市场经济的共性，如自由竞争、民主和公正的意识、价值规律、资源最优配置、世界市场、国际贸易等，但却看不到中国模式的市场经济的特殊性。

人所共知，中国模式的市场经济是在中国传统社会长期以来的自然经济和1949年以来的苏联模式的计划经济的基础上脱胎出来的。相对于以分散的小农的田间劳动为特征的自然经济模式来说，其天然的趋向就是对行政权力的崇拜。马克思在他的名著《路易·波拿巴的雾月十八日》中曾对19世纪中叶法国小农经济的模式作过透彻的分析。他认为，当时法国的小农"便是由一些同名数相加形成的，好像一袋马铃薯是由袋中的一个个马铃薯所集成的那样。……他们不能代表自己，一定要别人来代表他们。他们的代表一定要同时是他们的主宰，是高高站在他们上面的权威，是不受限制的政府权力，这种权力保护他们不受其他阶级侵犯，并从上面赐给他们雨水和阳光。所以归根到底，小农的政治影响表现为行政权力支配社会"①。在 19 世纪的法国，正是由于小农经济对行政权力的崇拜，拿破仑和他的侄子路易·波拿巴才有可能先后登上皇座。与此类似的是，中国的自然经济也蕴含着对高高在上的行政权力的崇拜。在传统的中国社会中，为什么"清官意识"对老百姓有如此大的影响？为什么当代中国人在观看关于包拯的电视剧时仍然会出现万人空巷的盛况？为什么当代中国的影视片总是热衷于把秦始皇、西楚霸王、汉高祖、唐太宗、唐明皇、康熙、乾隆等帝王的生活作为自己创作的对象呢？这些现象都透显出传统的自然经济模式所蕴含的顽强的倾向，即对行政权力的崇拜。

同样地，中国的计划经济也是建基于传统的自然经济的基础之上的。它不但没有做出艰巨的努力去克服这种由传统的自然经济带来的顽强的意向，反而通过对经济活动，乃至人的全部社会生活的计划化②，进一步强化了行政权力，并激起了对行政权力的无限的崇拜。在"文化大革命"中走向极端的"个人崇拜"和"现代迷信"充分表明，对行政权力的崇拜是多么根深蒂固地支配着当代中国人的意识。

于是，对行政权力的崇拜就构成了中国模式的市场经济的第一个基本特征。有的学者甚至干脆把这种经济模式称之为"权力经济"，我们当然明白这种称谓方式所要阐明的东西，但"权力经济"和时下流行的所谓"知识经济"的说法一样，包含着许多模糊的、不确定的因素。正如

---

① 《马克思恩格斯选集》，第 1 卷，693 页，北京，人民出版社，1972。
② 这种"计划化"是如此之彻底，以致它不仅仅表现在经济领域的"计划生产""计划消费""计划流通""物资的计划调拨""银行的计划拨款"等方面，而且使人的全部存在都成了"计划性的存在"，如"计划生育""按计划配额进行农转非""按计划配额迁移户口""人才按计划分配""计划恋爱"（即不赞成出身好的青年干部与有所谓"地、富、反、坏、右"或"海外关系"背景的青年联姻）和"计划思想"（即人为地为思想划定各种禁区）等。事实上，当人的全部生存活动落入一个个预定好的计划中时，人就被彻底地物化了，他的主体意识和价值追求也就完全被取消了。

任何经济活动都有一定的知识含量一样，任何以一定的联合体为载体的经济模式也都包含着一定的权力因素。要提出一种明确的计量方式来确定哪些经济模式是"知识经济"或"权力经济"是异常困难的。何况，我们也不能笼统地谈论权力，在谈论权力时，我们一定要搞清楚，我们谈论的是有严格的分权和制衡制度作为背景的权力，还是完全不受约束的权力，或只在外观和形式上受约束，而实质上不受约束的权力。既然我们不可能在任何经济模式中绝对地否弃权力，这一点就比什么都重要。

我们不无遗憾地发现，在当今中国模式的市场经济中起作用的正是后一种权力，即实质上不受制约的权力。这样一来，不择手段地追逐权力就成了这种模式的市场经济的一种普遍的意识。经常被新闻界披露的"卖官现象"和为了使自己的权力不受制衡或不受威胁，不惜雇凶手杀害其他人的现象，就是这种意识普遍存在的明证。正如法国学者孟德斯鸠在其名著《论法的精神》中所指出的："一切有权力的人都容易滥用权力，这是万古不易的一条经验。有权力的人们使用权力一直到遇有界限的地方才休止。……从事物的性质来说，要防止滥用权力，就必须以权力约束权力。"[1] 在中国模式的市场经济中大量存在的"以权谋私""权钱交易"的现象表明，这种经济模式正是在权力游戏的背景下展开的。当然，这种权力游戏还有着宽泛得多的含义。如行政权力在市场经济中的盲目决策、行政权力对价值规律的人为的干预、行政权力对企业人才录用和晋升的非市场导向等。

在以洛克、孟德斯鸠为代表的西方分权理论的影响下，现当代的中国学者也开始逐步重视权力的制衡问题。但遗憾的是，他们在探索这个问题时，常常忽略了下面这一根基性的因素，即传统中国社会的人性理论。众所周知，在传统中国社会中，存在着以告子为代表的"性无善无恶论"、以荀子为代表的"性恶论"、以孟子为代表的"性善论"和以世

---

[1]　孟德斯鸠：《论法的精神》，上册，154 页，北京，商务印书馆，1994。

硕为代表的"性有善有恶论"等不同的人性理论，而在传统意识形态中起主导作用的则是孟子的"性善论"。而从"性善论"出发，必然会主张"贤人政治""圣人政治"或"好人政治"，不重视对权力本身进行制衡。这就是近代意义上的分权理论和政治哲学不会在中国社会产生的文化原因之一。相反，在西方社会中，由于"性恶论"是占主导地位的，在这样的文化土壤上产生分权理论也就没有什么可奇怪的了。① 在这个意义上或许可以说，只要不涉及对"性善论"这一主导性的文化观念的认真的反思和批判，在单纯经济领域或政治领域中讨论分权和权力制衡的问题，未免有"游谈无根"之嫌。

中国模式的市场经济的第二个基本特点是：它不是自下而上地、在一个很长的历史时段中缓慢地形成并发展起来的，而是自上而下地、像雨露一样突然从天上降落下来的。这个特点启示我们：伟大人物的自觉意识和重大决策会对人类历史产生多么大的影响。这使我们很自然地联想起卡莱尔的一段名言："我们思索一下便会发现，任何时代只要能找到一个非常伟大的人，一个非常智慧和善良的人，它就不会走向毁灭。"② 然而，这种突然的、赐予式的市场经济，这种从计划经济到市场经济的自上而下的、强制性的转型，必定会导致经济生活，乃至全部社会生活的震荡、失范和无根基状态。

一方面，与理想型的市场经济③的发展相适应的法的精神还没有在当代中国社会中建立起来。我们这里说的"法的精神"乃是以近代的法的观念为主导的精神状态。这种精神状态，德国哲学家黑格尔称之为

---

① 参见拙文《关于人性问题的新探索：儒家人性理论与基督教人性理论的比较研究》，载《复旦学报》，1999（1）；《善恶与教化：兼论基督教和儒学的人的理论》，载《复旦学报》，2000（3）。

② 《英雄和英雄崇拜：卡莱尔讲演集》，20页，上海，上海三联书店，1988。

③ 我们这里之所以借用马克斯·韦伯常用的"理想型"（type of ideal）的概念，从而假定一种完全符合"市场经济"概念的市场经济模式，目的是把它与中国模式的市场经济对应起来，以便更容易识别中国模式的市场经济的特殊性。

"法权状态"①，它是以普遍存在的独立人格为基础的。这种"法权状态"或"法的精神"是从与传统社会相适应的原始伦理精神中转化出来的，而在原始伦理精神中，个人只在他作为家庭的普遍血缘时才有效用，除此之外，他什么都不是。显而易见，当当代中国社会以突兀的方式向市场经济的方向转化时，它的主导性的精神状态仍然属于原始伦理精神的范围，而根本没有进入"法权状态"。

总之，一种国家制度、一种生活方式、一种精神状态都不是人们可以随意地制造出来的。正如黑格尔所指出的："例如拿破仑想要先验地给予西班牙人一种国家制度，但事情搞得够糟的。其实，国家制度不是单纯被制造出来的东西，它是多少世纪以来的作品，它是理念，是理性东西的意识，只要这一意识已在某一民族中获得了发展。因此，没有一种国家制度是单由主体制造出来的。拿破仑所给予西班牙人的国家制度，比他们以前所有的更为合乎理性，但是它毕竟显得对它们格格不入，结果碰了钉子而回头，这是因为他们还没有被教化到这样高的水平。一个民族的国家制度必须体现这一民族对自己权利和地位的感情，否则国家制度只能在外部存在着，而没有任何意义和价值。"② 所以，那种认为只要一宣布中国社会已进入市场经济的社会，也就等于宣布它已进入法的精神的状态的想法是十分幼稚的。恰恰相反，这种法的精神的普遍缺失，正是中国模式的市场经济的先天病症之一。

另一方面，与理想型的市场经济的发展相适应的道德实践主体也没有普遍地建立起来。正如梁漱溟先生所指出的，传统中国社会是一个以伦理为本位的社会。在原始伦理精神中，总体（家族、国家）具有至高无上的权力，而个人只是总体的附属品。这一传统观念的影响是如此之

---

① 黑格尔认为，"法权状态"就是："普遍物已破裂成了无限众多的个体原子，这个死亡了的精神现在成了一个平等［原则］，在这个平等中，所有的原子个体一律平等，都像每个个体一样，各算是一个个人（Person）。"参见《精神现象学》，下卷，33页，北京，商务印书馆，1981。

② 黑格尔：《法哲学原理》，291～292页，北京，商务印书馆，1979。

深远，以致宣布要与一切传统观念实行彻底决裂的"文化大革命"实际上仍然停留在这一传统观念之中。文化大革命倡导的"大公无私""斗私批修一闪念"和所谓"小车不倒只管推"的"献身精神"①，完全否定了个体性、自我意识和道德实践主体的存在。事实上，在自然经济和计划经济的模式中，除了最高的个体性和主体性以外，其他个体性和主体性都是多余的。但这种普遍地取消主体和个体意识的"献身精神"是与任何模式的市场经济格格不入的。所以，当中国模式的市场经济刚刚起步时，这种无主体和无个体的现象马上被个体和主体意识的无限膨胀所取代了。个人在追求财富时表现出来的普遍的浮躁情绪、疯狂的拜金主义热情和不择手段的巧取豪夺，给人造成了这样的感觉：仿佛明天就是世界末日！卡莱尔曾经愤怒地批评过当时英国社会存在的类似的倾向："除了无穷的物欲之外，他们将一切置之度外！我那些崇尚拜金主义和混世哲学的弟兄们，这样的世界决不会长久。"②

　　一般说来，学者们习惯于把当代中国社会中普遍存在的极端个人主义③、利己主义和拜金主义等现象归咎于市场经济本身。诚然，我们也不否认，市场经济为这类现象的普遍的滋生提供了土壤，但我们知道，任何模式的市场经济都不是单纯的经济，它本质上是一种文化。在中国

---

　　①　从精神分析的方法看来，"献身"这个词的初始的含义涉及性的方面，在被使用的过程中渐渐地渗透到政治生活的领域中。无数经验表明，我们考察的社会的自然血缘关系的痕迹越严重，在这个社会的思想观念中，性与政治的关系就越密切。奥地利学者赖希的一系列著作深入地思考了性与政治之间的密切的关系。我们主张把"牺牲精神"与"献身精神"区别开来，因为前者涉及的是实践性范围内的热情，而后者恰恰否定了实践理性及其基础——个人的独立和自由。

　　②　卡莱尔：《文明的忧思》，第51页。说起"拜金主义"，中国人的一句谚语是——有钱能使鬼推磨。这句谚语虽然说出了金钱的巨大的力量，但我觉得，如果把它改为"有钱能使磨推鬼"，也许更能反映出金钱的魅力。

　　③　在中国思想界，存在着一个奇怪的现象，即人们常常把"极端个人主义""自私自利"和"个人主义"看作是同一个概念。其实，"个人主义"强调的是个人应有的权利和义务，这是我们必须加以肯定和张扬的一种学说，而"极端个人主义"和"自私自利"则具有明显的负价值。

模式的市场经济中，个体自我意识的无限膨胀，以致不惜超越社会公德和法律的界限，恰恰是对传统的、取消一切自我意识的"献身精神"的一种反驳。事实上，"献身精神"和"自我意识无限膨胀"这两个极端是相通的，它们都没有规定个体义务和权利的界限，都欠缺普遍的道德实践主体意识。而在这样的文化状态中，中国模式的市场经济必然举步维艰。这从另一个角度暴露出它及其关于它的意识的无根基性。

中国模式的市场经济的第三个基本特点是：缺乏与理想型的市场经济相适合的普遍的宗教意识。虽然中国有本土的道教和外来的佛教、基督教、伊斯兰教等不同的宗教，但宗教意识在老百姓心目中的地位远不如基督教在西方人心目中的地位。1949年以后，中国大陆声势浩大的无神论教育进一步弱化了宗教意识。这就使突然进入市场经济生活方式的当代中国人缺乏一种来自宗教信仰的、精神上的平衡力。由于这种约束人的无限欲望（这种欲望正是被市场经济本身唤醒的）的精神上的平衡力的缺失，中国模式的市场经济就显得异常脆弱，宛如滔天海浪中的一叶小舟！只要我们回顾一下近年来出现的各种社会经济现象，如"全民经商""全民炒股""走私热""房地产热""传销热""偷渡热"，以及各种迷信活动的沉渣泛起和犯罪率的不断攀升，我们就会强烈地感受到普遍的宗教意识的缺乏所引起的经济生活的震荡。马克思在提到商品生产者的社会时说："对于这种社会来说，崇拜抽象人的基督教，特别是资产阶级发展阶段的基督教，如新教、自然神教等等，是最适当的宗教形式。"[①] 韦伯在《新教伦理与资本主义精神》一书中也阐述了新教伦理在现代资本主义社会有序发展中的重要作用。所有这一切都表明，我们撇开宗教问题，从单纯经济的角度去理解中国模式的市场经济是多么肤浅。

---

① 《资本论》，第1卷，96页，北京，人民出版社，1975。

何谓"中国文化传统"

让我们再把目光投向中国的文化传统。① 要了解中国的文化传统，道德要弄清楚：什么是传统？美国学者 E. 希尔斯认为："传统意味着许多事物。就其最明显、最基本的意义来看，它的含义只是世代相传的东西（Traditum），即任何从过去延传至今的东西。"② 既然是"延传至今的东西"，那就是仍然活在今人心中或在当今的社会生活中起作用的东西。其实，传统的这种根本特性可以从一个德语单词上得到很好的了解。在德语中，"传统"这个词通常是用 Tradition 来表达的，但人们有时也用 Herkommen（直译为"习俗""惯例"）这个词。③ 事实上，在我们看来，Herkommen 这个词更能体现"传统"的本质特征，因为它的前缀 her 表示"向这里""到如今"的意思，而词根 Kommen 则是一个动词，表示"来"，合起来的意思就是"到这里来""延伸到如今"。不管如何，传统是一种延伸到今天的、活着的东西。而文化传统则是从以前的世代流传下来的、在今人的社会生活、行为规范和思想方式中仍然起作用的、

---

① 朱维铮教授主张把"传统文化"与"文化传统"这两个不同的概念区分开来。他认为："传统文化属于历史，而历史属于过去。过去种种，都已是既成事实，决不因逻辑上尚有各种可能而改变，也不因理论上会有各种解释而改变。因而，研究传统文化，首先需要追寻既成事实的真相。""所谓传统，在中国的古典涵义上就是历代相传，至今不绝的某种根本性东西。这种根本性东西，有的社会学家称之为社会所积累的经验，它的作用在于维持社会所公认的合宜的行为规范。我以为这样解释传统的含义，或许比'文化心理积淀'说更合实际。"参见朱维铮：《传统文化与文化传统》，载《复旦学报》，1987（1）。笔者大致赞成朱教授的看法，但认为不宜把这两个概念截然对立起来。其实，我们只需强调："传统文化"这一概念的重心落在已成历史陈迹的"文化"上，而"文化传统"这一概念的重心则落在至今仍然活在人们心中的"传统"上。

② E. 希尔斯：《论传统》，15 页，上海，上海人民出版社，1992。

③ 在德语词典中，Tradition 这个词就可以解释为 Herkommen。参见 *Wahrig Deutsches Woerterbuch*，Mosaik Verlag 1986-1987，s. 1287.

重要的观念。

毋庸讳言，任何文化传统在今人的生活中都起着重要的作用，但遗憾的是，当今的人文社会科学家却普遍地对文化传统抱着一种漠视其至拒斥的态度。正如 E. 希尔斯所指出的："社会科学家既避而不谈传统，又救助于'历史因素'以避免在理论解释中完全遗漏传统。这样，他们把传统当作是某种剩余范畴，是引起知识界不安的东西，因此，须加以剔除。"① 人们通常把这种否认文化传统的倾向称之为"全盘性的反传统主义""文化激进主义"或"文化虚无主义"。在现当代中国社会中，这种倾向也一而再，再而三地表现出来，从而使当代中国人的精神生活变得更加飘荡无定。

在现当代中国社会中，这种拒斥传统的"文化激进主义"之所以普遍流行，经久不衰，主要是由中国社会与西方国家之间的强烈反差引起的。一方面，传统观念、陋习和礼教是如此严重地束缚着中国社会的发展，以致它的积贫积弱使它在当今世界中经常处在西方国家的欺凌之下，难以生存下去；另一方面，近代以来科学、知识和地理大发现所取得的成就却极大地推动了西方国家的发展。反差是如此之大，由此而引起心理上的强烈的反弹和震荡，特别是对中国传统观念的全盘否定，是不难理解的。鲁迅在《狂人日记》中这样写道："我翻开历史一查，这历史没有年代，歪歪斜斜的每页上都写着'仁义道德'几个字。我横竖睡不着，仔细看了半夜，才从字缝里看出字来满本都写着两个字是'吃人'！"② 这段话经典性地反映出当时中国的知识分子对中国文化传统的仇视心理。这种仇视心理不光指向文化传统，甚至指向中国语言本身。当时另一位著名学者钱玄同干脆呼吁："欲使中国不亡，欲使中国民族为二十世纪文明之民族，必以废孔学，灭道教为根本之解决，而废记载孔门学说及道

---

① E. 希尔斯：《论传统》，10 页，上海，上海人民出版社，1992。
② 《鲁迅全集》，第 1 卷，425 页，北京，人民文学出版社，1991。

教妖言之汉文，尤为根本解决之根本解决。"① 他主张用当时流行的世界语来取代汉语。

这种排拒中国传统文化的激烈心态又与某些外来的思想因素，尤其是尼采的虚无主义和马克思对传统的猛烈批判相互摩荡，从而形成更强烈的社会效应和心理效应。尼采和马克思对西方文化传统的批判和颠倒是如此之深刻和剧烈，以至于当代德国哲学家海德格尔认为，"形而上学就是柏拉图主义。尼采把他自己的哲学标示为颠倒了的柏拉图主义。随着已经由卡尔·马克思完成了的对形而上学的颠倒，哲学达到了最极端的可能性。哲学进入其终结阶段了"②。也就是说，在马克思和尼采的思想洪水泛滥过后，作为西方文化核心的传统形而上学或哲学也已经不复存在了。

众所周知，尼采主张用铁锤从事哲学思考，他的目的是打倒一切偶像，重估一切价值。他这样写道："如果说一个哲学家可能是虚无主义者的话，那么他便是，因为他在人的一切理想背后发现虚无。甚或不是虚无，——而只是毫无价值、荒谬、病态、懦弱、疲惫的东西，从饮干的人生酒怀中倒出的各种渣滓……"③ 尼采并不同意康德关于"人是目的"的启蒙观念，他甚至认为，人只是"一条污脏的泉水"，只是通向"超人"去的一架绳梯。他大声疾呼："我要教人们以他们生存的意义，那就是超人，——从黑云——人——闪射出来的电火。"④ 尼采的思想，特别是他的反传统的思想，犹如滚烫的岩浆，狂暴的雷电，对现当代中国思想界产生了巨大的冲击。在现当代中国的重要知识分子中，要找出一个完全不受尼采影响的人是困难的。在鲁迅还活着的时候，人们就称他为"中国的尼采"。尽管鲁迅所接受的思想资源是非常复杂的，但在读他的

---

① 《钱玄同文集》，第 1 卷，166～167 页，北京，中国人民大学出版社，1999。
② 《海德格尔选集》（下），1244 页，上海，上海三联书店，1996。
③ 尼采：《偶像的黄昏》，90 页，长沙，湖南人民出版社，1987。
④ 尼采：《查拉斯图拉如是说》，15 页，长沙，湖南人民出版社，1987。

著作的时候，我们仍能清晰地觉察到尼采的某种痕迹。[1]

比较起来，马克思对传统的批判和反叛对现、当代中国知识分子产生了更大的影响。在这方面，马克思最具感召力的著作是他和恩格斯合著的《共产党宣言》。这部著作是以下面的方式开头的："一个幽灵，共产主义的幽灵，在欧洲徘徊。旧欧洲的一切势力，教皇和沙皇、梅特涅和基佐、法国的激进党人和德国的警察，都为驱除这个幽灵而结成了神圣同盟。有哪一个反对党不被它的当政的敌人骂为共产党呢？又有哪一个反对党不拿共产主义这个罪名去回敬更进步的反对党人和自己的反动敌人呢？"[2] 这段话不光表明共产主义已经被欧洲的一切势力公认为一种势力，而且也表明了它和一切传统势力之间的对立。也正是在这个意义上，马克思和恩格斯在《共产党宣言》中明确地强调："共产主义革命就是同传统的所有制关系实行最彻底的决裂；毫不奇怪，它在自己的发展进程中要同传统的观念实行最彻底的决裂。"[3]

不用说，这种"同传统的观念实行最彻底的决裂"的见解对现当代中国知识分子的影响是极为深刻的。这种影响不仅表现在新民主主义革命时期，也表现在社会主义建设时期。新中国成立以后，毛泽东在思想意识领域里策划了一系列的批判运动，特别是他亲自发动的"文化大革命"把"横扫一切牛鬼蛇神""造反有理"作为自己的口号，正表明这场所谓"革命"与传统观念之间存在着尖锐的对立。也正是在这个意义上，美国学者本杰明·史华慈指出："在共产党人掌握政权以后，人们敏锐地

---

① 冯至先生在1939年《今日评论》第一卷第七期上发表的《谈读尼采》一文中曾经指出："我们要随着他想，随着他动，但是不要模仿他。再用一个比喻来说，尼采是一片奇异的'山水'，一夜的风雨，启发我们，警醒我们，而不是一条道路引我们到一座圣地。"（参见成芳编：《我看尼采：中国学者论尼采》，432页，南京，南京大学出版社，2000）这段话非常有代表性，表明现当代中国知识分子对尼采的兴趣并没有集中在他的"超人"学说上，而是试图从他对文化传统的批判中汲取灵感。

② 《马克思恩格斯选集》，第1卷，250页，北京，人民出版社，1972。

③ 《马克思恩格斯选集》，第1卷，271～272页，北京，人民出版社，1972。

觉察出中国领导人的意识形态中有外国的根源。正是这种意识形态明确主张要与过去的封建社会和封建文化实行完全革命性的决裂。"①

显而易见，马克思对传统的批判是异常深刻的，但必须指出，不应该把他的这种批判曲解为一种全盘反传统的态度。在某种意义上，我们上面所引证的《共产党宣言》中的后一段话就包含着对马克思原意的曲解。这段话的原文如下：

Die kommunistische Revolution ist das radikalste Brechen mit den ueberlieferten Eigentumsverhaeltnissen；kein Wunder，dass in ihrem Entwicklungsgange an radikalsten mit den ueberlieferten Ideen gebrochen wird.②

在这里，关键是如何翻译句中两次出现的 ueberlieferten 这个词。众所周知，ueberlieferten 是动词 ueberliefern 的过去分词。动词 ueberliefern 意谓"传递""流传"等，它的过去分词 ueberlieferten 似乎不应译为"传统的"，而应译为"流传的"或"流行的"。人民出版社于 1958 年出版的《马克思恩格斯全集》，第四卷是这样翻译这段话的："共产主义革命就是要最坚决地打破过去传下来的所有制关系；所以，毫不奇怪，它在自己的发展进程中要最坚决地打破过去传下来的各种观念。"在这里，ueberlieferten 这个词被译为"过去传下来的"。无疑地，这一译法比我们上面引证的、1972 年出版的《马克思恩格斯选集》第一卷中的译法"传统的"要确切一些。但我们认为，"过去传下来的"这样的译法稍欠冗长，况且，根据这段话的上下文，第二个 ueberlieferten 似乎更应译为"流行的"，因为正是在这段话之前，马克思驳斥了误解共产主义学说的种种流行的见解。

根据上述看法，我们建议把这段话译为："共产主义革命就是同流传

---

① 参见林毓生：《中国意识的危机》，"序" 2 页，贵阳，贵州人民出版社，1986。

② Marx Engels, *Ausgewaehlte Werke*, *Band* I, Dietz Verlag 1989，s. 437.

下来的（ueberlieferten）所有制关系实行最彻底的决裂；毫不奇怪，它在自己的发展进程中要同流行的（ueberlieferten）观念实行最彻底的决裂。"这样翻译，恐怕就不易把马克思曲解为一个全盘的反传统主义者了。遗憾的是，现当代的中国知识分子从自己狂热的、激进的小资产阶级的立场出发，总是自觉地或不自觉地曲解了马克思的观点，忘记了马克思也是人类文化传统的伟大继承者。比如，在19世纪70年代，当德国理论界把黑格尔当作"死狗"来打时，马克思却宣布："我要公开承认我是这位大思想家的学生，并且在关于价值理论的一章中，有些地方我甚至卖弄起黑格尔特有的表达方式。"① 如果全面地认识马克思对传统的态度的话，我们应把他看作人类文化传统的批判的继承者。事实上，当现当代的中国知识分子把马克思曲解为一个全盘的反传统主义者的时候，他们也完全忽略了列宁在批判十月革命后俄国出现的、以全盘反传统为特征的"无产阶级文化派"时写下的一段重要的论述："马克思主义这一革命无产阶级的思想体系赢得了世界历史性意义，是因为它并没有抛弃资产阶级时代最宝贵的成就，相反地却吸收和改造了两千多年来人类思想和文化发展中一切有价值的东西。"② 由于对马克思主义经典作家这方面思想资源的曲解和忽视，现当代中国知识分子的全盘反传统的"文化激进主义"或"文化虚无主义"的倾向不但得不到遏制，反而在中西文化巨大落差的背景下不断地被强化，从而加剧了当代中国思想文化的危机。

在十年浩劫之后，中国思想界出现了对"文化激进主义"的自觉反思。这一反思运动大致包括了以下五个方面：一是对港台和国外汉学界流行的文化保守主义思潮——"当代新儒学"的研究；二是对以柏克为肇始人的西方保守主义思潮的述介；三是对伽达默尔的"哲学诠释学"中的传统理论的认同；四是对王国维、梁漱溟、吴宓、陈寅恪、杜亚泉

---

① 《资本论》，第1卷，24页，北京，人民出版社，1975。
② 《列宁选集》，第1卷，362页，北京，人民出版社，1960。

等或多或少具有文化保守主义倾向的学者思想的探讨；五是对"五四"以来的"文化激进主义"思潮的重新审视。然而，随着中国模式的市场经济和现代化的发展，随着全球化和科学技术，尤其是影视通讯事业的发展，文化的世俗化以前所未有的速度蔓延开来。好莱坞电影、麦当劳、肯德基、可口可乐、卡拉OK、港台歌曲、国外流行音乐等蜂拥而入，这实际上是一股更可怕的解构传统的力量。中国文化传统之根会不会被这股世俗的、巨大的力量所切断呢？中国知识分子是否会失去自己的精神家园，成了德国诗人海涅和作曲家瓦格纳笔下的"漂泊的荷兰人"呢？

何谓"马克思哲学"

最后，让我们把目光投向马克思哲学思想。不管人们是赞成还是反对，下面这个事实是无法回避的，即马克思的哲学思想是当代中国知识分子的基本思想资源之一。[①] 然而，我们不无遗憾地发现，由于这一思想资源遭到了各种方式的"魔化"，也陷入了严重的危机之中。

"魔化"之一：马克思哲学与西方人本主义传统之间的联系被切断了，它被理解为一种单纯的逻辑学和辩证法。记得马克思和恩格斯在批判以费尔巴哈、布·鲍威尔和施蒂纳为代表的现代德国哲学时曾经指出："德国的批判，直到它的最后的挣扎，都没有离开过哲学的基地。这个批判虽然没有研究过它的一般哲学前提，但是它谈到的全部问题终究是在一定的哲学体系，即黑格尔体系的基地上产生的。"[②] 毋庸讳言，这一见解是极其深刻的，然而，黑格尔哲学，尤其是他的逻辑学的影响是如此之深远，以致正如某些西方马克思主义者所评论的那样，恩格斯自己也

---

① 记得王蒙先生在一篇文章中曾把那些专找名人商榷，甚至不惜对他们进行人身攻击，以掠取自己名声的人称作"黑马"。我们发现，有些"黑马"也在理论界活动。他们对马克思这样的名人也尽其贬低之能事，可是在暗中却一再窃取马克思的观点，并大言不惭地把马克思的观点宣布为自己的观点。

② 《马克思恩格斯全集》，第3卷，21页，北京，人民出版社，1960。

未能完全从这种影响中摆脱出来。

恩格斯在《路德维希·费尔巴哈和德国古典哲学的终结》一书中概述了马克思的历史观后写道："这种历史观结束了历史领域内的哲学，正如辩证的自然观使一切自然哲学都成为不必要的和不可能的一样。现在无论在哪一方面，都不再是要从头脑中想出联系，而是要从事实中发现这种联系了。这样，对于已经从自然界和历史中被驱逐出去的哲学来说，要是还留下什么的话，那就只留下一个纯粹思想的领域：关于思维过程本身的规律的学说，即逻辑和辩证法。"① 从这段话中我们可以引申出如下两点结论：第一，马克思的历史观不是一种哲学理论，而只是关于历史的一种学说；第二，哲学只剩下了"关于思维过程本身的规律的学说，即逻辑和辩证法"。在这里，一方面，马克思的历史唯物主义理论虽然不是一种历史哲学理论②，但由于它从哲学领域中被驱逐出来，从而被下降为关于历史领域的一种实证科学的学说；另一方面，恩格斯还远未偿清黑格尔哲学，尤其是他的逻辑学的高利贷，因为逻辑和辩证法正是黑格尔所理解的哲学的核心部分。

恩格斯这方面的想法也对后来的马克思思想的解释者造成了重大的影响，以致列宁在《哲学笔记》中这样写道："不钻研和理解黑格尔的全部逻辑学，就不能完全理解马克思的《资本论》，特别是它的第一章。因此，半个世纪以来，没有一个马克思主义者是理解马克思的。"③ 正是基

---

① 《马克思恩格斯选集》，第 4 卷，253 页，北京，人民出版社，1972。

② 参见拙文《马克思哲学是历史哲学吗？》，载《光明日报》，1995-12-07。

③ 列宁：《哲学笔记》，191 页，北京，人民出版社，1956。按照笔者的看法，尽管马克思自己也承认，他在《资本论》第一章中的有些地方甚至卖弄起黑格尔特有的表达方式，但从马克思 1843—1844 年间撰写的《黑格尔法哲学批判》和《巴黎手稿》（其中一部分专论黑格尔的《精神现象学》）可以看出，马克思批判地加以继承的主要是黑格尔法哲学和现象学中的基本思想。正是在这个意义上，笔者曾经指出，应当把列宁的话修改为：不懂得黑格尔的法哲学和精神现象学，就不能理解马克思的《资本论》。参见拙文《重新认识马克思哲学与黑格尔哲学的关系》，载《俞吾金集》，515～535 页，黑龙江，黑龙江教育出版社，1995。

于这样的理解，苏联和中国的哲学界一直把"逻辑、辩证法和认识论一致的问题"作为马克思哲学研究的核心问题。在这一问题框架中，人至多作为一个抽象的、有一定的主观能动性的认识主体而出现，但马克思哲学中的人本主义的向度——他关于人的情感、价值、权利、异化、人的解放和人性的复归等问题的思考完全被忽略了。

事实上，只要我们认真读一读马克思的著作，特别是他的《巴黎手稿》和《神圣家族》，我们就会发现，马克思正是从人本主义传统出发来解读传统哲学著作的。他在批判英国哲学家霍布斯的机械唯物主义学说时指出："唯物主义变得敌视人了。"[①] 他在评论黑格尔哲学体系时写道："在黑格尔的体系中有三个因素：斯宾诺莎的实体，费希特的自我意识以及前两个因素在黑格尔那里的必然的矛盾的统一，即绝对精神。第一个因素是形而上学地改了装的、脱离人的自然。第二个因素是形而上学地改了装的、脱离自然的精神。第三个因素是形而上学地改了装的以上两个因素的统一，即现实的人和现实的人类。"[②] 这就告诉我们，马克思并没有把黑格尔哲学理解为一种抽象的逻辑理念的辩证运动，而是理解为"现实的人和现实的人类的诞生"。在这方面，他无疑地受到了费尔巴哈的人本主义思想的启发和激励。所以，紧接着上面这段话，他又写道："只有费尔巴哈才是从黑格尔的观点出发而结束和批判了黑格尔的哲学。费尔巴哈把形而上学的绝对精神归结为'以自然为基础的现实的人'，从而完成了对宗教的批判。同时也巧妙地拟定了对黑格尔的思辨以及一切形而上学的批判的基本要点。"[③] 这就告诉我们，苏联和中国的哲学教科书把德国古典哲学的遗产理解为"黑格尔哲学的合理内核（辩证法）＋费尔巴哈哲学的基本内核（唯物主义）"已经在多大程度上误解了马克思。这种理解方式完全切断了马克思哲学的人本主义的源泉！当然，马

---

① 《马克思恩格斯全集》，第 2 卷，164 页，北京，人民出版社，1957。
② 《马克思恩格斯全集》，第 2 卷，177 页，北京，人民出版社，1957。
③ 《马克思恩格斯全集》，第 2 卷，177 页，北京，人民出版社，1957。

克思并没有停留在费尔巴哈的人学理论上，在随后撰写的《关于费尔巴哈的提纲》和《德意志意识形态》中，他对费尔巴哈的直观唯物主义进行了无情的批判，强调历史唯物主义要以"从事实际活动的人"为出发点来探索社会历史。

由于马克思哲学的人本主义核心被"魔化"为逻辑学核心，人只是作为认识论意义上的抽象的主体得以保留，而探讨人的生存和价值的本体论则完全被逐出了哲学的领地。这种理论的"魔化"立即导致了社会生活的"魔化"。无论是苏联的"大清洗运动"，还是中国的"文化大革命"都表明了人的生存和价值在多大的意义上受到了漠视。为什么"文化大革命"后中国理论界出现了"《巴黎手稿》热""人道主义和异化热"？为什么20世纪90年代初以来又出现了"人文精神热"？只要我们稍稍思考一下这类现象，就会发现，被"魔化"了的哲学与现实生活的合理要求之间存在着多大的距离！无怪乎法国哲学家萨特指责马克思主义中出现了人学的飞地，要用存在主义来补充马克思主义。诚然，我们并不赞同萨特的这种折中主义的做法，但至少他提醒我们要注意马克思哲学的"魔化"。

"魔化"之二：马克思哲学被"近代化"了，似乎它关心的主题就是物质和精神、思维和存在、主体和客体、唯物主义和唯心主义的二元对立。不难发现，马克思哲学的"近代化"也源于恩格斯。在《路德维希·费尔巴哈和德国古典哲学的终结》一书中，恩格斯这样写道："全部哲学，特别是近代哲学的重大的基本问题，是思维和存在的关系问题。"① 哲学家们依照他们如何回答问题而分成了两个阵营：凡是认为存在（或物质或自然界）是第一性的，就是唯物主义；反之，凡是认为思维（或精神或意识）是第一性的，则是唯心主义。恩格斯的这段论述表明，他在这里仍然是按照近代哲学的集大成者——黑格尔的思路来思考

---

① 《马克思恩格斯全集》，第21卷，315页，北京，人民出版社，1965。

问题的。黑格尔在《哲学史讲演录》中讲到近代哲学时指出："这种最高的分裂，就是思维与存在的对立，一种最抽象的对立；要掌握的就是思维与存在的和解。从这时起，一切哲学都对这个统一发生兴趣。"① 恩格斯的论述几乎在口气上也与黑格尔雷同。

有趣的是，恩格斯在 1888 年出版《路德维希·费尔巴哈和德国古典哲学的终结》一书时，在正文后面附上了马克思撰写的《关于费尔巴哈的提纲》，并称它为"包含着新世界观天才萌芽的第一个文件"。然而，这个文件的第一条就与恩格斯的上述见解存在着重大的差异。马克思是这么说的："从前的一切唯物主义——包括费尔巴哈的唯物主义——的主要缺点是：对对象、现实、感性，只是从客体的或者直观的形式去理解，而不是把它们当作人的感性活动，当作实践去理解，不是从主体方面去理解。因此，结果竟是这样，和唯物主义相反，唯心主义却发展了能动的方面，但只是抽象地发展了，因为唯心主义当然是不知道现实的、感性的活动本身的。"② 在这里，马克思实际上倡导了一种新的唯物主义——实践唯物主义。它不像笛卡尔以来的近代哲学，对思维与存在的抽象对立和哪者是第一性的问题怀着特别的兴趣。相反，它通过实践概念扬弃了这一对立，并超越了对哪者是第一性问题的抽象的追问。在这个意义上，马克思哲学是从属于当代西方哲学的，而不是从属于近代西方哲学的。

然而，马克思哲学的"近代化"趋向通过列宁、斯大林、日丹诺夫、苏联和中国的哲学教科书不断地被加剧。于是，全部哲学研究成了一个张贴"唯物主义"和"唯心主义""进步"和"反动"标签的运动。显而易见，只有超出这种"近代化"的理解方式，才能发现马克思在哲学上的划时代的革命的意义。

"魔化"之三：马克思哲学被"非学术化"了，通过意识形态和权力

---

① 黑格尔：《哲学史讲演录》，第 4 卷，6 页，北京，商务印书馆，1981。
② 《马克思恩格斯选集》，第 1 卷，58 页，北京，人民出版社，1995。

的媒介，它成了裁决一切理论纠纷的权威性力量。在"文化大革命"中，学术上的"百家"被归约为"两家"（即无产阶级和资产阶级两家），而在"两家"中，马克思作为无产阶级的化身，永远代表着绝对真理。这样一来，对马克思学说进行严肃的理论研究的可能性已经不存在了。马克思研究被变形为马克思崇拜。这就完全背离了马克思本人所反复强调的自我批判精神。比如，在《资本论》第二版跋中，马克思写道："没有人会比我本人更严厉地评论《资本论》的文字上的缺点。"① 在《共产党宣言》1872 年德文版序言中，马克思和恩格斯指出：《宣言》的基本原理是正确的，但有些具体的意见，由于历史条件的变化，"在实践方面毕竟是过时了。"② 这充分表明，马克思总是以严肃的学术研究的态度来对待自己的学说，他也希望他的学说的解释者和继承者能够以同样的态度对待自己。有时候，当他的希望落空时，他就会悲愤地说："我只知道我自己不是马克思主义者。"③

把马克思哲学"非学术化"的另一个严重的后果是：任何学术研究都变得不可能了。既然人们认为马克思的哲学可以对自然科学和社会科学中存在的不同流派的真伪做出裁决，比如，可以对爱因斯坦的"相对论"进行批判，那么，自然科学和社会科学的研究活动又如何进行下去呢？总之，把马克思哲学"魔化"，也就等于使它"近代化""非学术化"，并使它脱离西方人本主义传统的伟大背景，成为某种无根基的、工具性的东西。在"文化大革命"中，辩证法之所以沦为诡辩，就是因为它离开了人文精神和人文关怀这个基础，成了单纯技巧性的东西。

上面，我们对当代中国文化的飘荡无根性做了一个简略的诊断。这一诊断使我们感到深深的忧虑。记得法国学者帕斯卡尔把人比喻为"能思想的苇草"，而我们却觉得，当代人不过是无思想的、飘荡无定的浮

---

① 《资本论》，第 1 卷，18 页脚注，北京，人民出版社，1972。
② 《马克思恩格斯选集》，第 2 卷，229 页，北京，人民出版社，1957。
③ 《马克思恩格斯选集》，第 4 卷，474 页，北京，人民出版社，1972。

萍，是尼采笔下的"无家可归的"漂泊者。芦苇虽然是脆弱的，但它"能思想"，又扎根于厚实的大地；而浮萍却既"无思想"，又"无根基"，注定在漂泊中枯萎，在漂泊中沉沦！然而，令人震惊的是，大多数当代人却认为自己过着一种充实的生活。当他们把繁忙理解为充实，把性欲理解为爱情，把有钱理解为幸福，把捐款理解为美德，把装潢理解为美学，把怀旧理解为"寻根"，把矫情理解为"忏悔"时，他们又是何等肤浅！而他们生活于其中的这个时代又是何等苍白！

既然命运已经使我们成了"能思想的苇草"，我们就不得不启动自己的批判的理性。我们不但要与这个时代的无根基性进行抗争，还要与当代人对这种无根基性的竭力掩饰进行抗争。在市场经济和世俗化大潮的裹挟下，我们的抗争注定是唐·吉诃德式的，但在这里，重要的不是结果，而是勇气。不管别人是怎么想的，我们还是愿意认真地逼问自己：何处才是我们精神的真正栖居地？

培植公平正义观念的文化土壤①

众所周知，"公平"（fairness）、"正义"（justice）这两个概念在古代文化的语境中就已经形成，并暗含着对当时的社会等级制度的认可。比如，古希腊哲学家柏拉图在《理想国》中提出并讨论了"正义"问题，但他同时又把国家的统治者和臣民按照社会分工划分为三个不同的等级，马克思为此批评道："在柏拉图的理想国中，分工被说成是国家的构成原则，就这一点说，他的理想国只是埃及种姓制度在雅典的理想化。"② 与古代观念不同的是，自启蒙运动以来，"公平"和"正义"这两个概念不但被置于普遍人权、独立人格及人与人之间的平等关系的基础上，也被置于民主政治体制的框架中。

---

① 本文载《中国社会科学》，2009（1）。
② 《马克思恩格斯全集》，第44卷，424页，北京，人民出版社，2001。

然而，在 20 世纪，在富有启蒙精神和民主传统的西方国家中，两次世界大战的爆发、法西斯主义的兴起和衰落、1968 年巴黎的五月风暴等一系列重大的历史事件，使政治哲学家们开始重新反思在启蒙和现代性的发展进程中形成起来的那些政治观念以及它们之间的相互关系。比如，当"民主"与"自由"发生冲突时，究竟哪个优先？当"公平"与"正义"产生矛盾时，到底哪个重要？正是在这样的背景下，美国当代政治哲学家罗尔斯在《正义论》(1971) 一书中提出了著名的"作为公平的正义"(justice as fairness) 的新观念。这个新观念也可以被简称为"公平正义"，即把"公平"和"正义"的内涵综合起来，并用"公平"来限制"正义"的含义。

　　现在的问题是，当人们把罗尔斯关于"公平正义"的观念移植到当代中国社会的语境中来加以讨论和应用时，它是否具有现实性？显然，在我们看来，当代中国社会还缺乏与这样的观念相切合的文化土壤。人所共知，中国传统社会是以血缘关系为基础的宗法等级制社会，从 19 世纪后半叶开始兴起的、思想文化上的启蒙运动，在当时更为紧迫的民族救亡运动的挤压下，不断地被边缘化。当中华民族争得自己的独立地位后，启蒙意识也未在新的历史条件下获得进一步的发展。尽管启蒙所蕴含的那些普遍价值，如珍爱生命、尊重人格、维护人权、追求自由、倡导民主、提倡公平、坚持正义、保护弱势群体等，在理论上得到了充分的重视，政府也努力在实践上和制度安排上采取了一些适合于启蒙意识发展的措施，但由于中国传统思想文化在总体上未经受启蒙的洗礼，而片面倡导的集体主义形式（如人民公社、人才单位所有制等），又把集体与个人（包括个性）割裂开来，并抽象地对立起来。由此可见，在当代中国社会的语境中，启蒙不但不是一个过时的课题，相反，仍然是一个充满生命活力的、值得人们高度重视的课题。

　　我们认为，罗尔斯关于公平正义的观念乃是一种反思的政治哲学观念，这种观念正是以启蒙意识及其所蕴含的普遍价值的充分发展为前提的。这就深刻地启示我们，在当代中国社会中，公平正义的观念要得到人们的普遍理解、接受和认同，就要先行地培植其相应的文化土壤。这种文化土壤既为启蒙意识的发展奠定了基础，又为人们站在当今时代的高度上重新反思启蒙意识中存在的问题创造了条件。我们把下面四个方面——形成自觉的法权人格、确立普遍的道德实践主体、全面认识启蒙的两重性和深刻反省无意识层面——理解为需要加以培植的文化土壤。

形成自觉的法权人格

我们知道，当代西方国家的民法是在启蒙运动，尤其是在美国的独立运动和法国大革命的背景下形成并发展起来的。民法界定了作为公民的个人的权利和义务，从而为形成普遍的、自觉的法权人格奠定了思想基础。然而，作为后发展国家，中国的物权法还刚刚面世，民法尚处于起草的过程中。在这样的情况下，我们可以说，当代中国社会仍然缺乏普遍的、自觉的法权人格，而这种情况又是与当代中国社会的经济发展状况相切合的。事实上，当代中国社会正处于从计划经济向市场经济转型的过程中，理想型的市场经济以及与这样的经济形式相适合的种种法规和文化观念还在形成的过程中。正如马克思早已告诉我们的："权利决不能超出社会的经济结构以及由经济结构制约的社会的文化发展。"① 可见，形成普遍的、自觉的法权人格仍然是当代中国社会面对的长期的历史任务。

也许有人会反驳说：近几十年来，我们不是每年都有数十部法律出台吗？诚然，我们并不否认这一事实，但必须看到，一部法典的出版和它是否普遍地成为人们自觉地制约自己行为的内在权威，完全是两码事。我们必须清醒地意识到，中国式市场经济与西方国家的市场经济之间存

---

① 《马克思恩格斯选集》，第 3 卷，305 页，北京，人民出版社，1995。

在着重大的差异。如果说，西方国家的市场经济和相应的法规制度是经过了好多个世纪的积累，自下而上地、慢慢地发展起来的，那么，中国式的市场经济则是在近几十年间，通过自上而下的方式，推动并发展起来的。实际上，大家都清楚，当中国式的市场经济起步的时候，当代中国社会既缺乏相应的社会制度，也缺乏相应的法律规范。尽管改革开放以来中国经济发展中出现的种种奇迹令国际社会惊叹，但当前中国经济生活中出现的一些负面现象，如假冒伪劣商品的泛滥、企业之间的三角债和个人之间的债务居高不下、各种违约现象的频频发生、交易成本的大幅上涨和企业信用度的普遍下降、商业和金融方面的欺诈事件屡屡发生等，都印证了我们前面提出的观点，即当代中国社会仍然普遍地匮乏能够自觉地约束自己的行为方式的法权人格。

那么，我们这里说的"自觉的、普遍的法权人格"究竟指什么呢？简要地说来，就是全社会的大多数成员都具有强烈的法律意识，特别是民法意识，并能够自觉地运用这种意识来约束自己的全部行为。"法权人格"是相对于"自然人"来说的。所谓"自然人"，意谓人们只是凭着自己的本能、欲望和好恶行动，很少顾及法律和社会规范对自己的约束。黑格尔曾经在其《法哲学原理》（1821）一书中指出："人格一般包含着权利能力，并且构成了这个概念以及抽象的，因而是形式的法的体系的基础。因此，法的命令是：'成为一个人，并尊重他人为人。'"① 也许有人会问：黑格尔这里说的"成为一个人"究竟是什么意思呢？难道这个人以前不是人吗？黑格尔当然不是这个意思，他在德语中区分了"Mensch"（自然人，即通常意义上的"人"）与"Person"（自觉地用法律规范指导自己行为的人，即法权人格），他说的"成为一个人"，也就是指从缺乏法律意识的 Mensch 转变为具有自觉的法律观念，尤其是民法观念的 Person。

---

① G. W. F. Hegel，*Grundlinien der Philosophie des Rechts*，Suhrkamp Verlag，1986，s. 95.

只要我们深入地加以思考，就会发现，当代中国社会之所以缺乏普遍的、自觉的法权人格，不但与以个人本位为基础的市场经济的刚刚起步有关，也与中国传统文化的特点有着千丝万缕的联系。按照梁漱溟先生在《中国文化要义》中的说法，中国社会是以伦理为本位的社会，因而缺乏普遍的法律意识。其实，他没有对"法律"这一概念的含义做出具体的分析。就刑法而言，中国确实拥有悠久的传统。根据史书的记载，在商代时如果有人弃灰在街上被发现，就有可能被处以砍手的刑罚。明恩溥曾经说过："中国人具备许多令人赞叹的素质，其中之一，便是与生俱来地尊重律法。"① 显然，他这里所说的"律法"，主要是指刑法。在通常的情况下，普通的老百姓是不敢去触犯刑法的。何况，中国传统社会普遍存在的实际情形是"刑不上大夫，礼不下庶人"。然而，就涉及个人权利和义务的现代民法意识来说，深受传统文化熏陶的当代中国人确实是普遍匮乏的。

举例来说，在当代中国社会中，企业之间的三角债和个人之间的债务一直居高不下，得不到及时的清偿。为此，各种"讨债公司"应运而生，在债务无法得到清偿的情况下，甚至经常出现债务人赖债或一逃了之的局面，而经济上的犯罪嫌疑人也常常携款潜逃，以至于公安系统不得不增设了一个所谓"追逃"的部门。其实，从字面上看，债务的"债"字可以拆成"人"字和"责"字，其含义不言自明，即人有责任偿清自己的欠款。在德语中，Schuld 这个名词就有双重含义：一是"债务"，二是"罪责"。把这双重含义综合起来，意思就是：欠债不还是有罪的。由此可见，最早的有罪感是在债务领域里形成并发展起来的。实际上，就古代法典而言，无论是印度的摩奴法典，还是巴比伦法典或罗马十二铜表法，其中大量的法律条款都涉及对债务人和债权人之间的冲突关系的

---

① 明恩溥：《中国人的素质》，224 页，上海，学林出版社，1999。

处理。① 我们知道，莎士比亚的著名剧本《威尼斯商人》涉及的正是这一普遍性的主题，而法国短篇小说之王——莫泊桑的小说《项链》也涉及同样的主题：一个小资产阶级妇女为了参加一个晚会，向女友借了一串钻石项链，结果丢了。她以做十年苦工的代价，先从一家珠宝店获得同样大小的一串项链，还给女友。十年后，她在街上又遇到了那位曾经借钻石项链给她的女友。当女友问她：十年不见，为什么变得如此憔悴时，她说起了十年前丢失项链的故事，而那位女友竟然告诉她，当时借给她的那串钻石项链是假的！莫泊桑的《项链》发表后，不少文学评论家对这篇小说中的女主人公批评有加，指责她追求虚荣，结果得不偿失。可是，我们的观点正好与这些评论家相反。在我们看来，这位法国的小资产阶级妇女不啻是一位伟大的女性，而且也是我们正在讨论的法权人格的光辉典范。因为她丢掉项链以后，并没有因为欠下巨额债务而逃走，而是以自己生命中最宝贵的十年时间作为代价，只是为了完成自己对朋友的一个承诺，即偿还她的钻石项链。

显而易见，只有当一个社会的大多数人都形成自觉的法权人格，即不但熟悉法律规范，而且处处按法律规范行动时，人们之间的信任度才会大幅度地提高，交易成本才会大幅度地下降，市场经济才能沿着健康的轨道向前发展。同样地，也只有在这样的思想文化的基础上，公平正义的观念才可能真正得到普遍的认同。

确立普遍的道德实践主体

既然我们在前面已经提到，中国传统社会是以伦理为本位的，为什

---

① 比如，《摩奴法典》，第 8 卷"法官的任务民法与刑法"中的第 48 条规定："债权人可利用符合伦理义务的手段，利用诉讼，诈术，危难，以及最后第五，利用强暴措施，使人归还欠债。"参见《摩奴法典》，172 页，北京，商务印书馆，1985。

么这里还要提出"确立普遍的道德实践主体"这样的目标来呢？要弄清楚这个问题，我们必须先行地澄清以下两点。

其一，中国传统社会流行的伦理观念，主要是指儒家的伦理观念，而儒家的伦理观念又是以"君、臣、父、子"的等级关系为基础的，其核心观念是"忠孝节义"，而这一观念又是直接为传统社会的统治阶级服务的。在这个意义上，当代中国人并不缺乏这种以传统的宗法等级观念为背景的伦理意识，然而，却缺乏现代文明社会意义上的、以人格的独立性和权利的神圣性为基础的伦理观念。当然，我们的意思并不是说，现代文明社会完全抛弃了诸如"孝顺""贞操""忠诚"和"大义"（即国家或集体的根本利益）这类传统的道德观念，而是对它们进行了创造性的转化：一是把现当代社会的公民身份和独立人格理解为这些伦理观念的前提；二是改变了这些传统伦理观念的含义，赋予它们以与现当代生活世界的价值取向相切合的新的内涵。也就是说，在可能遭遇到的社会伦理的各种冲突中，当代中国人首先是作为公民、作为独立人格而存在的，而不首先是作为父亲、妻子或儿子而存在的。总之，必须从当代中国社会正在追求的启蒙和现代性的主导性价值出发，对传统的伦理观念进行创造性的转化，从而使之适应于当今社会。

其二，和传统的中国人一样，当代中国人也是不区分"伦理"和"道德"这两个不同概念的，而在西方人看来，这两个概念之间存在着重要的差别。一般说来，伦理源于社会习俗，是外在地约束人们行为的社会力量。与伦理类似的是法律，法律也是外在地约束人们行为的社会力量，但法律具有强制性，而伦理则是以社会舆论的约束和人的自愿服从为前提的。与伦理不同的是，道德是内在地约束人们行为的社会力量，而这种"内在地约束"主要源于每个人的良心。在这个意义上可以说，道德高于伦理，因为道德是以内在的良心的自觉意识为前提的，而在传统的伦理意识中，主体意识还未真正地觉醒。当然，道德作为良心的自觉意识又是分层的。

第一层即基础性的层面是社会公德。社会公德本身就包含着十分丰富的内容，从不乱扔垃圾一直到见义勇为，甚至不惜献出自己宝贵的生命。

第二层是家庭道德，在这个领域里，也要求在充分尊重家庭成员的公民权利（虽然非成年人受到成年人的监护，但成年人也应该充分尊重非成年人拥有的基本权利）的基础上，处理好各种关系，如祖孙、父女、母子、兄弟等关系。

第三层是职业道德。从社会学的角度看，每个人在社会生活中都承担着不同的角色，而每个角色都蕴含着相应的道德义务和道德规范。比如，作为医生，救死扶伤是其基本的道德义务；作为教师，传道、授业、解惑则是其基本的道德义务等。

第四层即最高层的道德应该是国家和社会治理者的道德，人们通常称之为"官德"。显然，官德对于全社会都具有重要的示范效应。也许可以说，理想中的官德最集中地体现在范仲淹在《岳阳楼记》中留下的"先天下之忧而忧，后天下之乐而乐"的箴言中。我们之所以强调道德是分层的，就是不主张用同一种道德观念去要求所有的人，而是主张根据每个人在社会生活中承担的不同角色和其活动的不同情景，确立其相应的道德理想和道德规范。

在当代中国社会中，确立普遍的道德实践主体，意味着全体社会成员对启蒙以来形成的普遍价值的自觉认同。如前所述，这些普遍价值主要表现为珍爱生命、尊重人格、维护人权、追求自由、倡导民主、提倡公平、坚持正义、保护弱势群体等。

比如，就这些普遍性价值的第一条"珍惜生命"来说，在当代中国社会中就存在着许多值得反省的现象。我们这里说的"生命"有三个不同的层次。第一个层次是植物的生命。比如，就植物中的树木来说，尽管人们已经有了保护树木的意识，但除了少量珍贵的或具有历史文化意义的树木外，其他树木仍然面临着被毁坏，甚至随意地被砍伐的命运，而肇事者常常得不到相应的惩罚。事实上，也缺乏相关的法律或制度对人们这方面的行为做出有效的约束。第二个层次是动物的生命。尽管有些濒临灭绝的珍稀动物得到了保护，但仍然有人为了获得巨大的利润而采用种种手段偷猎珍稀动物，甚至把它们变成盘中之餐。至于一般动物的生命就更得不到保护了。比如，有人把硫酸泼到黑熊的身上，也有人把活的小狗放在微波炉里烘烤，更有人用高跟鞋踩死小猫，甚至让飞驰的卡车压死正在过路的鸭群等。在这些不良的，甚至违法的行为方式中，同样显露出人们对动物生命的漠视。第三个层次是人的生命。尽管人们在理论层面上十分重视人的生命，尤其是在哲学方面，有不少学位论文和其他研究性论文都在探讨"存在的意义""生命的价值"之类的问题，然而，人们对现实生活中经常重复发生的矿难、医疗事故、交通事故和由人为的因素而造成的伤害事故或虐待亲人、溺死女婴、销售有毒奶粉等现象却熟视无睹，仿佛他们在理论上探索生命和存在的意义，只是为了在现实生活中彻底忘掉它们。毋庸讳言，在我们这个人口大国中，还需要进一步弘扬人文精神，建立并健全相应的制度和措施，以便与一切漠视生命价值和人的尊严的现象展开不懈的斗争。

由上可知，在启蒙尚未充分展开的当代中国社会中，只有逐步确立起普遍的道德实践主体，逐步建立起对普遍价值观念的自觉认同，公平正义的观念才能真正地扎下根来，并逐渐地成长起来。

全面认识启蒙的两重性

在前面提到"启蒙"的地方，我们主要是从正面价值的角度进行论述的。确实，启蒙给当代人带来的恩泽是无法言喻的。当然，对于像中国这样的后发展国家来说，由于启蒙实际上被中断了，所以甚至对其恩泽也缺乏整全性的感受。尽管如此，我们还是应该清醒地意识到，启蒙在其展开的过程中，同时也孕育着一系列负面的价值观念的发展和蔓延。

而这些负面的价值观念导致的严重后果是新帝国主义的兴起、毁灭性战争的爆发、生态环境的严重破坏、贫富差距的急剧扩大和人性的普遍异化。正是在这样的背景下，从 20 世纪六七十年代以来，在西方国家中产生了一股强大的后现代主义思潮，对启蒙和现代性进行全面的反思和检讨。

其实，公平正义观念的出现，正是这种反思和检讨的一个结果。如前所述，以人与人之间的平等关系和独立人格为基础的"公平"和"正义"的观念乃是启蒙运动的产物，即启蒙运动按照现代社会的价值导向，对这两个概念的古代含义进行创造性转化的结果。在启蒙的大背景下，这两个概念的关系似乎完全是融洽的，但在 20 世纪，随着两次世界大战的爆发、法西斯主义的兴起、东欧剧变、海湾战火的蔓延、科索沃冲突的升级等一系列重大事件的发生，不但世界政治格局发生了重大的变化，而且启蒙所倡导的普遍价值观念之间也开始出现裂痕和发生冲突。

比如，当"公平"与"正义"这两个观念发生冲突时，应该如何处理它们之间的关系呢？罗尔斯告诉我们，公平正义是由以下两个原则构成的："处于原初状态中的人们必定会理智地选择以下两个不同的原则：第一个原则要求在基本权利和责任分配上的平等；而第二个原则主张，社会和经济上的不平等，比如，财富和权力的不平等，只有在对每个人，尤其是对那些受益最少的社会成员带来补偿利益时，才是许可的。"[①]按照罗尔斯的观点，正义首先意味着人们"在基本权利和责任分配上的平等"，这是第一条原则，它肯定的是权利和责任分配上的优先性以及人们之间的平等地位；第二条原则是差异性原则，它强调的是：当政府必须制定某些不利于人们利益的社会政策时，受益最少的社会成员所受的损失应该是最小的；或者当政府必须制定某些有利于人们利益的社会政策

---

①   John Rawls，*A Theory of Justice*，Harvard University Press，1971，pp. 14-15.

时，受益最少的社会成员所得的补偿利益应该是最多的。众所周知，"正义"的原初含义是指"每个人都得到了他或她所应该得到的东西"①。显然，这两条原则都体现出"公正"对"正义"含义的约束和限制。尽管罗尔斯是在"原初状态"的理想背景中阐述这两条原则的，但它们对现实社会仍然拥有范导性的意义。事实上，罗尔斯提出的"公平正义"观念本身就体现出当代西方学者对启蒙的两重性的反思和超越。②

我们知道，作为后发展国家，当代中国社会正处于从计划经济向市场经济转型的过程中，正在追求现代性和启蒙所蕴含的普遍价值的实现。然而，西方后现代主义思潮的冲击也使当代中国人意识到了自己正在追求的目标中蕴含着的种种问题。诚如安东尼·吉登斯指出的："正像每个生活在20世纪末的人所看见的那样，现代性是一种双重现象。同任何一种前现代体系相比较，现代社会制度的发展以及它们在全球范围内的扩张，为人类创造了数不胜数的享受安全的和有成就的生活的机会。但是现代性也有其阴暗面，这在21世纪变得尤为明显。"③ 在当代中国社会中，前现代性的（即传统的）观念、现代性的观念和后现代主义的观念纷然杂陈，很容易使当代中国人陷入歧路亡羊的困窘状态：当我们还处于前现代社会状态中时，西方国家已经走上了追求现代性、实现现代化的道路；而当我们几经周折，终于走上了寻求现代性、实现现代化的道

---

① Robert Audi edited，*The Cambridge Dictionary of Philosophy*（*second edition*），Cambridge University Press，2005，p. 456.

② 在1992年出版的《政治自由主义》一书中，罗尔斯意识到，以"公平正义"为基础的秩序良好的理想社会是不现实的，他开始把"公平正义"的完备性观念转换为以公民为基础的政治观念，并指出："现在，《正义论》的模棱两可性被消除了，公平正义从一开始便被描述为一种政治上的正义观念（a political conception of justice）。"参见 John Rawls，*Political Liberalism*，Columbia University Press，1993，p. xvii. 这就启示我们，罗尔斯的"公平正义"观念本身也有一个发展过程，它在反思中被不断地修正。

③ 安东尼．吉登斯：《现代性的后果》，6页，南京，译林出版社，2000。

路时，西方国家又兴起了后现代主义思潮，开始对现代性观念进行全面的检讨和批判。在这样的情况下，当代中国人究竟何去何从？马克思的历史唯物主义理论启示我们，我们应该从自己的具体国情和历史性出发，坚定不移地选择"反思的现代性"的道路：一方面，当代中国人仍然需要坚持启蒙和现代性追求的基本立场，坚定不渝地推进现代化事业的发展；另一方面，当代中国人又要通过对西方国家的现代化道路和现代性追求的经验教训的反思，同时也通过对中国传统社会的思想文化观念的批判性反思，汲取其合理因素，从而在反思的基础上，对自己目前正在追求的现代化道路和现代性观念做出必要的修正。

简言之，对于当代中国人来说，必须对启蒙和现代性的两重性获得清晰的认识。既要坚持启蒙和现代性追求的根本立场，又要充分地借鉴前现代和后现代思潮提供的各种思想资源，从而确立起后现代批判的目光和高度，并从这样的目光和高度出发，对自己的现代化道路和现代性追求进行合理的修正和调适。这正是我们在前面提出的"反思的现代性"的根本含义之所在。

深刻反省无意识层面

按照弗洛伊德的深度心理学理论，在人类的全部精神活动中，意识层面上的精神活动还只是很小的一部分，而绝大部分的精神活动则是在无意识层面上展开的。这就启示我们，人们在意识层面上谈论的东西，并不一定会在无意识层面上得到相应的认可。反之，在无意识层面上出现的自发的欲望和冲动，意识层面又可能完全没有注意到，即使意识到了，也往往把它们作为谬误的东西而加以压抑，甚至加以排除。现实生活一再表明，意识与无意识的层面不仅常常出现差异，甚至也会处于尖锐的对立和冲突中。

不用说，这种冲突在每个人的身上都有不同程度的表现，尤其对于当代中国人来说，这类冲突显得更加突出。为什么？因为正如我们在前面已经指出过的那样，当代中国社会同时处于前现代、现代和后现代三大思潮的夹击下。如果说，现代和后现代的观念常常出现在当代中国人的意识的层面上，那么，前现代的，即传统的观念则常常蛰伏在他们的无意识的层面上。比如，深受美国实用主义哲学家杜威影响的胡适，在意识的层面上努力追求现代性，尤其是追求个性的自由和社会的民主。然而，在无意识层面上，他却认同中国传统文化中的某些观念，如"父母之命，媒妁之言"这样的婚姻观念。人所共知，胡适的婚姻大事完全是由他的母亲决定的，他母亲命令自己的儿子必须与江冬秀结婚，胡适不敢违抗母命，但他与江冬秀并没有感情的基础，他真正所爱的是自己的表妹。尽管胡适与江冬秀完婚了，但他一直对自己的婚姻不满，并试图进行反抗。然而，当他向江冬秀提出离婚的要求时，江冬秀竟然把菜刀架在两个儿子的脖子上：如果胡适坚持要离婚，她就要杀死这两个儿子，胡适只好放弃反抗，实行妥协。再如朦胧派诗人顾城，在意识层面上，通过他的诗作，他热烈地讴歌自由、民主和正义，可是，在无意识层面上，他却是一个十分传统的、充满嫉妒心的大男子主义者，以至于竟以十分残忍的方式杀死了自己的妻子谢烨。

个人的意识活动是这样，整个社会的精神活动也是这样。在社会意识层面上、精神层面上倡导的东西，常常与社会无意识层面上认同的东西发生矛盾与冲突。比如，在社会意识层面上，人们异口同声地批判拜金主义，甚至认定拜金主义是万恶之源，然而，在社会无意识的层面上，情形就完全不同了，人们处处都表现出对金钱，尤其是对黄金的崇拜和无条件的认同。比如，人们在谈论电视节目播放的时段时，常常会说："这是含金量最高的时段"；在谈论商品房所在的地段时，常常会说："这是含金量最高的地段"；在赞扬一个心地善良的人时，也常常会说："他（她）有着一颗金子般的心"；甚至在宗教信仰，如佛教信仰中，信徒的最高愿望就是"为菩萨塑金身"。

所有这些都表明，尽管人们在意识的层面上激情昂扬地批判拜金主义，但在无意识层面上，却始终顽强地保持着对金钱，尤其是黄金的崇拜和追求。事实上，每一个不存在偏见的人都会发现，电视荧屏上播放的警匪片或以黑社会为背景的影视片，无一不是围绕着金钱（黄金、钻石、美钞）这一主题来展开的。中国人常说的"人为财死，鸟为食亡"这样的谚语，极其深刻地刻画出人们心灵深处及社会无意识层面上追求金钱和财富的强烈欲望。其实，马克思早已告诉我们："财产对人类心灵产生了巨大的影响，并唤醒人的性格中的新的因素，财产在英雄时代的野蛮人中已成为强烈的欲望（"booty and beauty"｛战利品和美人｝）。最古老和较古老习俗都无法抵抗它。"① 马克思甚至赞同路易斯·亨利·摩尔根如下的见解：无论怎样高度估计财产对人类文明的影响，都不为过甚。② 这就启示我们，必须深刻地认识这种隐藏在无意识层面上的自然冲动和欲望。

我们也注意到，在英语中，interest 这个名词作为单数的意思是"兴趣"，而其复数形式 interests 的含义则是"利益"。也就是说，把 interest 这个名词的单、复数含义综合起来，意思就是：人们只对与自己利益有关的事情发生兴趣。其实，马克思早已告诫我们："利益不是在思索，它是在打算盘。"③ 在马克思看来，人们的兴趣并不是没有界限的，利益就是他们兴趣的真正的界限。

深度心理学揭示的这种意识层面与无意识层面之间的冲突启示我们，即使人们在意识的层面上提倡公平正义的观念，也未必表明他们在无意识的层面上一定会无条件地认同公平正义的观念，相反，在无意识层面上蛰伏着的自然欲望和冲动、传统观念和价值一定会顽强地按照自己的方式表现出来，并以实践的方式对意识层面上的种种观念进行修正、改

① 《马克思恩格斯全集》，第 45 卷，392～393 页，北京，人民出版社，1985。
② 《马克思恩格斯全集》，第 45 卷，377 页，北京，人民出版社，1985。
③ 《马克思恩格斯全集》，第 1 卷，165 页，北京，人民出版社，1956。

写，甚至颠覆。这就需要人们通过对个人无意识和社会无意识的深刻反省，与积淀在他们无意识深处的各种错误的文化观念和自然倾向进行艰苦的斗争。

综上所述，我们把对上述四个方面的重视和关注理解为对新的文化土壤的培植。无疑地，这是我们理论工作者必须面对的长期艰巨的历史任务。事实上，也只有培植出这样的文化土壤，公平正义的观念才会在当代中国社会生活中发挥实质性的作用。

城市文化的内涵发展[①]

上海是一个具有悠久的人文精神传统的城市，在中国近代史的发展进程中，它就以敏锐的政治自觉、热烈的民族情怀、多元的思想酵素和先进的文化意识著称于世。今天，世界政治格局发生重大变动，中国人民沿着改革开放的道路向前迅跑，上海越来越融入世界并向国际大都市方向发展。上海将以什么样的形象出现在世界上，又将如何全面地提升自己的人文精神，这正是蕴含上海新发展中的一个重要的话题。随着我国加入 WTO 和上海申办世博会的成功，上海文化的发展出现了一个重大的转折。我把这个转折称为"从对文化的外延发展的重视转向对文化的内涵发展的重视"。众所周知，"外延"和"内涵"都是逻辑学上的概念，

[①]　本文原来的标题是"内涵发展：扩充城市文化的张力"，载《解放日报》，2003-06-04。

这里是在隐喻的意义上借用这两个概念的，前者表示外观和形式，后者表示内容和实质。

所谓"文化的外延发展"，也就是指外观上或器物层面上的文化的发展。对于上海这样的城市来说，"文化的外延发展"主要表现为以下四种不同的形式：一是城市的标志性建筑的涌现，如机场、广场、桥梁、火车站、大型商场、银行大厦、住宅楼群、电视塔、大剧院、音乐厅、博物馆、图书馆、艺术馆等，近年来，人们常说"上海长高了"，指的正是这样的建筑物的不断增加；二是市民生活环境的变化，如马路的拓宽，步行街的建设，违章建筑的拆除，河流的整治，交通的疏导，橱窗的布置，书报亭、电话亭和自动取款机的设立，绿化面积的扩大等；三是各种文化艺术活动和庆典的举行，如国际文化节、国际电视节、上海旅游节、上海服装节、各种文化研讨会、形形色色的评奖活动和庆祝活动等；四是市民行为规范和方式的改变，如"七不""五讲四美"等。所有这一切，对于上海这样的国际大城市来说，都是必要的。事实上，在上海今后的发展中，这种文化的外延发展仍然是不可或缺的。然而，对上海这样具有700多年发展史、又有相当浓厚的传统文化积淀和中外文化交流融合的大都市来说，仅仅注重外延文化的发展是远远不够的。尽管在一定程度上，文化的外延发展也会折射出其内在的精神，然而，没有自觉的、丰厚的内涵文化的支撑，外延文化也会流于浅薄。借用物理学的术语来说，单纯的外延文化的发展还只是一种"表面物理"。

所谓"文化的内涵发展"，主要指城市的内在精神品格和市民的文化素质方面的发展。上海应该更注重城市人文精神的制度层面、心理层面和观念层面的建设。制度层面的提升意味着管理方式上的革命，即全面地制定尊重人格和人的基本权利的合理的政策和规则，并严格按照它们办事；心理层面的提升意味着普遍的、健康的情绪状态、意识状态和性格状态的形成；观念层面的提升意味着思想上的解放、法权人格和道德实践主体意识的普遍确立。对于上海这样的城市来说，"文化的内涵发展"至少应该具有如下的标志。

一是应该拥有自己的思想学术流派、思想家和理论家，应该出现有世界性影响的思想学术著作。在以往的人文社会科学评奖中，人们也许有充分的理由评选工具书，尤其是词典，使之获得最高的奖项。然而，在上海今后的发展中，应该让更多具有独创性和思想性的理论学术著作获得最高奖项。毋庸讳言，一个缺乏思想理论方面的创新意识的城市是不可能高瞻远瞩的。

二是应该拥有不同风格的文化沙龙、文化艺术流派、代表性人物、代表性作品等。显然，对国外的文化艺术作品采取拿来主义的政策还是必要的，但市民更需要的是体现我们自己的民族性和独创性的文化艺术作品，应当让更多这样的作品来占领舞台和荧屏。不但应该出现全国乃至全世界著名的文化艺术作品、书评刊物和媒体，也应该出现伟大的艺术家、评论家、诗人、小说家、体育和影视明星。与此同时，具有上海传统特色的文化艺术，如沪剧、相声、独角戏等也应该得到相应的扶植和发展。

三是教育事业应该获得更大的投入和发展。人们常说："十年树木，百年树人。"杰出人物的产生，不同于一幢建筑物的建成，一两年就可以完工，它有一个长期积累的过程。为什么1780—1820年的德国会涌现出一大批伟大人物，如康德、歌德、席勒、费希特、谢林、黑格尔、叔本华等，正是长期以来人文主义教育形成的潜移默化的影响。要把人文教育落到实处，就要深入地批判"重理轻文"的传统观念，充分认识人文社会科学在现代化建设、社会秩序的重建和人的灵魂的塑造方面的重大意义，在科学精神和人文精神之间建立必要的张力。

四是观念层面上法权人格意识和道德实践意识的普遍确立，用通俗的话来说，就是市民精神文化素养的普遍提升。

五是富有自己特色的城市精神的形成和市民的普遍认同。

即将来临的世博会是一个重要契机。我们要抓住这个机遇，使上海走向世界，成为东南亚乃至国际上的经济中心、金融中心和文化中心。而今后上海文化和城市精神的建设应该更注重走内涵发展的道路，全面提升上海的人文精神和市民的文化素养，使之成为国际舞台上的一颗灿烂的明星。

文艺散论

　　只要我们回顾一下历史的话，就会发现，我国的文学艺术一直处在"文以载道"的传统观念的笼罩下。与市场经济相适应的生活方式兴起后，文学艺术的休闲性和娱乐性上升为重要的原则，从而对"文以载道"的宏大叙事构成了挑战。这一挑战不仅指向宏大叙事的形式方面，也指向它的内容方面，即要求文学家和艺术家对传统的"道"的理念获得新的认识。

　　然而，文学家和艺术家在回应这种挑战时，却不应该走向另一个极端，即干脆把"文以载道"的整个思想方式像洗澡水一样泼掉了。全部困难在于，应该在文学艺术求"道"的思想方式和休闲性、娱乐性的思想方式之间建立必要的张力。

新世纪呼唤人文精神

　　也许是我们过早地启动了对 21 世纪的期

望，所以新世纪反而姗姗来迟了。当然，这未尝不是一件好事，因为它使我们获得了更多的时间去反思我们和新世纪的关系。

每一个不存偏见的人都会发现，在 20 世纪，科学技术获得了突破性的进展，以致以往人类的许多幻想都已化为现实。知识经济、人工智能、航空航天、试管婴儿、克隆、基因工程、人体器官移植、核武器、安乐死、互联网等技术的发展，对传统的人文观念，尤其是伦理观念提出了严重的挑战。举例来说，互联网的迅速普及使越来越多的人成了坐在终端机前的"网虫"，"上网"意味着在虚拟的世界里与其他"网虫"互相交流。这不禁使我们联想起德国哲学家莱布尼茨在三个多世纪前提出的著名的"单子说"。按照他的学说，宇宙是由单子构成的，单子是自身封闭的、没有窗户的，只能借助上帝，通过"先定的和谐"互相进行沟通。如此看来，当代的"网虫"不正是古代"单子"的一个翻版吗？随着传统社会的"面对面的"（face to face）交流方式的衰退，传统的人文精神也面临"落花流水春去也"的命运。事实上，早在 20 世纪 50 年代，德国哲学家海德格尔已经告诫我们，现代技术不再是中性的东西，它所蕴含的计算理性，不仅加速了人对自然的控制，也加速了人的物化，"人已经被连根拔起"①，技术的白昼将把人类带入世界的黑夜之中。

唯有弘扬人文精神，才能遏制科学主义和计算理性的无限蔓延，人才能在技术和物主宰一切的世界里重新恢复自己的尊严、权利和自由。那些把自由等同于科学和技术的人显然犯了与莱布尼茨同样的错误。莱氏曾经说过：如果指北针有意识的话，就会发现，要它固定地指向北方乃是它的自由的表现。另一位德国哲学家黑格尔却以自己的方式纠正了莱氏的观点：如果指北针有意识的话，就会发现，要它固定地指向北方乃是对它自由的一种限制。而按照我们的看法，如果指北针有自我意识的话，一定会对自己的工具性的存在方式表示莫大的愤慨。新世纪呼唤人文精神！

---

① 《海德格尔选集》，下卷，1305 页，上海，上海三联书店，1996。

重视对市民文化的研究

　　一提起中国文化，学者们的注意力大多停留在先秦诸子、两汉经学、魏晋玄学、隋唐佛学、宋明理学、清代汉学上。实际上，在宋元戏曲，特别是明清小说中，一种新的文化精神——市民文化的精神正悄然兴起。

　　根据历史的记载，宋代城市的工商业已经达到相当繁荣的程度，张择端的《清明上河图》便是一个重要的佐证，它再现了北宋都城汴梁（今开封）市民生活的繁荣景象。到明清时代，商业活动更加频繁，南方的城市，如苏州、杭州、松江等地都先后成了贸易的中心，从事商业、手工业的市民队伍不断地发展壮大。脍炙人口的市民小说，如《金瓶梅》"三言""二拍"《儒林外史》等作品，都从不同的侧面反映出市民阶层的生活和追求。

　　无疑地，在中国传统文化中，这种应运而生的市民文化乃是新兴的、进步的精神力量的代表。然而，新兴的市民阶层的发展并不是一帆风顺的，而是在贵族权臣、恶霸地痞的压榨和盘剥下，通过自己的抗争而逐步壮大起来的。因而蕴含在市民文化中的基本倾向乃是对个性的独立和自由、个性之间的平等、社会公正的思索和追求。记得毛泽东在读《聊斋志异》中的《小谢篇》时曾这样写道："一篇好文章，反映了个性解放的强烈要求。人与人的关系应是民主的和平等的。"① 不久前放映的、以反映市民生活为主旨的电视连续剧《上海一家人》之所以引起人们的普遍的兴趣，正表明市民文化的研究是大有前景的。

　　我们认为，中国传统文化的研究之所以形成千人一面、千篇一律的单调的局面，就是因为以往的研究老是在传统思维的旧靴子里打转，没有引入新的视角来观察问题的必然结果。我们深信，通过对宋元以来的

---

　　① 龚育之等：《毛泽东的读书生活》，203 页，北京，生活·读书·新知三联书店，1986。

市民文化的深入研究，中国传统文化的思想资源必将以新的面貌出现在我们的面前。

文明的内在张力

近年来，在内地城市的居民中，边地旅游和边地文化悄然兴起，吸引了越来越多的人参与，从而形成了一道独特的风景线。人们或者赴西藏、新疆，去领略藏族、维吾尔族人的原始粗犷的生活方式和淳朴厚重的民风；或者游云南丽江、香格里拉，去探寻古镇民俗的遗韵和雪山草原的神秘；或者北上哈尔滨，去追忆莽莽雪原的洁白和冰雕世界的魅力；或者南下海口、深圳，去体悟南国风情的娇媚和茫茫大海的苍凉。

在这里，我们感兴趣的问题是：为什么边地旅游和边地文化突然受到了人们的青睐？有人以为，提出这样的问题是毫无意义的，因为既然城里人的腰包鼓起来了，又有余暇，自然会在好奇心的驱使下到从未去过的边地去看看。何况，近年来边地经济的发展和旅游资源的开发也为这种好奇心的满足创造了条件。所以，边地旅游和边地文化的兴起是最平常不过的事情，没有必要大惊小怪。这种见解对于那些缺乏想象力、喜欢就事论事地看问题的人来说，是最合适不过的了，但对于我们这些精神世界的探索者来说，总觉得它过于肤浅，没有搔到痒处。也有人以为，城里人长久地居住在现代化的衍生物——"水泥森林"之中，生命和感受都失去了灵性，对边地旅游和文化的兴趣乃是他们的"后现代情结"的一种显露。或许可以说，喜欢使用大字眼是人类最可原谅的瑕疵，然而，对于现代化才刚刚起步的当代中国社会来说，"后现代"云云，未免过于矫情、过于离谱！

按照我们的浅见，边地旅游和边地文化的兴起，乃是中国古代文明展现的新的生机，乃是人们精神世界的一种新的攀升。众所周知，随着科学技术的迅猛发展，人们的精神世界日益被逼向计算理性的角落。在这里，利益、计算、算计、效率统治着一切，生命、激情、想象和灵感统统都被边缘化了，人们成了一部部走动着的科学技术的词典！正是边地旅游与充满人情味的边地文化重新激活了那些边缘性的东西，使人们看到了自己的精神世界的畸形和苍白。在这个意义上或许可以说，边地旅游和边地文化乃是当代文化精神上真正的解毒剂。同样地，一种伟大的文明要不枯萎下去，也得保持自己的内在张力，即科学精神和人文精神之间的张力。由此观之，边地旅游和边地文化的兴起并不是偶然的，乃是中国文明在当前的发展情景中的一种不自觉的自我校正！

艺术家与悟道

一般说来，艺术家对生活的观察是比较细致的，他们在审美感受方面也是比较敏感的。在艺术家创造的作品中，我们常常能窥见生活世界的某一个侧面，然而，堪称传世之作的艺术品和一般的艺术品之间的差异是如此之大，这促使我们提出这样一个问题：在艺术家的个人素质中，究竟是哪种因素决定着他能否创造出伟大的艺术作品来？

在我看来，这种意识就是艺术家的悟道意识。艺术家常担心抽象的、富于哲理的思维会损害他的作品的感染力乃至风格。确实，当一个艺术家沉湎于一种陈腐的哲学观念时，这种情形是可能会出现的。可是，艺术家不应当忘记，健康的哲学思维，尤其是准确的悟道意识，乃是使他的作品走向伟大和不朽的必要的阶梯。所谓"悟道"，乃是艺术家对自己所生活的时代的历史本质的领悟；所谓"时代的历史本质"乃是指该时代的生活和精神发展的客观趋向。

事实上，只有当艺术家处在准确悟道的出神状态（柏拉图称之为"灵感"）时，他才能从万花筒般的生活世界中抉择出重大的题材，并通过一定的形式创造出艺术作品来。贝克特的荒诞剧《等待戈多》和毕加索的绘画《格尔尼卡》或许是这方面的最好的说明。黑格尔认为，艺术作品愈是伟大，就愈能体现出对理性的"康庄大道"的领悟，而"艺术家越是不高明，我们就愈看到他自己，他的特异性和任性"①。海德格尔在分析梵·高的作品《农鞋》时指出，伟大的艺术作品的创作同时也是对存在的真理的把捉和展示。英伽登则告诉我们，伟大的艺术作品都蕴含着某种"形而上学的性质"。所有这些见解都表明了艺术家悟道的重要性和必要性。

艺术家一旦缺乏悟道的意识，他和他的作品犹如漂游的浮萍，处在无根基状态中。在某种意义上，艺术作品好比一条船，只有当它的锚链足够长时，它抛下的锚才能抓住大海的底部，从而使它在艺术发展史上获得一个永久性的位置。如果锚链太短，抛下去的锚只是悬在水中的话，只消风一吹，就会发生水手们称之为"走锚"的现象，轻则使这条船漂向大海，重则使其触礁沉没。也就是说，昙花一现乃是无根基的艺术品的必然命运。当前，中国社会正处在急剧转型的过程中，这一过程通过生活世界的无限丰富性展现出来。艺术家不应当以创作的繁忙为借口逃避思想，相反，应当多思而少创作，多悟道而少求利，从而创作出真正无愧于这一时代的伟大艺术作品来。

---

① 黑格尔：《法哲学原理》，27页，北京，商务印书馆，1979。

学术与批评

告别"自说自话"的时代①

每个有识之士都会发现，当代中国社会正由高度集权的、封闭的计划经济社会向自由选择的、开放的社会转型。这一社会转型蕴含着千百年来从未有过的社会大变动，它不仅引起了社会物质生活的巨大变化，也引起了社会精神生活，包括我们这里要重点讨论的人文社会科学学术研究活动的巨大变化。下面，我们主要从三个方面出发来考察转型时期学术研究方式的嬗变。

学术场景：从封闭到开放

不知不觉间，我们赖以开展学术研究活动的场景已经发生了巨大的变化。在转型前，我

---

① 本文原来的标题是"告别'自说自话'的时代：社会转型与学术研究方式的嬗变"，载《探索与争鸣》，2005（11）。

们的学术研究活动大致上可以用"自说自话"这个词组来表达。之所以出现这样的现象，是因为当时的社会基本上处于封闭的状态下，因而其学术活动也是在交流者和对话者缺席的背景下展开的。既然这种学术研究活动是在没有交流者和对话者的情形下进行的，因而它不是"自说自话"又是什么呢？

也许有人会驳斥说：转型前的中国社会不也发生了多次重大的学术讨论活动了吗？是的，我们并不否认这种现象的存在，然而，只要我们不停留于现象的表面，而是深入它的本质中去加以思考的话，就会发现，这种封闭状态中的对话或讨论并不是真正的对话或讨论，而是"虚假的对话或讨论"，因为这样的对话或讨论只具有意识形态上的、情绪化的意义，并没有真正的学术上的含量。事实上，今天，当我们回首并检视以往发生过的、所谓"学术争论"的时候，我们看到的是什么呢？只是一堆意识形态化的、缺乏思考痕迹的语词，而这些语词绝不可能引导我们走向庄严的学术殿堂。

也许另有人会驳斥说：转型前的中国社会与其他的社会主义社会，如苏联，不是有过许多学术交流，甚至学术上的争论吗？难道这样的争论也只是"自说自话"吗？我们的回答是肯定的。因为当时的整个社会主义阵营都处于封闭的状态下，正是这一大背景决定了生活并思考于这一大背景中的人们不能以任何真正学术的方式思索并解决任何问题。换言之，即使是社会主义国家之间进行交流或争论，这样的交流或争论仍然是意识形态性的、情绪化的，而非学术性的。

学术研究的历史和实践一再表明，真理是在争论中确立的，历史的事实是在矛盾的清理中被陈述出来的。真正的学术活动只能奠基于开放的、自由的、平等的对话或讨论之上。也就是说，在缺乏这样场景的地方，是不可能有真正的学术研究活动的。实际上，正是在社会转型的过程中，以往学术研究中的"自说自话"的封闭状态被"平等对话"的开放状态所取代。所谓"平等的对话"就是不但自己言说，也在国际学术交流的背景下充分地倾听他人言说。这种倾听和对话永远是平等的、开放的、自由的，它对过程的尊重甚至多于对结论的尊重。

当然，我们也应该清醒地看到，当前中国的学术界在某些领域乃至某些问题上并未完全走出"自说自话"的状态。经常见到大众传媒的所谓"零的突破""填补空白""达到世界先进水平""处于世界领先地位"等表达方式，大部分都是开放状态下的"自说自话"的产物。然而，真正的学术研究活动会向每个研究者提出如下的要求。

第一，必须学会倾听，即先倾听前人和同时代人的言说。既听明白他们言说的本质和长处，也听明白他们言说的失误与问题，然后才出来言说。这样的言说才可能是有学术基础的、有创新意识的。

第二，必须抛弃"自说自话"的治学态度，把自己的言说奠基在充分开放的、自由的、平等的对话或讨论之上。对话或讨论不是学术研究的外在形式，而是其内在的生命。

在这个意义上可以说，在社会转型的过程中，一个理想型的学术研究场景也正在形成的过程中，而中国学术必须彻底告别这种"自说自话"的封闭状态，在开放的、平等的讨论的基础上重新启动自己的学术思维，并取得真正的、原创性的成果。

学术观念：从一尊到多元

与社会转型同步的是，人们的学术观念也正在经历巨大的变化。对于转型前的中国社会，完全可以说，其整个思想学术是定于一尊的。所谓"定于一尊"，也就是在思想学术上确立唯一的、最高的判别标准。比如，在哲学观念上，人们过去习惯于把"唯物主义＋政治进步"与"唯心主义＋政治反动"尖锐地对立起来，作为判断一切学术是非的最高标准。其实，这种把思想学术定于一尊的做法根本上是站不住脚的。

首先，在唯物主义与政治进步、唯心主义与政治反动之间并不存在必然的联系。思想史的研究启示我们，有些学者信奉唯物主义学说，但其政治倾向却是保守的，乃至反动的；也有些学者信奉唯心主义学说，但其政治倾向却是进步的乃至革命的。这就启示我们，实际生活远比思想学术上的简单划界要复杂得多。

其次，在思想学术史上，不少历史人物观念的演化是比较复杂的。有些人一生经历过几个不同的发展阶段：在有些阶段上，他们的思想学术呈现出唯物主义的特征；在另一些阶段上，他们的思想学术又显露出唯物主义的特征。同样地，他们的政治倾向也可能随客观政治形势的变化而发生变化。一旦出现这种错综复杂的局面，任何简单的、定于一尊式的判断都是无效的。

比如，马克思曾经指出，霍布斯的唯物主义学说由于具有机械性的特征，因而变得敌视人了。相反，费尔巴哈的唯物主义学说则具有人本主义的倾向。也就是说，从一种哲学观念如何对待人的角度来看，并不是所有的唯物主义学说都值得人们肯定。同样地，唯心主义学说也不是可以简单地加以否定的。相反，人们对思想学术史的研究越深入，就越会发现，唯心主义学说的重要贡献是充分肯定并弘扬了人的主观能动性。

在转型社会中，这种试图把整个社会的思想学术定于一尊的观念已成为明日黄花。众所周知，在任何文明及文明发展的任何历史阶段上，学术发展和繁荣的前提都是思想自由。换言之，只有当人们可以自由地选择或坚持不同观念的时候，学术讨论和对话才能得到充分的展开，从而学术研究活动才能真正地发展和繁荣起来。在这个意义上可以说，学术观念存在的方式本来就是多元的。打个比方，学术观念就像水果，它表现为各种不同的存在样态——苹果、橘子、梨、甘蔗、葡萄等。如果有人异想天开地试图把水果的味道定格在苹果上，否认水果还有任何其他的存在样态，这样的想法一定是很滑稽的。同样地，把思想学术定于一尊的想法也是很可笑的。

尽管如此，我们发现，在现实生活中仍然存在着一种顽强的思想惯性，即有些人一见到多元的观念中夹杂着某些不健康的观念，就又开始"追恋埃及的肉锅"，试图退回到过去的、定于一尊的学术老路上去。诚然，我们也同意，应该对不健康的思想学术观念进行批判和遏制，但这并不等于说，在学术研究活动中，我们必须选择那种定于一尊的传统的思维模式。实际上，在转型社会中，多元性已经成为一个不争的事实，当今，人们在思想学术上的任何追求都应该自觉地奠基于这种多元性，而不是把自己与这种多元性对立起来。退回到文化专制主义中去是没有出路的。

学术方法：从简单到复杂

每一个不存偏见的人都会发现，在社会转型的过程中，学术研究方法也正在发生深刻的变化。以前，人们习惯于从辩证法与形而上学思维方法（即独立的、静止的、非此即彼的思维方法）的对立出发去理解方法，因而把辩证法理解为唯一正确的学术研究方法。

显然，把辩证法理解为唯一正确的学术研究方法，无疑是对整个方法论思想的简单化和庸俗化。其实，只要我们怀着开放的心态去理解并选择方法，就会发现，学术方法同学术观念一样是多元的。易言之，多元性构成方法论思想的灵魂。比如，在当代人文社会科学的研究中，存在着各种不同的方法，如现象学方法、结构主义方法、解构主义方法、诠释学方法、分析哲学方法、精神分析方法、发生学方法等。就是在辩证法研究的范围内，也存在着以前很少为我们所关注的各种不同的表现形式，如"具体的辩证法""启蒙的辩证法""人类学的辩证法""科学的辩证法""否定的辩证法"等。

在社会转型的过程中，学术研究的方法之所以会发生深刻的变化，主要是由以下两方面的原因造成的。一方面，社会转型意味着不同阶层利益关系的重新调整。在这样的调整过程中，社会生活的复杂性、社会矛盾的尖锐性都会一波接一波地涌现出来，从而使任何现实问题都变得扑朔迷离，真所谓"牵一发而动全身"。现实生活的复杂性使我们在观察、思索、解决任何实际问题时，也必须运用相应的复杂的方法，否则，就会顾此失彼，不但解决不好实际问题，甚至还可能使原来的问题变得更为错综复杂。另一方面，在改革开放和社会转型的过程中，人们的视野普遍地被拓宽了，他们越来越意识到，完全可以通过不同的视角去观察、思索和解决同一个问题。事实上，当人们把奠基于不同视角基础上的方法综合起来时，常常能够对复杂的现实问题做出更为合理的处置，对艰深的理论问题做出更为全面的探讨。

当然，强调方法上的复杂性和多元性，并不意味着我们对辩证法采取简单排斥的态度。相反，在一定的研究范围内，辩证法仍然具有某种不可替代的作用。但问题的关键在于：一是要坚持从生存论本体论的角度去理解并确定辩证法的载体，历史和实践一再证明，与生存论本体论意义上的载体相分离，辩证法只能遁入黑格尔式的概念辩证法的老路，从而导致诡辩；二是形式逻辑奠基于事物的质的相对稳定性，因而永远有其存在的理由，试图以辩证法去取消形式逻辑的做法是站不住脚的，这样做也只能导致相对主义和诡辩的蔓延。

总之，我们可以预言，通过社会转型的"炼狱"，整个中国学术研究的场景、观念、方法、内涵和主题都将发生巨大的变化。

批评的变质与重建[①]

如果说"文化大革命"中的批评过于"实质化",即动辄上纲上线,欲置批评对象于死地而后快,那么当今的批评则滑向另一个极端,即过于"形式化"了,以至于对批评对象缺乏真正搔到痒处的评论。简言之,过去的批评是失之太重,当今的批评却又失之过轻。事实上,当今的批评已经蜕化为一个空的胡桃壳。除了词典中还有"批评"这个词以外,批评本身已经荡然无存了,而这种批评的虚化正是通过批评的变质表现出来的。批评的变质主要表现在以下四个方面。

一是批评的商业化。这里所谓"商业化"指的是把商业上的需要理解为批评的根本出发点。一方面,作者和出版社对写作课题的确定主要基于对商业利润的考虑,而商业利润一旦

---

① 本文载《解放日报》,2001-02-04。

成为作品诞生的动因，作者和出版社的批评意识也就变质了。另一方面，我们也看到，有些报刊的编辑部不惜以高价征求批评文章。它们的动机或许是好的，但却忽视了问题的最重要的方面，即如果一个批评者以获得高稿酬作为自己从事批评的动因，那么他究竟是在追求真理，还是在追求金钱？

二是批评的媚俗化。这里所谓"媚俗化"是指批评失去了自己应有的目标，蜕变为一种无原则的恭维。一方面，作者在动笔之前，总是自觉地或不自觉地把"迎合群众的需要"作为自己写作的第一原则。这个原则本身就是非批评的、媚俗的，因为作者在写作之前，已把自己的鉴赏力贬低到一般群众的水准上。如果群众喜爱色情和暴力，他就去表现色情和暴力吗？另一方面，作者一旦完成了自己的作品，马上就会请熟悉的评论家，或通过自己的关系请稍有名气的学者给自己写书评。显然，这样的批评并不是批评者自觉自愿地撰写出来的，而是以直接的或间接的人情关系为媒介的。所以，批评者在开始自己的批评之前，已经披上了媚俗主义的长袍。除了恭维，他还能做什么呢？如果他指出了批评对象细节上的一些缺陷，那么这并不表示他多么公正地履行了批评的义务，而只是为了表明他的恭维是多么真诚！

三是批评的攀附化。这里所谓"攀附化"指的是批评者以批评名人为名，行攀附名人之实。应当指出，并不是所有向名人挑战的人都在攀附名人，但是我们不无遗憾地发现，有一些王蒙先生称之为"黑马"的批评者，专挑名人的"刺"，专找名人进行"商榷"。由于名人已经进入历史，变为不朽，所以批评者也想借此而进入不朽者的行列。也就是说，这种黑马式的批评者之所以诉诸对名人的批评，不是为了追求真理，而是为了进入不朽。然而，他们至多只能成为海涅所嘲讽的、被封闭在琥珀中的可怜的昆虫而已。

四是批评的模糊化。这里所谓的"模糊化"是指批评者和批评对象都处在不清晰的状态下。一方面，批评者常常采用笔名进行写作，而他的笔名又是经常变换，缺乏任何确定性的。这样一来，读者如果想知道究竟哪个人是批评者，他就不得不到十三亿中国人中间去寻找，而这简直是对不可能的挑战。另一方面，批评对象也往往是不清晰的，因为批评者擅长用不定冠词和不定代词，如"某一本书""某一位作者""一些论著""有些作者"等。除非你是猜谜的行家，否则你就永远不会知道，批评者所批评的对象是什么。这种模糊化的批评简直是测试读者智商的最佳考题。

综上所述，批评的变质和虚化必然导致学术文化的整体衰落。然而，富有讽刺意义的是，人们居然还在兴致勃勃地讨论当代中国文学作品能不能获诺贝尔奖的问题。试问，没有像尼采、鲁迅、别林斯基、赫尔岑、车尔尼雪夫斯基这样伟大的批评家，会有群众鉴赏力的普遍提升和民族文化的空前繁荣吗？事实上，学术文化界的当务之急是重建真正的批评，再也不能在那些无谓的争论中消磨时间了。真正的批评追求的是真理，注重的是学理，它决不沾染任何形式的媚俗主义，决不降低自己的标准去迎合群众中的不健康的文化心态。它独立不倚，卓然孤出，以自己丰厚的学术底蕴和深刻的思想洞见确立起自己的权威，并维系一个民族的伟大的精神价值于不坠。

学术领域里的"平均主义"倾向[①]

不久前，一位杂志社的朋友在闲聊时说起，目前国内不少学术刊物，尤其是质量较高的学术刊物，几乎都有一个不成文的规定，即同一位作者一年之内只能在同一个刊物上发表一篇学术论文。我们不妨把这样的规定称之为"四个一规定"。据说这样做也是出于无奈，目的是杜绝作者利用编辑部的人际关系多发文章。显然，这个不成文的规定是针对某些作者和编辑部人员的弱点而制定出来的。然而，为了迁就这些人的弱点，人们就应该牺牲那些优秀学术论文发表的空间吗？

乍看起来，这个不成文的规定是十分公正的，无论是谁，不管他的学术研究和表达能力有多么强，他一年之中只能在同一个刊物上发

[①] 本文原来的标题是"学术平均主义有失公正"，载《解放日报》，2003-10-28；《文摘报》，2003-11-02（第 2103 期）摘要转载。

表一篇学术论文，真可谓"规定面前人人平等了"，然而，细细一想，又觉得这样的规定实质上是不公正的，因为它约束的仅仅是学术研究中的强者，而它保护的又是学术研究中的弱者。换言之，它不过是以改头换面的方式在学术研究领域中倡导平均主义而已。试问，如果某个学术刊物面对的是像鲁迅、胡适、冯友兰这样优秀而多产的作者，它该怎么办呢？是固执地实施"四个一规定"，把这些作者的优秀学术论文拒之门外，还是打破这一规定，为他们提供更多的学术论文发表的空间？显而易见，在笔者看来，一篇学术论文能否被一家学术刊物发表，似乎只有一个标准，即它的质量如何，尤其是它是否具有原创性的品格。除此之外，恐怕不应该有第二个标准。否则，学术刊物就失去了自己的本质，蜕变为人际关系的平衡杆了。

一谈起"平均主义"这个词，大家总以为涉及的无非经济领域，尤其是分配领域中的问题。其实不然。平均主义这个词还有很多其他的含义。我们上面提到的"四个一规定"恐怕只是学术研究领域里平均主义的一种表现形态，实际上，平均主义的倾向在学术研究的领域里还有各种各样其他的表现方式。比如，在学术课题评审的过程中，评委们一旦了解到，某个申请者已经获得了其他的课题经费，往往不顾他申请的这一个课题的质量如何，而千方百计地把它"平衡掉"；又如在学术成果的评奖过程中，评审者们总是在不同的单位之间搞平衡。有的单位出了一批质量优秀的论著，但评委们总会以种种借口平衡掉其中的一部分。反之，另一个单位申报的学术成果质量都很差，但评委们也会"矮子里拔长子"，煞费苦心地搞上去几个；再如在学术职称的评审中，如果某个被评审的对象刚出过国，大家就会觉得，好处不能让一个人全占了，因而倾向于把他拉掉，让别的对象先上去。总之，随处可见的是以平均主义为宗旨的平衡术，而不是学术上的良知和公正！

其实，道理很简单。既然人们的学术才华是参差不齐的，是不平的，用平均主义的方式去对待他们，反而只会助长学术上的不平等或不公正。因此，笔者认为，只有坚持学术论文的质量这个唯一的标准，为学术上的能者提供更多的学术空间，才是在真正的意义上倡导学术的公正。

学术上的推进，还是学术上的应景^①

我们这个时代在学术上的一个重要的特征是形式和内容的分离。从形式上看，近年来，新的学术刊物、学术论著和译著、学术研究上的新人不断地涌现出来，学术研究的经费也在不断地递增，很容易使人们产生"学术繁荣"的印象。然而，从内容上看，学术界的相当一部分研究成果仍然停留在"低水平重复"的水平上；学者们甚至不得不花相当一部分精力去防范"剽窃"这种低级错误，去批评"学术腐败"的种种表现形式。

笔者认为，判断学术研究的现状是否"繁荣"，关键在于，新发表的学术论著是否对前人和同时代人的研究结论做出了实质性的推进。我们这里说的"学术上的推进"主要包括两方面的含义：一是就前人和同时代人已经做出的

① 本文载《学术界》，2003（3）。

学术成果，提出新观点、新方法（或新的视角，或新的论证方法）和新论据；二是在前人和同时代人研究的基础上，开拓出新的研究领域，提出新的问题和解决问题的思路、方法和结论。总之，"学术上的推进"乃是对前人和同时代人的研究成果的实质性的推进，而绝不是对他们的见解的低水平的重复。当然，这种"推进"并不是胡乱的想象和猜测，而应该有充分的理据。

遗憾的是，当我们以"学术上的推进"作为标准去考量当前到处泛滥的所谓"学术成果"时，几乎可以说，绝大部分的"成果"不但对自己所研究的领域和问题缺乏实质性的推进，缺乏哪怕是细节上的创新的意识，而且因为不少研究者本着一种"前无古人"，即完全蔑视前人和同时代人的有价值的研究结论的方式来研究问题，所以他们的研究"成果"往往是在原地踏步，甚至是一种倒退。黑格尔在《小逻辑》一书中就批评过那种当时普遍地存在于德国学术界的错误倾向。他在论述康德哲学的主要贡献时，这样写道："现今我们已经超出康德哲学，每个人都想推进他的哲学。但所谓推进却有两层意义，即向前走或向后走。我们现时许多哲学上的努力，从批判哲学的观点看来，其实除了退回到旧形而上学的窠臼外，并无别的，只不过是照各人的自然倾向，往前作无批判的思考而已。"① 在黑格尔看来，当时德国的许多康德的研究者自以为在"推进"康德哲学，实际上，在他们的非批判的、自然倾向的引导下，却倒退到"旧形而上学的窠臼"中去了。

为什么在学术研究中会出现内容与形式严重分离的现象？为什么研究者自己对"学术上的推进"的憧憬往往变形为"学术上的原地踏步"，甚至"学术上的倒退"？笔者认为，这种现象当然是由各种各样的原因引起的，如果限于学术研究的动机上的分析，我们或许可以说，这种现象

① 黑格尔：《小逻辑》，118～119 页，北京，商务印书馆，1980。

乃是"学术上的应景"导致的必然的结果。

什么是"学术上的应景"呢？我们这里的意思是：一种学术研究，凡不是出于弄清问题、追求真理的动机，而是由各种各样的非学术的情景所引发的，就可以称作是"学术上的应景"或"应景式的学术研究"。这里的所谓"景"，既可以理解为研究者出于对自己通过学位或职称评定方面的考虑；也可以理解为一些已经成名的学者对编辑部稿约的回应等。其实，编辑部的稿约乃是对已经成名的学者的尊重，但如果有的学者随随便便地进行回应，甚至不对自己所撰写的问题进行深入的研究，满足于发一些人所共知的、常识性的议论的话，那么他们失去的东西就可能多于获得的东西，甚至有可能把自己钉上耻辱柱，任自己的牧师如何祷告也无法解脱下来。

不用说，真正的学术研究是和真正的研究动机——弄清问题、追求真理相匹配的。我们并不是说非学术的动机是不许可的，事实上，任何研究者都不可能完全撇开这些因素，但在学术研究的过程中，这些因素应该处在寂静的、边缘化的状态下。一旦这些因素上升为学术研究的第一动机，而真正的研究动机倒被边缘化了，这样一来，学术研究的"成果"也就会变质，即它们不过是统计表上新增加的数字，虽然它们可以使研究者获得更高的学位和职称，但却不能提升学术活动和学术成果的水准。换言之，这样的"成果"只可能是非学术性的，而不可能是学术性的。它们不过是徒有学术研究的外表而已！

写到这里，我不禁想起了海德格尔在《关于人道主义的书信》中写下的那段话："现在是人们切忌把哲学估计过高因而对哲学要求过高的时候了。在现在的世界灾难中必需的是：少谈些哲学，多注意去思；少写些文章，多保护文字。"[1] 或许可以说，作为一个研究者，他的职业道德中至少应该包含这样一条，即当他撰写任何学术论著之前，他

---

[1] 《海德格尔选集》，上卷，405 页，上海，上海三联书店，1996。

应该先行地反省一下，他的论著是否对学术研究中的某些或某个问题提供了实质性的推进。如果回答是否定性的，那他就应该自觉地中止自己的撰写活动，以便读者有可能继续保持对学术的最低限度的尊重和兴趣。

总之，需要的是"学术上的推进"，而不是"学术上的应景"！

学术论著如何提升自己的质量^①

　　强调学术论著要提升自己的质量，这个说法本身已蕴含着一个前提，即承认目前出版的大部分学术论著质量较低，甚至根本没有质量。那么，一部（篇）学术论著质量高低的判据是什么呢？在我看来，真正的判据只有一个，即它有否提出新的学术见解。假如它在学术上只是前人或同时代人研究成果的低水平重复，那么它不但没有学术质量，甚至也不符合学术规范。学术研究的灵魂是创新，唯有创新才能确保学术论著的质量。当然，我们这里说的"创新"并不是向壁虚构，创新必须有充分的依据。问题的关键在于，如何使学术论著既具有创新的观念，又具有充分的理据？我认为，学术论著要达到这样的要求，作为研究主体的学者必须做到以下三点。

---

① 本文载《文汇读书周报》，2008-12-12。

首先，要熟悉自己所探讨的问题的"研究前史"。一般说来，学术论著总是以某个问题作为自己的研究对象的。只要这个学者不是首次对这个问题进行研究，那么在他动手研究这个问题以前，它必定已有研究前史，即已有前人或同时代人对这个问题进行了研究。在这样的情况下，后来的研究者就必须对已有的研究成果有充分的了解。有的研究者不认真探讨问题的研究前史，就夸耀自己提出了新观点。其实，"新"是相对于"旧"而言的。假如一个研究者不了解关于这个问题的旧观点是什么，他又怎么能够判定，他现在提出的观点是新的呢？由此可见，只有认真地阅读前人和同时代人在这个问题的研究上已经提出过的旧观点，后来的研究者才可能提出与他们不同的新观点。要言之，创新研究的前提是熟悉自己所探讨的问题的研究前史。假如没有这个前提，创新就是一句空话。

其次，创新是极其艰苦的思维劳作。研究者不但要对自己的研究所涉及的问题和材料有一个去伪存真、去粗取精、由表及里、由浅入深的探索过程，也要对前人和同时代人留下的代表性的成果做出批判性的考察。这两方面的批判性考察的结果会显示，研究者究竟能否提出与前人或同时代人的旧见解不同的新见解。如果前人或同时代所持有的某种见解大致上是合理的，那么后来的研究者能做的工作或许就是认同这一见解，但在论证方法或论据上提供新的、补充性的材料。从逻辑可能性上来分析，研究性论著的创新主要表现在以下三个方面：观点创新、论证方法创新、为旧观点提供新论据。事实上，研究者对自己的研究成果有否价值也很容易做出判断，即在上述三个方面有否提供新的东西？如果没有，那就是低水平的重复。正如所罗门国王所说的："太阳底下无新事。"

最后，即使一个研究者在对某个问题的探索上形成了自己的新见解，但如何通过论文或著作的形式把自己的新见解明晰地表达出来，使读者理解，仍然是一个容易忽略的环节。比如，有一本书的名字叫《中国人学史》。这个名字就给读者留下了模糊不清的印象，因为它既可以被解读为"中国人（类）学（研究）史"，也可以被解读为"中国人学（习）（历）史"。又如，另一本书的名字叫《我的人生哲学》，而书的封面上又赫然写着："某某自述。"岂不是同义反复？既然是"我的"，当然是"自述"，反过来也一样。只要写"某某著"就可以了。何必画蛇添足！假如一个研究者连自己的书名也写不清楚，读者怎么敢奢望他能把自己的书的内容写清楚。总而言之，认真地对待学术研究这一崇高的事业，或许应该对自己提出如下的要求：决不允许任何无新意的所谓"学术成果"转化为出版物。

学术规范、学术民主与学术自由[①]

近年来，学术界暴露出不少丑闻。一些有识之士纷纷撰文呼吁，建立严格的学术规范，以减少乃至杜绝这类丑闻的发生。毋庸讳言，重视学术规范的建设乃是当代中国学人确立自觉的反省意识的一个重要体现，然而，我们也不无遗憾地发现，在这类呼吁中，游荡着一种错误的、但得到普遍认同的见解，即认为只要真正地发扬学术民主，就能克服学术研究中出现的种种弊端。在这种普遍流行的见解中，学术民主这个概念的内涵和局限性并没有得到深入的反思和检讨；这种见解也忽略了学术民主与学术自由这两个概念之间的重大差别以及它们与学术规范之间的关系。一言以蔽之，与其说单纯的学术民主能够拯救学术研究，不如说

---

① 本文原来的标题是"也谈学术规范、学术民主与学术自由"，载《学术界》，2002（3）。

它将把学术研究推入更痛苦的深渊之中。这听起来有点耸人听闻，但我们在这里展示的正是与学术自由相分离的、单纯的学术民主在逻辑上必然导致的结果。

两种不同的学术规范

正如任何一项游戏要顺利地进行就必须建立相应的游戏规则一样，任何学术活动的展开也必须确立相应的学术规范。如果我们不是站在远处张望一下就发表议论，而是深入地加以考察的话，就会发现，人们的学术活动可以分解为两种不同的类型：一种是"学术研究活动"，如学术研究课题的酝酿和提出、学术研究的具体过程、学术讨论的展开和深入、学术成果的言说、发表或出版等；另一种是"非研究性的学术活动"，如学术课题的申报和评审、学术成果的鉴定和评奖、学术组织的建立和相应的学术领导机构的诞生等。虽然这两类学术活动之间存在着密切的联系，但同时也存在着重大的差别。我们既不能用前一种学术活动去取代后一种学术活动，也不能用后一种学术活动去取代前一种学术活动。事实上，这两种活动总是在总体的学术活动的框架中同时展现出来的。

我们不妨把与前一种学术活动相对应的学术规范称作"学术研究中的学术规范"；而把与后一种学术活动相对应的学术规范称作"非学术研究中的学术规范"。显而易见，在奠基于不同的学术活动之上的这两种学术规范之间，既存在着相互联系和互动关系，也存在着重大的差别。在这里，我们更感兴趣的是它们之间的差别。

不用说，"学术研究中的学术规范"只在严格的"学术研究活动"的范围内发生作用；而"非学术研究中的学术规范"并不适应于严格的"学术研究活动"的范围，它只能在这个范围之外，但又在学术活动的其他领域内发生作用。然而，几乎所有谈论学术规范的人都忽略了这种差别。由于这种忽略，不但关于学术规范的探讨无法向纵深发展，而且学术民主与学术自由之间的差异也无法彰显出来，从而必然导致对学术民主作用的片面的张扬和夸大。

学术民主的含义和范围

什么是学术民主？最简单的说法是：把民主的原则引入学术活动中。但这种简单的说法立即会引起思想上的混乱。在这里，重要的是，在了解什么是学术民主之前，先应该询问：什么是民主？然而，我们一再发现，台风中心是没有风的。也就是说，人们总是习惯于在最需要思索的地方拒绝进行任何思索。实际上，不管我们从哪个视角出发来理解民主这个概念，都会发现，民主蕴含着投票表决和少数服从多数这一核心的、操作性原则。换言之，一旦抽掉这个原则，民主这个术语也就失去了实质性的含义。民主的好处是：在存在着不同意见的情况下，它使决策变得可能；而它的局限性则是：以大多数人的意见为基础的决策也可能是错误的。换言之，真理有时候也可能在少数人的手里。马克思就说过这样的俏皮话："有一个时候曾经命令人们相信地球不是围绕太阳运转，伽利略是不是因此就被驳倒了呢？"①

在把握了民主这一概念的本质含义后，我们再来探讨学术民主这一概念。显然，学术民主的实质也就是把民主的核心原则——投票表决和少数服从多数的原则引入学术活动中。然而，以为学术民主对一切学术活动和学术规范都具有普适性，显然是一种错误。正如我们已经在前面指出过的那样，存在着两种不同类型的学术活动和学术规范。事实上，学术民主并不适合于前一种学术活动和学术规范，亦即并不适合于"学术研究活动"和"学术研究中的学术规范"。道理很简单，因为"学术研究活动"的本质是自由的而不是民主的，也就是说，人们在"学术研究

①《马克思恩格斯全集》，第1卷，43页，北京，人民出版社，1956。

活动"中完全可以坚持自己的观点，即使在这种观点只有少数人赞同的情况下，也没有必要放弃自己的观点而去认同大多数人的观点。一旦人们把学术民主的原则引入"学术研究活动"和"学术研究中的学术规范"中，也就必然会导致多数人观点对少数人观点的霸权和暴力。难道我们已经遗忘了"文化大革命"或其他场合下的学术研究的状况了吗？显然，把学术民主引入"学术研究活动"和"学术研究中的学术规范"中去，必定会导致这种研究活动和研究规范的毁灭。这并不是耸人听闻的说教，而是我们曾经体验过的历史事实。

以上的论述表明，学术民主并不适合于一切学术活动和学术规范，而只适合于"非研究性的学术活动"和"非学术研究中的学术规范"。易言之，只有在需要投票表决和少数服从多数的学术活动中，才需要学术民主。也就是说，只有在我们上面论述到的"非研究性的学术活动"，如学术课题的申报和评审、学术成果的鉴定和评奖、学术组织的建立和相应的学术领导机构的诞生等时，学术民主才找到了自己的用武之地。这就启示我们，用单纯的学术民主，即撇开学术自由的学术民主来指导整个学术活动，必然会导致灾难性的结果。

学术自由的作用和界限

同样地，在探讨学术自由之前，我们也有必要先行地对自由这一概念的本质获得一种准确的理解。众所周知，自由并不是一个人想做什么就可以做什么，自由并不是一个人的任性，自由是以法律①作为基础的。黑格尔在《精神现象学》中论及法国大革命时，就批判过那种不受任何约束的所谓"绝对自由"的观念和行为，强调这样的观念和行为只能导

---

① 当然，为了使问题的讨论简单化，我们假定这里谈论的"法律"是合理的。如果因为法律的不合理而引起人们对法律的批判或行为上的抵制，那就涉及自由和法律之间的更为复杂的关系，而这一关系无法在这篇短文中进行详尽的探讨。

致任何人类的共同体的解体。所以，自由是在法律许可的范围内做自己想做的任何事情。这正是自由概念的实质之所在。自由与民主的区别在于，民主蕴含着表决和服从的原则，但自由并不需要这样的原则，一个人的自由的界限在于不损害他人的自由。

当我们把自由这一概念引入学术活动中去的时候，自由概念的实质也蕴含在学术自由这一概念中。所以，学术自由并不适合于"非研究性的学术活动"和"非学术研究中的学术规范"，因为在这类活动和规范中起作用的是表决和服从，是一个统一性的结果的产生，而表决、服从和统一的结果都是与自由的含义相冲突的。这就告诉我们，学术自由的概念只有在"学术研究活动"和"学术研究中的学术规范"中才是适用的。在这个领域内，人们完全可以保留自己的兴趣、坚持自己的观点，而没有必要去屈从他人的兴趣或服从他人的观点，也没有必要去追求一个总体性的、统一的结论。学术研究乃是一种离散性的状态，也就是说，可以以个人的方式进行研究，也可以以集体的方式进行研究；可以用这种风格或方法进行研究，也可以用那种风格或方法进行研究。这里并没有强求一律的规则。事实上，中国人常说的"百花齐放，百家争鸣"乃是学术研究自由的充分体现。所以，我们在建立"学术研究中的学术规范"时，需要体现的也正是这种学术自由的精神，而不是学术民主的精神。否则，学术规范的建立虽然抵制了抄袭剽窃这类低级的错误，但却可能陷入更大的错误之中。

综上所述，只有把握学术规范、学术民主和学术自由这三个概念的确切含义，并用以指导我们的学术活动，我国的学术活动才会沿着健康的轨道向前发展。

治学态度与学术规范[①]

在某种意义上，我们这个时代类似于曹雪芹笔下的"贾（假）宝玉"时代，甚至可以说是有过之而无不及。弄虚作假的现象是如此之普遍，以致有人开玩笑说："除了字典中的'假'字是真的，其他都是假的。"这当然是一种夸张的说法，但这种说法所蕴含的意思却值得我们深长思之。最令我们担忧的是学术研究中出现的种种虚假的现象。按理讲，学术研究的领域应当是最圣洁的领地，然而，近年来报刊上披露的大量事实使我们确信，这个领地也被严重地污染了。

众所周知，学术研究的无序和学术规范的缺失是由多方面的原因造成的，但从研究者的主观方面来检讨，治学态度的认真与否应该说是一个根本性的因素。研究者究竟把自己的学

[①] 本文原来的标题是"学术领域应该是最圣洁的"，载《文学报》，2000-05-11。

术探讨理解为严肃的、追求真理的活动，还是无聊的游戏，抑或牟取种种利益的捷径，直接决定着他在学术研究中的行为方式，换言之，决定着他对学术规范的遵守与否。

应当坦率地承认，在治学态度上，西方的哲圣为我们树立了难以超越的范本。据说，柏拉图曾经七次修改他的国家学说，这使另一位哲圣——黑格尔感慨不已，以至于他在《逻辑学》的第二版序言中这样写道："在提到柏拉图的著述时，任何在近代从事重新建立一座独立的哲学大厦的人，都可以回忆一下柏拉图七次修改他关于国家的著作的故事。假如回忆本身好像就包含着比较，那么这一比较就只会更加激起这样的愿望，即一本属于现代世界的著作，所要研究的是更深的原理、更难的对象和范围更广的材料，就应该让作者有自由的闲暇作七十七遍的修改才好。"至于柏拉图的学生——亚里士多德，也许我们只要记住他的名言"吾爱吾师，吾更爱真理"就够了。我们不能设想，一个把学术研究理解为追求真理的人，会违背学术上的良心而去弄虚作假。英国哲学家弗兰西斯·培根强调学术研究是一项非常严肃的活动，不能听凭想象力的自由驰骋，而应当给思维的翅膀绑上重物。他是这么说的，也是这么做的。事实上，他自己就是在做冷冻实验（在野外把雪塞进鸡肚子里）时受寒去世的。

在群星璀璨的西方思想家中，马克思的严谨的治学态度和他对学术规范的一丝不苟的坚持是最令人瞩目的。众所周知，马克思几乎用了他一生的大部分时间来研究政治经济学，特别是从事《资本论》的写作。据说，为了撰写《资本论》，他至少阅读了1000多种相关的著作。由于他长年累月地坐在英国图书馆里一个固定的位置上阅读并检索各种资料，以至于在地上磨出了痕迹。马克思治学态度的严谨还表现在以下三点。

第一，他坚决地谴责学术上一切不劳而获的、抄袭的行为。在《资本论》第一版序言的第一个注中，他不无气愤地指出："斐·拉萨尔经济著作中所有一般的理论原理，如关于资本的历史性质、关于生产关系和生产方式之间的联系等等，几乎是逐字地——甚至包括我创造的术语——从我的作品中抄去的，而且没有说明出处……"马克思对拉萨尔的批评很容易使我们联想起恩格斯对杜林的批评。一方面，杜林处处以"一切时代最伟大的天才"自居，把他以前的哲学家，特别是黑格尔说得一无是处；另一方面，他又处处抄袭和模仿黑格尔，他的世界模式论不过是"黑格尔逻辑学的一个肤浅得无以复加的复制品"。针对杜林的这种极不诚实而又极度狂妄自大的治学态度和治学方式，恩格斯在《反杜林论》的结尾处说出了一句名言："无责任能力来自夸大狂。"也许我们可以把恩格斯的这句话移过来赠送给当代学术界那些自视很高，但品行又很低下的所谓"学者"。

第二，马克思虽然对整个西方文化怀有深厚的批判意识，但他充分尊重他的前人和同时代人在学术研究上获得的每一个成就，并在自己的著作中加以引证或说明。马克思在学术研究上的这种诚实的态度深深地感动了恩格斯。马克思逝世后，恩格斯在《资本论》第三版序言中这样写道："最后，我说几句关于马克思的不大为人们所了解的引证方法。在单纯叙述和描写事实的地方，引文（例如，引用英国蓝皮书）自然是作为简单的例证。而在引证其他经济学家的理论观点的地方，情况就不同了。这种引证只是为了确定：一种在发展过程中产生的经济思想，是什么地方、什么时候、什么人第一次明确地提出的。这里考虑的只是，所提到的经济见解在科学史上是有意义的，能够多少恰当地从理论上表现当时的经济状况。"恩格斯告诉我们，马克思在《资本论》和其他经济学著作中所做的一部分引证仅仅是从科学史的意义出发的，而当马克思这样做的时候，也就充分肯定了他的前人和同时代人在学术研究中做出的每一个有价值的贡献。我们知道，恩格斯在治学态度上也是同样认真和严谨的。他反复重申，唯物史观和剩余价值这两大发现都是属于马克思的，在《反杜林论》（1885）的第二版序言中，恩格斯指出："本书所阐述的世界观，绝大部分是由马克思所确立和阐发的，而只有极小的部分是属于我的，所以，我的这部著作如果没有他的同意就不会完成，这在我们相互之间是不言而喻的。"马克思逝世后，恩格斯花了大量的时间去整理《资本论》未完成的手稿，他在《资本论》第三卷序言中这样写道："在我所作的改动或增补已经超出单纯编辑的范围的地方，或在我必须利用马克思提供的实际材料，哪怕尽可能按照马克思的精神而自行得出结论的地方，我都用四角括号括起来，并附上我的姓名的缩写。我加的脚注有时没有用括号；但是，凡是注的末尾有我的姓名的缩写的地方，这个注就全部由我负责。"借用一句话"上帝的事情归上帝，凯撒的事情归凯撒"，这也许正是我们在治学上应取的严谨的态度。治学的大忌是漠视前贤或干脆把他们的学术成就据为己有，仿佛历史就是从自己会思考的那天才开始的。在这个意义上可以说，学术研究中必须遵守的一条基本的规范是：确定自己的研究课题中哪些贡献是由前人或同时代人做出的。不说明这一点，由此而产生的任何"学术成果"在其真实性上都将是十分可疑的。

第三，马克思对自己的学术研究和著述的要求是非常严格的。青年马克思在撰写他的博士论文《德谟克利特的自然哲学和伊壁鸠鲁的自然哲学的差别》前，单单关于伊壁鸠鲁哲学就做了七个笔记，长达150页。他在政治经济学研究和《资本论》写作中的认真态度更是达到了无可挑剔的程度。马克思自己在《资本论》第二版跋中写道："没有人会比我本人更严厉地评论《资本论》的文字上的缺点。"据恩格斯在《资本论》第四版序言中说，马克思的引文的正确性只有一次被人怀疑过。1872年3月7日，德国工厂主联盟的机关刊物《协和》杂志刊登了一篇匿名作者的文章《卡尔·马克思是怎样引证的》。这篇文章粗暴地指责马克思歪曲地引证了格莱斯顿1863年4月16日预算演说中的话，无中生有地增加了"财富和实力这样令人陶醉的增长……完全限于有产阶级"这样一句话。马克思在接到这一期《协和》杂志后马上撰文在《人民国家报》上回答了这个匿名作者。他运用当时的《泰晤士报》关于格莱斯顿演说的报道，证明格莱斯顿在演说中确实说过这句话。这件事情平息后，从英国剑桥大学又传来一些神秘的谣言，说马克思在《资本论》里犯了写作上的大错云云，但无论怎样仔细追究，都得不到任何确实的结果。有趣的是，在二十年后，马克思刚逝世不久，上面提到过的所谓"马克思的引证事件"重又被某些别有用心的人提起，对马克思进行攻击，而这一次出来澄清事实真相的是马克思的女儿爱琳娜。这场风波很快又被平息了，正如恩格斯所说的："其结果是任何人也不敢再怀疑马克思写作上的认真态度了。"

西方大哲的治学风范启示我们，一个研究者是否在学术研究中遵守学术规范，这是任何外在的、强制的力量所无法左右的。归根结底，这是一个研究者自身的良知和治学态度的问题。每一个真正的研究者都应当从自己做起，在自己的学术活动中严格地遵守学术规范，而不要像法国谚语所说的那样：人人都乐于在他人身上主持公道。

学术诚信之我见①

一旦市场经济成为社会生活的导向，每个人的利益和欲望也就被唤醒了。于是，商业动机、理财意识和急功近利的思想方式也就全面地渗透到社会生活（包括学术活动）中。一方面，在市场机制的引导下，学术发展获得了新的生机；另一方面，各种弄虚作假的现象也出现在学术活动中，学术诚信度不断下降，所谓"学术繁荣"成了"表面物理"，实际上，学术正在蜕化为泡沫和垃圾。在这样的情况下，如何恢复学术诚信，我想谈三点看法。

第一动机

在学术活动中，作为行为主体的人会有各

---

① 本文原来的标题是"对学术要有敬畏之心"，载《文汇报》，2009-04-25，为报道"加强学风建设，维护学术诚信"中的一部分内容。

种各样的动机。比如，一个研究人员撰写并出版了一本书，他既想通过它来解决一个长期困扰自己的理论问题，又想为自己的职称晋升创造条件，既想获得一笔可观的稿费，又想在同事面前炫耀自己。在我看来，这些动机都是可以理解的，事实上，只要动机合法，其他人也无权置喙。但要维护学术诚信，就必须把追求真理、弄清问题、确保学术质量作为自己的研究活动的第一动机。也就是说，当不同的动机发生冲突时，必须绝对服从第一动机。又如，一个出版单位，在决定是否出版一本书时，是把确保学术质量、弘扬学术传统作为第一动机，还是把是否能赢利、是否能获奖作为第一动机，同样涉及学术诚信问题。总之，要维护学术诚信，任何行为主体都应该始终把追求真理、确保学术质量作为自己在学术活动中必须坚持的第一动机。

敬畏之心

显然，一个行为主体要始终把追求真理、确保学术质量放在第一位，就必须对学术有敬畏之心。然而，在当前中国学术界，不少人非但对学术毫无敬畏之心，而且把它理解为可以随意加以玩弄的魔方。记得黑格尔曾经说起，人们对鞋匠还有某种敬畏之心，因为要制作一双高品质的、穿着十分舒适的鞋子并非易事，所以没有人敢轻易夸口说他会制鞋。然而，对于哲学，不少人以为自己无须学习就有这方面的天赋。正如黑格尔所说："常有人将哲学这一门学问看得太轻易，他们虽从未致力于哲学，然而他们可以高谈哲学，好像非常内行的样子。"[1] 这些人对哲学是如此，对其他学科也是如此。不用说，只有对学术毫无敬畏之心的人，才会在学术上弄虚作假，粗制滥造。这就需要我们倡导严肃的学术批评，严格区分学术作品的良莠，重新确立起对学术的敬畏之心。

---

① 黑格尔：《小逻辑》，42 页，北京，商务印书馆，1980。

科学资质

在我国理论界，人文社会科学的科学资质长期以来得不到承认。人文社会科学不设院士，就是一个例子。试想，如果连这一点也得不到承认，对这些学科的敬畏之心和学术诚信又如何加以维护呢？其实，人文社会科学的科学资质及其重要意义是显而易见的。比如，十一届三中全会的重要决策——把党的中心工作从"以阶级斗争为纲"转向"以经济建设为中心"，就是人文社会科学范围内的决策，它使中国社会发生了翻天覆地的变化。又如，美国政府聘用的某些经济学家在经济领域，尤其是金融领域里的错误决策（属于社会科学的范围），不但引发了美国的金融海啸，也导致了全球经济上的衰退。事实上，作为执政党，中国共产党正是靠马克思主义打天下的，而马克思主义就是人文社会科学方面的理论。如果我们不承认人文社会科学的科学资质，岂不是在怀疑自己的思想基础吗？应该站在这样的高度上来重新理解认可人文社会科学的科学资质的重要性。一旦这种科学资质确立起来了，人们对学术的敬畏之心和学术诚信也就获得了自己的充分依据。

应该重视学术规范的建设

近年来，一系列有损于学术尊严的现象的发生，使人们越来越清楚地认识到学术规范的重要性。事实上，没有严格的学术规范，也就不可能有真正的学术繁荣。那么，究竟如何加强学术规范的建设呢？我的看法有三点。

第一，应该尊重前人和同时代人的学术研究成果。任何真正的学术研究都不是凭空发生的，而是在前人和同时代人已有的研究成果的基础上展开的。对于任何研究者来说，认识到这一点，至关重要。然而，现在不少人从事研究工作，心态却十分浮躁。他们对前人和同时代人的研究成果往往采取不屑一顾的态度，仿佛人类学术史是从他们学会思考的那一刻开始的。这种自大狂的心态，不禁使我们联想起法国唯物主义哲学家狄德罗对英国唯心主义哲学家贝克莱的嘲讽："在一个发疯的时刻，有感觉的钢琴曾以为自己是世界上存在的唯一的钢琴，宇宙的全部和谐都发生在它的身上。"① 其实，这种"自说自话式的"研究绝不可能形成富有创新意义的成果，而只可能导致低水平的重复。在这个意义上可以说，真正的学术研究的出发点乃是对前人和同时代人的劳动成果的尊重。当然，尊重前人和同时代人的学术研究成果，并不等于谨小慎微，不敢越雷池一步，而是要把自己的思考奠基于坚实的基础上。否则，任何关于"创造"的言谈，都不过是空话而已。

第二，应该尊重学术自身的发展规律。众所周知，尽管学术本身不能完全脱离生活，但学术发展却具有自己的相对独立性。一方面，任何学术史的演化都可以区分出两种不同的状态：一是常态的发展，二是革命性的变动。美国科学哲学家托马斯·柯恩（Thomas Kuhn）曾用"科学革命"这个术语来表达学术史的后一种发展状态。也就是说，学术发展史上的创新或"革命"并不是每时每刻都会发生的。目前学术界十分流行的"不断创新"的口号本身就违反了学术发展的规律。其实，通过革命性的变动形成新的学术规范以后，学术研究会在一个相当长的时段内以稳定的方式向前推进。在这样的时段中，更需要的是"收敛式的思维"。因此，不分场合地谈论创新并不符合学术自身的发展规律。另一方面，任何学术的发展都是以严肃的批评作为前提的。正如马克思所说的，真理是由争论确立的，历史的事实是在矛盾的清理中被陈述出来的。没有真正的批评，也就不会有学术本身的进步。以俄国文学为例。如果没有那些伟大的批评家——如赫尔岑、别林斯基、杜勃留波夫斯和车尔尼雪夫斯基，也就不可能有俄罗斯文学的真正繁荣。然而，在当今中国学术界，匮乏的不正是严肃的学术批评和伟大的批评家吗？事实上，没有严肃认真的批评，思想学术的繁荣是根本不可能的。

第三，应该确立合理的评价观念。目前学术界流行的评价观念至少存在着三个误区：一是在学术评价中，人们把学术论著的数量看得很重。

---

① 《狄德罗哲学选集》，130 页，北京，生活·读书·新知三联书店，1956。

诚然，一定的数量能够反映出作者的努力，但关键仍然在于，这些学术论著究竟是低水平的重复，还是原创性的成果。当然，即使是原创性的成果，也必须言之成理，言之有据。二是在对课题组的评价中，管理者们的心态也普遍处于浮躁的状态下。一个课题立项后，管理者就希望在半年、一年内拿出重大的成果。我把这种心态称之为"自动售货机心态"：人们往自动售货机放进硬币后，就眼巴巴地等着下面的金属槽滚出一卷糖果来。显然，这种心态对学术研究有百弊而无一利。必须认识到，学术研究是十分艰辛的，出有创意的成果也是不容易的，应该有"十年磨一剑"的思想准备。三是学术成果一出版就参加评奖。其实，学术成果出版后，也应有一个接受社会实践检验的过程。事实上，有的成果被炒作得很厉害，但不久，人们发现它竟是从别处抄袭来的。

综上所述，只有高度重视学术规范的建设，才能为我国思想学术的繁荣打下扎实的基础。

如何谈论学术规范①

近年来，我国的学术事业取得了较大的发展。但与此同时，学术界也暴露出不少问题，如学术研究中的宗派主义和话语霸权、学术论著撰写中的抄袭拼凑和自我克隆、学术评审中的人情关系和弄虚作假、学术交流中的形式主义和功利至上等。有些问题是如此之严重，以致人们干脆称之为"学术腐败"。所有这些问题和现象都引起了人们的深切的关注和思考。为了使学术事业沿着健康的轨道向前发展，人们谈论和探讨的焦点自然而然地集中到学术规范的问题上。围绕着这一问题，人们发表了大量的见解，这些见解在一定程度上启发了我们的思绪，但它们基本上还停留在就事论事或个案分析的层面上。在某种意义上可以说，正是这种近视的、经验主义的思维方式阻碍着人们对

---

① 本文原来的标题是"也谈学术规范"，载《文汇报》，2000-08-26。

学术事业和学术规范本质的深入的认识。所以，本文力图从一个更高的思想层面上来重新审视学术规范问题。

"消极地谈"和"积极地谈"

迄今为止，人们关于学术规范的谈论大致上停留在"消极地谈"的层次上。所谓"消极地谈"也就是以被动的、情绪化的、经验主义的方式来谈。在平时，很少有人出来谈学术规范，但当学术界有什么丑事被曝光后，人们便一哄而上，大谈特谈学术规范。我们不能说这些谈论是无意义的，然而与其说它们是积极主动的，还不如说是消极被动的；与其说它们是理智型的，还不如说是情绪化的。有的谈论者只是借此倾泻自己"高尚的义愤"罢了，至于在这种情绪中到底隐藏着多少幸灾乐祸的成分，那就不得而知了。

当然，我们偶尔也会读到一些似乎并不就事论事地谈论学术规范的文章。但细细地体味下去，觉得某些丑事仍然以不在场的方式在场，它们总是在冥冥中制约着谈论者，使他们自然而然地沿着这样的方向进行思考，即人们在从事学术活动时，应该制订出哪些学术规范？或者换一种说法，哪些学术规范是他们必须遵守的？不能说这样的思考是没有价值的，但它把谈论者牢牢地束缚在经验事实的层面上，使他们看不到蕴含在学术事业和学术规范中的更重要的东西。

那么，什么是"积极地谈"呢？所谓"积极地谈"也就是撇开具体的经验事实，以主动的、理性的、应该的方式来谈。一脱离就事论事的经验主义思维方式，我们对学术事业立即获得了完全不同的理解。也就是说，学术事业不是谋生的手段，而是对真理的追求。学者作为学术事业的承担者，他的使命不是不择手段地谋取自己的利益，而是为真理而献身。古希腊哲学家亚里士多德说过："吾爱吾师，吾更爱真理。"这句名言成为历代学者追求真理的伟大的座右铭。德国哲学家费希特在《论学者的使命》的讲座中也指出："我的使命就是论证真理；……我是真理的献身者。"他把追求真理视为学者最高的使命。而德国哲学家叔本华在《作为意志和表象的世界》第二版序中谈到自己所处的沉沦腐败的时代时，也慷慨激昂地写道："完全严肃地说，只有真理是我的北斗星。"我们很难设想，一个真正把追求真理作为自己最高使命的学者会在其学术活动中违反学术规范，去做弄虚作假或其他见不得人的事情。

这就启示我们，在谈论学术规范时，"消极地谈"虽然也是必要的，但"积极地谈"比"消极地谈"更重要。后者只是出于单纯的警戒意识，提醒学者们不要越轨；而前者则体现出学者们对崇高的思想境界的向往和追求，它引导学者们认识自己的伟大使命，从而自觉地在学术活动中遵守各项学术规范。

"形式地谈"和"实质地谈"

在大多数场合下，人们谈论学术规范，满足于"形式地谈"，而不是"实质地谈"。什么是"形式地谈"呢？所谓"形式地谈"也就是注重学术规范条例的制订，注重学术活动外观上的合规范性。比如，强调学术论文必须有关键词、中英文摘要、注释和参考书目；强调学术研究课题的申请必须有推荐者；强调学术成果的评审有一定的程序，特别是当评审涉及评审者本人时，本人应当回避等。平心而论，在讨论学术规范时，"形式地谈"还是必要的。事实上，完全撇开形式、外观和程序，学术规范也就无法存在了。然而，仅仅停留在"形式地谈"的层面上，我们认为也是不行的。

那么，"实质地谈"又是什么意思呢？所谓"实质地谈"也就是在谈论学术规范时，更注重实质性的东西。这里所谓"实质性的东西"有两方面的含义：一是指学术规范中具有根本性意义的原则。比如，学术论著出版前的匿名评审制度、学术论著必须对前人和同时代人在同一课题研究中有代表性的成果做出必要的回应。显而易见，如果我们撇开这两条根本性的原则来谈论学术规范，"王顾左右而言他"，学术规范就完全可能被形式化，成为一个空的胡桃壳。当然，有人也许会反驳说，就连上述两条原则也有可能在某些情况下被形式化。诚然，我们也承认这种可能性的存在，正如黑格尔在《小逻辑》第121节中所说的："在我们这富于抽象反思和合理化的论辩的时代，假如一个人不能对于任何事物，即使最坏或最无理的事物说出一些好的理由，那么真可说他的教养还不够高明。"但无论如何，是否明确地把这两条原则写进学术规范，仍然是一个实质性的问题。二是学术创新。谁都不会否认，制订学术规范的最根本的目的是鼓励学术创新，促使有学术才华的人脱颖而出。如果单纯地从形式上来强调学术规范的重要性和完整性，把它与学术创新尖锐地对立起来，那岂不是在做"买椟还珠"的蠢事吗？在某种意义上可以说，创新是一切学术活动，尤其是学术研究的灵魂。一旦失去这个灵魂，学术规范就成了无聊的语言游戏。归根到底，注重"实质地谈"，就是始终把鼓励学术创新和促使学术新人的成长看作学术规范所要确保的最根本的东西。

"他律地谈"和"自律地谈"

所谓"他律地谈"就是把学术规范理解为一种从外面强制我实行的力量，因此我不得不（have to）加以遵守。正如俄国学者赫尔岑所指出的，在学术研究中存在着一些华而不实的人，他们"就是只浏览绪言和卷头页的人们，就是在别人用饭时，自己围绕砂锅走来走去的人"。毋庸讳言，对这样的人来说，"他律地谈"学术规范仍然是必要的，因为这样做可以逐步提高他们遵守学术规范的自觉性。但仅仅停留在"他律地谈"的层面上又是不够的。事实上，如果一个学者缺乏对学术事业的敬畏之心，头脑里想的老是如何钻学术规范的空子，是不可能在学术活动中，特别是在学术研究中做出有价值的贡献的。

所以我们更注重的是"自律地谈"。所谓"自律地谈"就是既不把学术规范理解为外在强制的东西，也不把它理解为像手电筒一样只照别人的东西，而是从自己的学术良知和学者应有的道德规范出发，自觉地（will）遵守并维护学术规范。费希特甚至认为，学者"应当成为他的时代道德最好的人，他应当代表他的时代可能达到的道德发展的最高水平"。这就告诉我们，在真正的、道德高尚的学者那里，学术规范已经内化为他们心中的"绝对命令"。他们不但会像维护生命一样维护学术规范，而且会坚持从我做起，哪怕在细小的问题上也严格遵守学术规范，而不仅仅热衷于在他人身上主持公道。在某种意义上，孔子所说的"纵心所欲不逾矩"就蕴含着这样的学术境界。

在坚持严格的治学精神和学术规范方面，大思想家永远是我们学习的榜样。著名传记作家萨弗兰斯基在《海德格尔传》中提到了现象学开创者胡塞尔的极其严谨的治学态度："在谈到自己的时候，他总是说，他是一个'初学者'。他也不断地研究他自己的著作。当他想把以前的手稿定稿，以供发表时，他总是把整个书稿又重写一遍。这使得助手们深感绝望。"正是这种学术研究上的严格的自律的态度，使胡塞尔在生前发表的著作很少，但却留下了4万页手稿。这就启示我们，"自律地谈"比"他律地谈"更重要，只有前者才会坚持从自我做起，自觉地遵守并维护学术规范，从而把整个学术事业提高到一个新的水平上。

"抽象地谈"和"具体地谈"

所谓"抽象地谈"就是把整个学术活动从人类的全部活动中割裂出来，只在学术圈子内谈论学术规范。不用说，这样做是有其一定的理由的，因为学术活动与人类的其他活动之间存在着重要的差别。何况，在现代社会中，学术的专业化已经成为一个不争的事实。正如马克斯·韦伯在《以学术为业》的讲座中所指出的："今天……学术已达到了空前专业化的阶段，而且这种局面会一直继续下去。无论就表面还是本质而言，个人只有通过最彻底的专业化，才有可能具备信心在知识领域取得一些真正完美的成就。……今天，任何真正明确而有价值的成就，肯定也是一项专业成就。"所以，实际上，在学术圈外，人们很难对学术研究的情况置喙。在这个意义上，在学术圈子内"抽象地谈"学术规范仍然是必要的。但我们也必须看到，仅仅满足于这样的谈论方式又是不够的。

实际上，更重要的是"具体地谈"。所谓"具体地谈"就是不孤立地谈论学术活动，而是把它与人类的其他社会活动联系起来谈。比如，假定我们只是"抽象地谈"学术规范，就很难对当今中国学术界存在的种种虚假现象，特别是所谓"学术腐败"的现象的原因做出深入的分析。只有"具体地谈"，才能使我们看到学术腐败与人们在市场经济中的种种不良行为之间的内在联系，才能使我们看到市场经济中普遍存在的浮躁情绪在学术界的严重影响。事实上，在学术论著的出版、评审等过程中，总有大量的非学术因素（如个人的信念、人情关系和小团体利益等）的参与，正是这些因素把学术规范变成了一纸空文，"假作真时真也假"，从而从根本上断送了学术事业。

综上所述，我们不能总是停留在情绪化的或就事论事的、经验主义的层面上来探索学术规范的问题，只有理性地、系统地思索这一问题，把各种"谈"的方式综合起来，包含在这一问题中的真理才会向我们显现出来。

学术规范的灵魂是学术创新[①]

在当今中国学术界，人们对学术规范的重要性已经达成了共识。确实，学术规范是保证任何学术研究活动得以健康地展开的必要条件。然而，有了这样的必要条件，学术创新是否会自然而然地降临呢？我们的回答是否定的。事实上，把学术规范的作用仅仅理解为防止学术活动中不良倾向的出现，乃是对学术规范作用的消极的理解。笔者认为，更重要的是对学术规范的作用做积极的理解，即学术规范的灵魂是学术创新。换言之，只有把学术创新理解为学术规范的本质内涵，这样的学术规范才值得我们加以肯定。

两种不同的学术规范

只要我们深入地加以辨析，就会发现，长

---

① 本文载《中国教育报》，2004-11-14；《中华读书报》，2004-11-24 全文转载。

期以来，学术界存在着两种截然不同的学术规范。

一种是"单纯形式上的学术规范"，即人们在审查学术成果时，不关心这些成果在内容上是否具有原创性，是否对所研究的对象具有实质性的推进，而只关注其形式上是否具有合法性。假如一篇学术论文符合人们通常提到的那些形式上的学术规范——具备中英文标题、内容提要和关键词，具备主要参考文献；没有重复发表，没有一稿多投，也没有抄袭、剽窃、作伪注和篡改数据等不良倾向的话，那它就是一篇符合学术规范的论文。笔者认为，在这里，学术规范只具有单纯形式的意义。

另一种是"实质性的学术规范"，即人们在审查学术成果时，不但关心其是否遵守形式上的学术规范，而且更关心其内容是否具有学术上的原创性，是否对所研究的对象具有实质性的推进意义。

人们通常认为，制定学术规范是为了"促进学术创新"。乍看起来，这一见解是无可厚非的，但仔细一想，问题就产生了。因为这一见解蕴含着一个理论上的预设，即把学术规范与学术创新分离开来，仿佛学术创新不是学术规范的本质和内在诉求，而只是学术规范客观上导致的结果。其实，这种见解所坚持的，仍然只是"单纯形式上的学术规范"。

显然，如果我们对学术规范的理解依然停留在"单纯形式上的学术规范"的层面上，甚至把不抄袭、不剽窃、不伪引、不一稿多投等理解为学术规范的同名词，那么，我们完全有可能会陷入另一个困境之中，即必须面对大量低水平重复的、在学术上没有任何积极的推进的所谓"学术成果"，"学术"这个词也将失去它原来的意义，蜕变为符合"单纯形式上的学术规范"的文字垃圾。

作为"实质性的学术规范"，它把创新理解为任何学术成果的存在方式，因而也理解为任何学术规范的内在诉求。换言之，学术规范的作用不是"促进学术创新"，而是把创新理解为任何学术成果得以成立的前提。也就是说，不具有创新意向的成果根本就不是学术成果。从事学术活动也就是从事创新活动。简言之，学术就是创新。

在这个意义上推敲起来，甚至连"学术创新"这样的提法也是有语病的，因为它假设了学术研究活动的两种不同的存在方式：一种是创新状态的存在方式；另一种是非创新状态的存在方式。按照笔者的看法，学术研究活动的本质就是创新，或者换一种说法，创新本身就是学术研究活动的内在诉求。不是在提到"学术创新"的口号时，人们才执意去创新，而是在不提"学术创新"时，人们也必须创新。一言以蔽之，非创新状态的所谓"学术"根本上就不是学术。

这样看来，我们对学术规范的认识，必须从"单纯形式上的学术规范"的层面提升到"实质性的学术规范"的层面。毋庸讳言，"实质性的学术规范"的第一条款就应该规定，学术规范的灵魂和核心就是创新。也就是说，任何学术研究活动和学术成果，如果不能以创新的方式存在，也就等于从根本上违背了学术规范。说得更明确一些，任何学术形态的存在物，只要不具有创新意义，也就必定是不符合学术规范的。这样的存在物实际上与学术是风马牛不相及的，它们根本上就是文字垃圾。

两种不同的学术研究态度

长期以来，学术界也存在着两种截然不同的学术研究态度。

一种研究态度是：我行我素，唯我独尊，漠视前人和同时代人已经做出的研究成果。持有这种研究态度的人常常把博览群书理解为知识积累上的修辞性的行为。他们忘记了，博览群书的首要作用就是了解前人和同时代人已经做出了哪些重要的研究结论，以便当代的研究者在涉猎同一个研究对象时，不重复前人和同时代人已经做出的结论。由此可见，博览群书之所以重要，完全不是修辞学意义上的，而是实质性的。实际上，它是任何原创性研究活动的前提。当然，我们这里说的"博览群书"并不是漫无目的地读书，而是围绕自己的研究课题来读书。显然，任何研究者如果轻视乃至根本上蔑视前人和同时代人的研究成果，就有可能陷入如下的自大狂的幻觉中，即全部学术研究活动仿佛都是从他自己学会思考的那一天才开始的。任何一个研究者，一旦陷入这样的幻觉之中，就离法国哲学家狄德罗所批评的"发疯的钢琴"不远了。

另一种研究态度是：谦虚谨慎，好学深思，认真对待前人和同时代人已经做出的代表性成果，站在他们的肩膀上来研究学术问题。持有这种研究态度的人常常把对自己关注的课题的研究史的回顾理解为学术创新的前提。事实上，一个当代的研究者，如果不对自己以前的研究史做出必要的回顾，甚至根本就不知道前人和同时代人在这个课题上已经说过哪些重要的话，已经做出过哪些代表性的结论，任何原创性的研究都是不可能的。这里的道理其实很简单，"新"和"旧"始终是相反相成的关系。如果一个人不知道哪些东西是旧的，又怎么可能知道哪些东西是新的呢？而不知道哪些东西是新的，又怎么可能去创新呢？

如前所述，既然"实质性的学术规范"把学术创新理解为自己存在的根本性的理由，因而它必定赞成后一种研究态度，而赞成后一种研究态度，也就意味着必定会把下面这样的条款作为学术规范中的基本规则。这个条款是：任何一种学术研究活动，如果缺乏对它以前的研究史的必要的回应，本质上都是不合法的。换言之，任何一种学术研究成果，如果不包含对前人和同时代人的代表性研究成果的必要的回应，那么，它根本上就是不合法的，就是不符合学术规范的。

两种不同的学术成果评估方式

长期以来，在学术界也存在着两种截然不同的学术成果评估方式。

一种评估方式是：编辑人员说了算。一方面，在编辑人员中，只有极少数非常优秀的人才称得上是通才，大部分人的知识结构是十分有限的。而当今学科的分类越来越细，一个编辑人员要成为诸多研究领域的专家几乎是不可能的。在这样的情况下，让编辑人员对各种学术论著的性质做出合情合理的评估几乎也是不可能的。事实上，在这样的评估方式中，学术论著的生杀予夺的大权都交给了编辑人员，而编辑人员对自己评估的对象又缺乏相应的研究，甚至缺乏基本的了解，所以难免会产生"问道于盲"的荒谬结果，不但埋没了一些具有学术独创性的优秀的研究成果，而且也使一些低水平重复的"关系稿""崭露头角"，从而给整个学术事业的发展造成严重的影响。

另一种评估方式是：匿名专家说了算。这种评估方式包含着两层意思：第一层意思是，必须相对于各分支学科建立相应的专家人才库，必须确保学术论著的评估者对自己所评估的对象乃至整个研究领域都有十分深入的了解；第二层意思是，不但被评估的学术论著必须是匿名的，而且评估专家也必须是匿名的。也就是说，必须通过这种双重的匿名来清洗"关系稿"，来消除专家可能因为感情因素而产生的评估上的偏差，以确保整个评估工作的公正性和客观性。

尽管第二种评估方式要花费更多的经济成本和时间成本，但它在很大程度上确保了学术评估的公正性和权威性，从而使那些真正具有原创性的学术论著有机会脱颖而出。

既然"实质性的学术规范"把学术创新理解为自己的灵魂，所以也必须把专家匿名评估作为基本条款写进学术规范中。

综上所述，不能泛泛地谈论学术规范，必须超越"单纯形式上的学术规范"，进入"实质性的学术规范"的层面上。舍此，学术创新就只是一句空话！

学术创新和学术规范中的历史意识①

一

在进入本文的论述前，有必要先澄清以下三个术语的含义。

一是"学术创新"。这个术语在其过分频繁地使用中正在失去其原初的含义。有鉴于此，我们也不得不区分出两种不同的"学术创新"：一种是"形式上的学术创新"，即试图运用新的时髦的术语来阐述旧的问题。在这里，改变的只是表述问题的外在形式，而并没有实质性的新见解被提出来。或许我们可以把这种现象称之为"新瓶装旧酒"。另一种是"实质上的学术创新"，即通过新的论点、新的视角的引入，或

---

① 本文载《浙江学刊》，2005（3）。

通过对新的论证方法、新的论据的采纳，实质性地推进、推翻或更正了前人和同时代人的研究结论。或许我们可以把这种现象称之为"洗干净的旧瓶装新酒"或"新瓶装新酒"。本文是在"实质上的学术创新"的意义上使用"学术创新"这个术语的。

二是"学术规范"。虽然人们经常使用"学术规范"这个术语，但却很少对它的含义作深刻的反思与辨析。按照我们的看法，存在着两种不同类型的"学术规范"：一种可以称之为"消极的学术规范"，即主要是对付抄袭、剽窃、伪注、一稿多投等这些低级错误和保证学术论著在形式上的完整性的，如作者姓名和简介、投稿时间、论著中英文标题、中英文内容提要、中英文关键词、主要文献参考等。之所以把这种学术规范称之为"消极的学术规范"，因为这种规范只强调学术作品和作者之间的真实关系，只考虑它们在形式上的完整性，而从未把学术创新理解为学术规范的根本内容。另一种可以称之为"积极的学术规范"，即主要是预防学术研究中出现的低水平重复这种普遍现象的。这种学术规范实际上蕴含"消极的学术规范"于自身之内，但又不止于"消极的学术规范"，这是把学术创新理解为学术规范的基础和灵魂。也就是说，按照"积极的学术规范"，任何学术作品，如果在其论点、视角、论证方法或论据等方面没有比前人和同时代人提供任何新的东西，那么这样的学术作品就是不符合学术规范的。显而易见，"积极的学术规范"比"消极的学术规范"更为重要，因为它触及学术研究得以存在和发展的本质。文本是在"积极的学术规范"的意义上使用"学术规范"这个词的。

三是"历史意识"。人们对这个术语也存在着两种截然不同的理解：一种是"历史主义的历史意识"，其口号是"不懂得过去就不能理解现在"，其基本特征是把历史偶像化，尤其表现在对历史起点和过程的崇拜上。这种意识的错误是，假定存在着一个未受现在视野影响的、纯粹的过去。显然，这种与现在视野相割裂的、纯粹的过去是不可能存在的，这样的过去也是回不去的。实际上，过去只可能通过现在视野的媒介而被认识。由此可见，"不懂得过去就不能理解现在"的口号乃是一个虚假的口号。另一种是"本体论诠释学的历史意识"，其口号是"不理解现在就不能正确地解释过去"，其基本特征是把一切历史理解为当代史，主张以批判的眼光对现在的视野先行做出反省，从而在正确的现在视野的基础上解读并诠释过去。借用诠释学的术语来说，就是以批判的、自觉的方式进入"诠释学的循环"。本文是在"本体论诠释学的历史意识"的意义上来使用"历史意识"这一术语的。

二

澄清了上述三个术语的主要含义后，现在我们可以来探讨学术创新和学术规范中的历史意识问题了。

首先，为什么要提出学术创新和学术规范中的历史意识问题呢？因为这个问题无论是对学术创新来说，还是对学术规范来说，都具有根本性的意义。一方面，任何一个当代的研究者，如果缺乏自觉的历史意识，如果在进入任何研究活动之前，不能先行地对自己当前的视野进行批判性的考察，从而以正确的方式进入"诠释学的循环"，那就不可能在自己的研究活动中获得正确的立场；另一方面，也不可能以历史的眼光考察自己的研究对象，从而对对象做出富有创新意识的结论来。所以，历史意识对于学术创新和学术规范来说，并不是边缘性的、可有可无的因素，而是它们得以可能的必要条件。

其次，学术创新和学术规范中的历史意识究竟是指什么呢？我们认为，这种历史意识主要表现为以下两个不同的层面。

第一个层面是：当代研究者对自己的历史性的先行反思。我们常常发现，不少当代的研究者，在确定了自己的研究对象后，就开始收集资料，进入研究过程。其实，他们忽略了一个基础性的工作，即没有先行地反思：自己作为研究者是否是合法的？换言之，没有在展开对对象的研究之前，先行地澄明：自己将把何种先入之见带入对对象的研究中去？只要这个基础性的问题没有得到澄明，也就是说，只要研究者没有先行地对自己的历史性进行批判性的反思，整个研究的合法性就是十分可疑的，因为所有的研究过程都是在一种未经批判地反省的先入之见的指导下进行的。海德格尔在《存在与时间》一书中主张的以正确的方式进入诠释学的循环，目的也就是澄清当代研究者自身的历史性。这也是我们所说的学术创新和学术规范中的历史意识的最根本的内容。

那么，当代研究者的历史性如何得到批判性的澄明呢？换一种说法，如何使当代研究者的主观的先入之见通过批判性的自我省察而与他置身于其中的历史时期的本质性的价值导向相一致呢？比如，对于当代中国大陆的研究者来说，他们置身于其中的这个时期的最本质的历史事件乃是计划经济向市场经济的转型和传统的政治制度向真正的民主政治制度的转型。显然，蕴含在这些转型过程中的基本价值导向是：公民意识、独立人格、人权、平等、自由、民主和公正等。按照本体论诠释学的理论，对于任何一个当代的研究者来说，完全抹去自己的先入之见，去坚持一种所谓"价值中立"的立场是根本不可能的，问题只在于，如何通过对自己的主观的先入之见的批判性反思，使之与当代的基本价值导向一致起来。也就是说，任何一个当代的研究者，如果没有这种自觉的批判和认同，也就等于没有历史意识。即使他的研究课题是历史上的课题，即使他整天都与历史的叙事形式打交道，这也不能证明他是有历史意识的，只要他在进入研究过程前没有自觉地省察自己的历史性的话。

第二个层面是：当代的研究者在进入具体的研究过程时，如何使研究对象的历史内涵得到充分的显现。众所周知，就人文社会科学来说，其研究对象涉及历史人物、观念、问题、社会现象、历史事件等。如果把这些研究对象综合起来，无非是历史人物的观念和行动，简言之，就是历史人物。从学术研究、学术创新和学术规范的角度看问题，研究者必须努力使研究对象的历史内涵充分地显现出来。这里说的"充分显现"

蕴含着以下三个维度。

一是对象的研究史。任何研究对象，只要不是当代学者率先开始研究的，就总是存在着一个研究史。也就是说，当代学者不应该直接奔向研究对象，而应该先考察前人和同时代人在对同一个对象的研究中已经取得的学术成果。也就是说，在进入对对象的研究之前，必须对对象已经拥有的研究史进行认真的考察。撇开对对象的研究史的考察而直接去研究对象，我们完全有理由说，这样的研究方式不但包含着对前贤和同时代人的不敬，而且也是违背学术规范的。当然，更谈不上学术上的创新。因为一个研究者在学术上要创新，就必须先知道什么是旧的观点。如果他对对象的研究史一无所知，他又怎么去创新呢？

二是对象的发生史。任何研究对象，如某个问题或观念、某个历史人物的学说，就其形成过程来说，总有一个发生史。比如，德国哲学家叔本华声称，他的思想有三个来源：柏拉图、康德和印度的《奥义书》。如果我们要对叔本华的思想进行透彻的研究，就不可不同时研究柏拉图、康德和印度的《奥义书》。也就是说，只有通过对对象的发生史的考察，才能把握对象的历史来源，从而更深刻地理解它。

三是对象本身的演化史。假如研究对象是一个历史人物，他的思想本身也处于演化的过程中，那就有必要研究他的思想发展的各个阶段，当然也包括各个阶段中他的思想与同时代的其他思想家和社会现实生活之间的互动关系。也就是说，不应该把对象理解为一个不变的、抽象的点，而应该理解为一个动态的、发展着的过程。

把我们上面提到的对象的研究史、对象的发生史和对象本身的演化史综合起来，就构成了对象本身的历史内涵的"充分显现"，而这种"充分显现"正是历史意识的第二个层面。

最后，学术创新和学术规范中的历史意识究竟有什么限度呢？这个限度就体现在当代研究者的基本价值导向与历史对象的真实性之间的张力上。肯定当代的研究者应该通过批判的反思的路径，先行地与当前历史时期的基本的价值导向认同，并不等于说，可以从当代的想象出发，任意地改铸研究对象的历史内涵。相反，真正的历史意识处处体现为对历史事实的尊重，它注重的只是，自觉地站在当今历史时期的基本价值导向上来解释历史事实，而绝不是歪曲或改铸历史事实。

综上所述，只有把我们上面阐述的自学的历史意识植根于学术创新和学术规范中，学术创新和学术规范才能获得自己的真正的生命力。

学术创新的前提①

一

一谈论创新问题，我们就不由自主地陷入一个有趣的悖论之中：一方面，"创新"这一概念包含着对新的东西的追求和崇拜；另一方面，"创新"又是一个长久以来被谈论的、缺乏任何新意的题目。要在前人和同时代人的、无数的高谈阔论的基础上，再就"创新"谈出新意来，实在是难于上青天。

但既然谈论创新问题也需要创新意识，这反倒激起了我"上青天"的决心。在我看来，谈论创新问题，首先要注意几点。

第一，新与旧之间并不存在绝对的界限，

① 本文载《文汇报》，2000-12-30；《文艺理论研究》，2001（1）全文转载。

它们之间的关系是相对的。如狄奥尼索斯的酒神精神、亚里士多德《尼各马可伦理学》中的美德理论都是旧的东西，但却分别在当代哲学家尼采、麦金太尔那里获得了新的生命。这就告诉我们，创新并不一定是一味向前地去捕捉什么，它倒常常是回过头去对旧的东西做出新的诠释。换言之，新的东西不一定就是新的，旧的东西也不一定就是旧的。可以肯定的只有一点，即任何新的东西都不是突然地降临到这个世界上来的，只有通过对旧的东西的理解和超越，才可能有新的东西。在这个意义上我们甚至可以说：只有充分地理解旧的东西，才可能创造新的东西。

第二，创新是有界限的，也就是说，并不是在任何时候、任何场合、任何事情上都需要创新。笼统地肯定创新，蕴含着在价值上对所有新的东西的盲目崇拜。这里存在着一个价值的误区或至少是价值上模糊的区域。如果人们像夸父追日般地不断地追逐新的东西，他们迟早也会饥渴而死。从频度上看，创新总是间歇性的；从范围上看，创新总是有界限的。即使在学术研究的领域里，创新与守成、发散性思维与收敛性思维之间也总是存在着一定的张力。正如人类社会不可能每天都爆发革命一样，学术研究领域也不可能每天都创立新的范式。总之，切不可把政治上的那种"左"的思维方式带入对创新概念的理解中。创新是一件激动人心的事情，但当我们谈论创新的时候，需要的并不是激动人心的态度，而是一种高度理智的、平静的态度。

第三，在学术研究中应当区分两种不同的创新意识：一种是形式化的创新意识，即认为人们只要把一些半生不熟的新名词引入他们的口头语言和书写语言中，就已经在从事创新活动了。在当今中国学术界，这种形式化的创新意识到处泛滥，似乎创新就像伸一个懒腰或打一个喷嚏那么容易。另一种是实质性的创新意识，即创新者不但对传统的和当代的思想观念有深入的了解，而且能够通过自己思维上的艰辛的劳作，对整个学术研究领域或某个具体的学术问题的解答做出实质性的推进。我们所要贬斥的是前一种创新意识，所要肯定的是后一种创新意识。当然，在实质性的创新意识中，我们还应当进一步区分出两种不同的类型：一种是宏观型的、总体型的创新意识。这种创新意识力图通过哲学上的反思，从宏观上更新人们的观念或信仰体系；另一种是微观型的、局部的创新意识。这种创新意识通过对实证科学中的某些问题的批评性思考，对这些问题做出富有创意的新的解答。

二

在对上述与"创新"概念有关的基本问题做了必要的澄清以后，现在我们似乎有条件来谈论学术创新的问题了。但要系统地、有效地，而不是零星地、不负责任地谈论这个问题，还必须找到一个合适而有效的切入点。众所周知，即使要有创意地来谈论学术创新的问题，我们仍然可以找到许多切入点。比如，我们可以从学术研究者的个人素质、天赋、好奇心、勤奋、学养、气质、性格等各方面来探索学术创新的问题；也可以从外在的环境——时代背景、家学渊源、名师亲炙、团队精神、机遇巧合等方面来揭示学术创新的某些规则性的东西；也可以从新的思维方法的引入和运用的角度来探讨学术创新的具体过程。这就给人们留下了一个普遍性的印象，似乎人们完全可以自由地、随心所欲地谈论学术创新的问题。我们认为，在这里需要抛弃的正是这种任意的、自然主义的态度。由于人们平时总是以这种自然主义的、朴素的态度来谈论学术创新的问题，他们虽然谈论得头头是道，但实际上不但没有揭示出学术创新的真正机制是什么，相反却把这种机制严严实实地掩盖起来了。换言之，他们的目的是想揭示某种被遮蔽着的东西，结果反倒把应该揭示的东西遮蔽起来了。之所以会发生这种结果与愿望完全相反的事情，一个重要的原因是因为上面提到的那些切入点都具有很大的偶然性。比如，一个人可能性格很好，同时又具有强烈的创新意识。反之，一个人也可能性格很古怪，甚至很孤僻，但同样也具有卓越的创新意识；又比如，团队精神很可能激发了一个人在学术研究上的巨大的创造性，但也可能束缚了另一个人在学术上的独创性；再如，一种新的思维方法的引入也许会激发起某个学术研究领域中人们的创新热情，但也完全有可能会损害另一个研究领域中人们的创新热情。总之，从上面这些切入点着手去探索学术创新的机制，充满着各种偶然性的因素，从而常常会引申出截然不同的结论来。这些结论之间相互冲突，甚至相互对立，从而把学术创新的机制完全推入神秘主义的黑暗之中。

我们认为，重要的是揭示出蕴含在创新意识，特别是宏观型的创新意识中的一些前提性的因素。这些因素就是哲学观、语言观、逻辑观、时空观和时代观。不管一个人是否意识到并自觉地反思过这些观念，他作为社会存在物，实际上总是受这些观念的支配的。所以，一个人只要用非批判的态度对待这些观念，他的宏观型的创新意识，特别是在哲学这门学科上的创新意识就必然会受到限制。无数事实表明，对一定的哲学观、语言观、逻辑观、时空观和时代观的反思和批判在学术创新的机制中发挥着更为确定、更为普遍、更为客观的作用。事实上，在讨论学术创新问题时，当我们思考的触角不再停留在那些偶然的、永远会引起分歧的因素上，而是转向每个人都必然地置身于其中的这些重要观念时，我们的思考才会获得可靠的成果。

三

下面我们就来反思这些观念。

一是哲学观。不管一个人承认与否，他事实上总是受一定的信念的支配的；也不管他承认与否，在他的信念中，总是自觉地或不自觉地包含着一定的哲学观，而且这种哲学观总是处于他的信念的核心的位置上。正是这种哲学观决定着他的信念，决定着他对人生、社会和世界的看法，也直接或间接地决定着他的行为方式。这种哲学观是他在接受教化、与社会认同的过程中，以自觉的或不自觉的方式形成起来的。当他戴着这种哲学观的"眼镜"去看待一切、思考一切的时候，他的创造性也就自然而然地被局限在这种哲学观之内，凡是这种哲学观不允许他看到的东西他都会视而不见、听而不闻。在这种情况下，如果他在宏观思维上要有创新意识的话，就一定要反思并突破自己原来的哲学观。这样一来，创新思维的基础就被奠定了。然而，突破或超越一种哲学观是如此之困难，以致罗素告诫我们说："要想作一个哲学家就必须锻炼得不怕荒谬。"

二是语言观。人们确信自己生活在真实的世界中，但实际上他们常常生活在一个由自己所熟悉的语言和语词的意义所构成的虚幻的世界中。在他们能够清晰地看到自己所使用的语言与真实的生活世界之间的差异之前，通向宏观的创新意识的道路必定是封闭的。比如，在当代中国理论界，有些很有声望的理论家仍然无批判地沿用"奴隶社会""封建社会"这样的概念在分析、说明中国传统社会。实际上，在中国历史上既不存在欧洲意义上的奴隶社会，也不存在欧洲意义上的封建社会。中国传统社会是以血缘关系为纽带的宗法等级制度的社会。即使是专业根底非常扎实的学者，在其思想上突破这样的语言框架以前，也不可能在对中国传统社会的研究中，从宏观上引申出原创性的见解。人们必须清醒地意识到，他们飘浮在他们所熟悉的语言中。在他们能够对自己所使用的语言进行批判性的反思之前，他们是找不到自己的真实的立足点的。正是在这个意义上，维特根斯坦说："我们与语言斗争；我们正在卷入与语言的斗争之中。"

三是逻辑观。正好像人们在发明服装之前已经穿着某种东西，人们在建立逻辑学之前也已经以不自觉的方式在使用逻辑。只要人们使用语言相互交流，那么语言除了服从语法规则之外，还必须服从逻辑规则。逻辑规则是运用语言、进行思考的任何人都无法逃避的。即使一个人在反对逻辑时，他也必须遵守逻辑。否则，他所陈述的思想就没有一个人能明白。当然，存在着不同种类的逻辑，如亚里士多德的形式逻辑、康德的先验逻辑、弗雷格和皮亚诺等人所创立的数理逻辑、胡塞尔的纯粹逻辑等。通过对西方哲学史的研究，我们发现，一种划时代的哲学观念的出现，常常与新的种类的逻辑联系在一起。比如，胡塞尔在《逻辑研究》第一卷宗的前言中这样写道："我分析得越深入，便越是意识到：抱有阐明现时科学之使命的当今逻辑学甚至尚未达到现实科学的水平。"正是通过对传统逻辑学中存在的心理主义倾向的批判，胡塞尔不但改造了逻辑学，而且创立了现象学，对 20 世纪哲学的发展产生了重大的影响。

四是时空观。我们总是通过一定的时空观去观察并思考外部世界的。在日常生活中，我们总是确信自己控制着时间和空间，但实际上，情形总是倒过来的，即一定的时间和空间的观念支配着我们的思维和行为。正如逻辑有不同的种类一样，时空观也有不同的种类，如亚里士多德和牛顿的物理学时空、观奥古斯丁和海德格尔的主观体验型时空观、康德和胡塞尔的先验论时空观、马克思的社会生产劳动时空观等。正如康德如果不能超越牛顿的时空观，就不能创立他的先验唯心论体系一样；爱因斯坦如果不能超越牛顿的时空观，也不能创立他的相对论。由此可见，学术研究中的宏观创新意识总是与对一定形式的时空观的自觉的反思联系在一起的。

五是时代观。从某种意义上，人是被抛掷到这个世界上来的。因此，不管他是否愿意，他总是从属于一定的时代的。黑格尔甚至认为，人不能超越他的时代，就像不能超越自己的皮肤一样，但这种观点也遭到了许多学者的批判。事实上，学术研究中的创新意识总是与那种超越一定时代的远大眼光、那种敢与庸俗的时代精神斗争的卓越识见联系在一起的。比如，胡塞尔就强调自己的《逻辑研究》是"与当时极其活跃的反'柏拉图主义'和'逻辑主义'的时代精神对立"。

综上所述，我们不应当从主观的、偶然的因素出发来探讨学术创新的问题，而应该更着力地分析任何真正的学术创新活动都无法绕过去的那些普遍性的因素和前提，这样才能揭示出那些从根本上制约着学术创新机制的前提，并在可能的界限内提高我们的学术创新能力。

文科学术期刊建设之我见[①]

近年来，文科学术期刊在数量上和篇幅上都增长得比较快，同时，关于如何建设好文科学术期刊，如何提高其学术质量的讨论也经常见诸报端。这个问题关涉到我国人文社会科学能否健康地成长和发展，确实具有非同寻常的意义。笔者认为，建设文科学术期刊需要努力处理好以下三个方面的关系。

编辑素质的提高和期刊分科发展之间的关系

毋庸讳言，文科学术期刊的发展对编辑人员的素质提出了越来越高的要求。这些年来，一大批已经获得硕士学位和博士学位的青年人才充实到编辑队伍中，大大改变了文科学术期刊的办刊思路，提升了编辑人员的总体素质。

---

① 本文载《文汇报》，2004-12-12。

不用说，编辑人员素质的普遍提高，对文科学术期刊水准的提高起着不可低估的作用。

然而，我们也必须清醒地意识到，编辑人员素质的提高是有限度的。一方面，这个时代的精神状态是浮躁，而这种普遍的心态也对青年编辑人员的治学态度和工作态度产生了不可低估的影响；另一方面，目前大量的文科学术期刊是以综合性作为自己的特征的。也就是说，凡属人文社会科学范围内的所有学科的论文，均可在这类刊物上发表。这样就产生了一个矛盾，假如一个编辑人员只熟悉一个二级学科（其实要做到这一点也是十分困难的，他可能至多只能熟悉一个二级学科中的某个研究方向）的话，那么，他又如何去判断来自人文社会科学其他一级学科、二级学科的论文的质量呢？比如，按照目前的分类方法，哲学作为一级学科包含着以下八个二级学科——马克思主义哲学、中国哲学、外国哲学、科技哲学、逻辑学、伦理学、美学和宗教学。其中任何一个二级学科又包含着许多不同的研究方向。这就启示我们，任何一个编辑人员，哪怕他再有天赋，也无法通晓整个一级学科，更不要说其他一级学科了。

在这样的态势下，要提高文科学术期刊上发表的论文的学术质量，我国文科学术期刊中大量的综合性期刊就应逐步转化为分科性的期刊，如《哲学研究》，只发表哲学类论文，但如上所述，由于哲学有八个二级学科，所以，《哲学研究》仍然是哲学这个一级学科范围内的综合性期刊。当然，像《外国哲学》，甚至《现代外国哲学》这样的期刊，其分科性才变得比较明确。分科性的文科期刊的发展恐怕是今后文科学术期刊发展的一个根本性的方向。也就是说，只有通过分科的限定方式，编辑人员素质的确定才会获得明确的方向，从而从根本上确保文科学术期刊论文的质量。当然，综合性期刊仍然需要保留一些，但不宜太多太滥。

论文初审和双盲评审之间的关系

近年来，通过双盲评审来杜绝关系稿，提高文科学术期刊的质量已经成为学术界的共识。但实际上，任何文科学术期刊在审稿时都不可能做到"完全的双盲评审"，而只能做到"不完全的双盲评审"。业内人士都知道，一方面，如果全部来稿都采用双盲评审的方式进行遴选，不仅会大幅度地增加审稿的经济成本，而且也会大幅度地提高审稿的时间成本，从而使刊物在经济上难以维持，也难以按时出版；另一方面，来稿中存在大量质量极低的稿子，如果把这些稿子也纳入双盲评审中，那编辑人员几乎就无事可做了。因此，每个文科学术期刊实际上都是以如下的方式来处理稿子的，即编辑人员先对稿子进行初审，在初审的基础上，再把一些重要的，但在观点上把不准的稿子送给相关的学科专家匿名进行评审。

这样就产生了编辑人员对大量来稿的初审、遴选和匿名专家对少量来稿的再审之间的关系问题。一般说来，匿名专家对匿名稿子的评审是比较公正的，如果说存在着不公正的可能性的话，主要是由以下的因素引起的：第一，稿子在形式上是匿名的，但实际上，在其行文和注释中仍然自觉地或不自觉地透露出作者的相关信息；第二，匿名稿子所涉及的主题并不是某个匿名专家最擅长的研究领域，从而出现识见上和评审上的偏差；第三，匿名专家完全从自己的好恶和观点出发来评审稿子。当然，这些消极因素可以通过编辑部的精益求精的工作被减少到最小的程度，但完全避免这些因素的存在恐怕也是比较困难的。

更值得注意的环节是，编辑人员对大量来稿的初审。这里可能存在的问题是：第一，把关不严，致使一些质量较差，甚至在学术上有硬伤的稿子被遴选进来；第二，熟人的、质量不高的"关系稿"被引入；第三，由于知识结构和判断失误，未能让真正有价值的稿子得到录用；第四，编辑部出于"创收"的考虑，鼓励编辑人员出卖版面。事实上，据我们所知，有一些文科学术刊物出卖版面的情况很严重，而各个高校制定的硕士生、博士生在校期间一定要发表论文的规定也促使研究生把大量稿子投向这类刊物，从而助长了这类现象的蔓延。所以，只有处理好编辑人员初审和匿名专家再审之间的关系，抓好两次评审中的每个环节，才能使真正优秀的稿子脱颖而出。

自来稿和约稿之间的关系

如果对文科学术期刊所收到的稿子做一个结构上的分析，就会发现，它们主要有两个来源：一是自来稿，即作者自己向编辑部投寄的稿子。应该看到，在通常的情况下，编辑部收到的大部分稿子是自来稿。自来稿的情况比较复杂。其中极少数稿子是在作者自己的兴趣和潜心研究的基础上撰写出来的，这些稿子的质量比较高。但平心而论，绝大部分自来稿的质量是比较差的，作者撰写它们出于各种不同的动机，有人甚至于把自己很粗糙的一些想法写出来寄给编辑部。何况，自来稿的内容也是很分散的，作者们"八仙过海，各显神通"，不管什么样的文科学术期刊，如果完全录用自来稿，其内容上就会成为"一盘散沙"，毫无自己的特色可言。

由于自来稿的上述特点，就使编辑部的约稿对于任何想办出自己特色来的文科学术期刊来说，变得十分必要。约稿具有如下的好处：第一，编辑部能够根据自己的定位和发展方向，设计出相关的专栏和专题，并组织一流的专家来撰写稿子。一旦相关的专栏和专题出了名，期刊在学术界也就获得了较大的影响。第二，容易形成自己的特色。事实上，优秀的文科学术期刊几乎无例外地拥有自己的特色专栏和专题。当然，编辑部约请专家撰写的稿子也不能在质量上得到绝对的保证。在极少数情况下，个别专家并不爱惜自己的羽毛，可能会趁机把自己写得很差的稿子出手，弄得编辑部啼笑皆非。总而言之，文科期刊要努力处理好作者自来稿和编辑部约稿之间的关系，既不疏忽自来稿中极少数优秀的稿子，又设计好相应的专栏、专题，以形成自己的特色。

综上所述，文科学术期刊发展的根本方向是分科性，而不是综合性。如果编辑部能积极地协调好上述三方面的关系，将会把文科学术期刊办得更加有声有色。

拓展学术对话的空间①

　　　　　　　　　　近年来，中国学术界对西方学术大师的著
作和思想的译介堪谓不遗余力，这种现象和某
些西方人对东方文化的无知和傲慢形成了鲜明
的对照。② 然而，中国人了解西方学术文化的紧
迫感一旦受到急功近利的市场意识的感染，其

---

　　① 本文是为四川人民出版社出版的《与当代学术大师对话》丛书所拟定的
"序言"。
　　② 1997年，笔者率领复旦大学15个学生赴瑞士圣加仑大学参加第27届国际
经济管理研讨会。这个会议的规格非常之高，也许我只要指出一点就行了：当时的
瑞士总统在开幕式上致辞，而当时的德国总统则在闭幕式上致辞。然而，西方人对
中国的了解是如此之少，以致我们的学生经常要回答他们提出的、下面这样的问题：
Are you Japanese（你们是日本人吗）？1998年，我在美国的拉斯维加斯入住一家很
有名气的旅馆，总台一位小姐问起我在中国的居住地，当我回答 Shanghai（上海）
时，她竟一脸茫然，仿佛上海是外星人居住的城市！当然，我的经历或许带有片面
性，在西方国家中，偶尔也会碰到"中国通"。记得我曾经读到过下面这样的故事，
可惜忘记了它的出处：有一次，两位中国女士在美国一个城市的大街上走，迎面走
来一个其貌不扬的美国人，她们用中国话对这个"老外"的容貌进行了刻薄的评论，
谁知那位"老外"在与她们擦肩而过时，用非常纯正的中国话回敬了她们："爹妈给
的，有什么办法！"这两位中国女士吓得半晌说不出话来。然而，平心而论，从总体
上看，当代西方人了解中国的急切性不如当代中国人了解西方的急切性。

译介工作的质量就会急剧下降。于是，对西方学术著作生吞活剥者有之，对西方学术思想望文生义者也有之。鱼龙混杂，泥沙俱下，使真正有志于学者荷戟彷徨，失其指归；废卷浩叹，为学术仓皇久之！

正是在这样的背景下，《与当代学术大师对话》丛书面世了。一股期待已久的清新空气扑面而来，在某种意义上，为歧路亡羊、素缟遭染的学术界注入了新的生机。这套丛书绝不是曲学阿世、心血来潮的产物，而是一批有志于重新振刷学术事业的中青年学者沉潜往复、从容含玩的结晶。每一个关注这套丛书的编者和作者、策划和写作的人，都会发现它具有如下的特征。

其一，从传播学的视角出发遴选欲与之对话的学术大师。

什么是学术大师？如果无前提地、漫无边际地进行讨论，永远也不会有一个人人都可以接受的、共同的结论，事实上，在对学术大师的含义的理解上，从来就是见仁见智、迥然各异的。即使人们认同某个遴选的前提，但要是这一前提确定得不合理的话，遴选过程也会是无比艰难的。比如，有人主张，在人文社会科学的不同的领域中，按照均衡的方式来确定学术大师的人选。但这里马上就会产生一个问题，由于人文社会科学的各个领域的发展是不均衡的，大师级的学术人物的出现也是不均衡的。在有的领域里，在某一个时段中，会突如其来地涌现出一批学术大师①；但在另一些领域里，却"西线无战事"，没有发生任何值得引起人们注意的事情，仿佛把上帝的东西归还给上帝以后，再也没有任何

---

① 记得德国诗人海涅在谈到康德的《纯粹理性批判》（1781）的出版所引起的哲学革命时，曾经这样写道："德国被康德引入了哲学的道路，因此哲学变成了一件民族的事业。一群出色的大思想家突然出现在德国的国土上，就像用魔法呼唤出来一样。"参见张玉书编选：《海涅选集》，305页，北京，人民文学出版社，1983。同样，我们也发现，在胡塞尔的《逻辑研究》（1900—1901）问世后，德国涌现出一批大师级的思想家；20世纪50—80年代，法国出现了一批结构主义和后结构主义的大师级人物；而罗尔斯的《正义论》（1971）面世后，美国政治哲学研究中的一些明星级人物也应运而生。

其他的东西可以留给恺撒了。由此可见，试图用均衡的方式在不均衡地发展着的、不同的人文社会科学的领域中去遴选大师级的人物，是很难取得成功的。

放在我们面前的这套丛书则巧妙地从传播学的视角出发来遴选学术大师。何谓"传播学的视角"？那就是以当代西方学者的思想在向当代中国社会传播时影响因子的大小为主要着眼点，来确定欲与之对话的当代西方学术大师的人选。我们这里之所以使用"主要着眼点"这样的表达方式，是因为影响因子固然是重要的，但它并不是判断一位学者是不是大师级人物的唯一标准。因为有些时候，近视的、肤浅的追随者会把二、三流的学者吹捧为大师，所谓"黄钟毁弃，瓦釜雷鸣"是也；而在另一些时候，他们又会对一流的学术大师肆意贬低，视若无睹，这使我们很容易联想起黑格尔的那句稍嫌刻薄的评语："侍仆眼中无英雄。"但纵观人类学术史，天平大体上还是平的，一个猥琐卑微的人物试图长期在学术界保持其居高不下的影响因子的可能性是微乎其微的。同样地，真正的学术大师长期得不到承认的可能性也是微乎其微的。① 因此，主要从传播学意义上的影响因子，尤其是对当代中国社会的影响因子作为切入点，来确定当代西方学术大师的人选，不失为一种明智而巧妙的做法。所以，这套丛书所确定的主要的西方学术大师，如海德格尔、福柯、德

---

① 18世纪的德国哲学家沃尔夫（1679—1754）和19世纪的德国哲学家海克尔（1834—1919）一度都曾声名显赫，但后来的历史表明，他们所接受的学术荣誉要远远地大于他们实际上的学识。反之，当叔本华的《作为意志和表象的世界》于1818年问世时，几乎在20多年的时间里无人问津。无怪乎他在该书的第二版序（1844）中愤懑地写道："不是为了同时代的人们、不是为了同祖国的人们，而是为了人类，我才献出今日终于完成的这本书……谁要是认真对待，认真从事一件不产生物质利益的事情，就不可打算当代人的赞助。"在另一处，他又写道："我若有些想获得当代人的喝彩，我就得删去上二十处和他们的意见完全相反的地方，以及部分地他们认为刺眼的地方。但是，为了这种喝彩，只要是牺牲了一个音节，我也认为是罪过。完全严肃地说，只有真理是我的北斗星。"参见叔本华：《作为意志和表象的世界》，9、14页，北京，商务印书馆，1982。

里达、亨廷顿、哈贝马斯、伽达默尔、诺斯、利奥塔、伯林、吉登斯、杰姆逊、萨义德等，无疑地都是重量级的人物，给读者留下了取舍得当的印象。

传播学视角的重要性还可以在我们的学术研究中得到更宽泛的理解和运用。长期以来，人们经常是以静态的、非传播学的方式来探讨学术史或思想史的。也就是说，人们总是自然而然地从当前的理解状况出发，而不是从研究对象的构成因素——文本的实际传播状况出发去描述学术史或思想史的，这就大大地降低了各种学术史或思想史著作的可信度。比如，要真实地再现马克思主义在中国的发展史，就特别需要结合马克思主义著作的翻译史，深入了解马克思主义的代表性文本的翻译时间和实际上的传播方式、传播过程。又如，我们在前面第三个注中提到的叔本华的著作《作为意志和表象的世界》是在1818年出版的。我们也知道，《逻辑学》作为黑格尔的代表著作，是在1812—1816年面世的，而体现黑格尔成熟的哲学体系的《哲学百科全书》则是在1817年出版的。在非传播学的研究方式中，人们通常可以把叔本华像黑格尔一样，划入德国近代哲学家的行列中去，因为他们的主要著作几乎是同时问世的。举例来说，德国学者赫希伯格（Johannes Hirschberger）在其《哲学简史》（*Kleine Philosophie Geschichte*）中就把叔本华和康德、费希特、谢林、黑格尔等一起划入"近代哲学"（Die Philosophie der Neuzeit）的范围之内。但只要从传播学的视角看问题，人们就会发现，虽然叔本华的《作为意志和表象的世界》问世于1818年，但实际上它正式被接受并被广泛地传播开来的时间则是1844年左右，即叔本华为它撰写第二版序的时候。也就是说，从传播学的视角来看，这部著作在哲学史和思想上起作用的时间应该是19世纪40年代。所以，在哲学史的分期上，不应该把叔本华归到近代西方哲学部分，而应该把他归到现代西方哲学的范围内。当然，虽然有不少研究者事实上主张把叔本华归入现代西方哲学的范围内，但却讲不清为什么要这样做，换言之，缺乏理论上和方法上的自觉性。有人认为，由于叔本华的思想和现代西方哲学家非常接近，所以把他放到现代西方哲学的范围内。如果这个逻辑能够成立的话，记得利奥塔曾经说过，17世纪法国哲学家帕斯卡尔的思想就具有现代的性质，那么人们是否也应该把他划到现代西方哲学的范围中来呢？显然，这种解释方式是苍白无力的。实际上，只有传播学理论和方法的引入，才能对上面的现象做出合理而又有效的解释。

其二，注重与西方学术大师之间的直接对话。

我们这里说的"直接对话"是相对于"间接对话"而言的。所谓"间接对话"，也就是通过第二手，甚至第三手的资料去了解学术大师的思想。这样做常常会形成理解上的偏差，甚至误区。① 所谓"直接对话"，有两方面的含义：一方面是直接阅读学术大师的著作，领悟其学说的真谛；另一方面是当被邀请的学术大师到中国来访问或我们这里的作者到国外去参加学术会议时，"面对面地"（face to face）聆听大师的讲座或教诲，感受大师的灵气和魅力。当然，在这两方面的含义中，第一方面的含义起着更为根本性的作用。正如叔本华所指出的："只有从那些哲学思想的首创人那里，人们才能接受哲学思想。因此，谁要是向往哲学，就得亲自到原著那肃穆的圣地去找永垂不朽的大师。每一个这样的真正的哲学家，他的主要篇章对他的学说所提供的洞见常十百倍于庸俗的头脑在转述这些学说时所作的拖沓藐视的报告；何况这些庸才们多半

---

① 叔本华写道："这是因为这些卓越人物的思想不能忍受庸俗头脑又加以筛滤。这些思想出生在［巨人］高阔、饱满的天庭后面，那下面放着光芒耀眼的眼睛；可是一经误入［庸才们］狭窄的、压紧的、厚厚的脑盖骨内的斗室之中，矮檐之下，从那里投射出迟钝的，意在个人目的的鼠目寸光，这些思想就丧失了一切力量和生命，和它们的本来面目也不像了。是的，人们可以说，这种头脑的作用和哈哈镜的作用一样，在那里面一切都变了形，走了样；一切所具有的匀称的美都失去了，现出来的只是一副鬼脸。"参见叔本华：《作为意志和表象的世界》，18页，北京，商务印书馆，1982。

还是深深局限于当时的时髦哲学或个人情意之中。"① 他启示我们，只有在与大师的学术著作的"直接对话"中，思想和真理才会向我们显现出来。或许正是在这个意义上，雅斯贝尔斯也说过，任何一个伟大的哲学家都通向哲学本身。也就是说，只有当我们有足够的勇气向大师走去的时候，真正的思想和真理才会向我们走来。

众所周知，对话的根本特征就是"开放性"（openness）。所谓"开放性"，也就是注重探索，注重切磋，注重商谈；不注重匆忙地下结论，不满足于给对方的思想戴帽子。这里说的"开放性"也具有两方面的含义。

一方面，学术大师的文本在意义上不是封闭的，而是开放的，它们可以被不同时代的读者无穷无尽地解释下去，永远也不会有一个意义枯竭的时候。认识到这一点，就既不会满足于阐释大师们的思想体系，也不会满足于以简单化的方式给他们的思想定位，重要的是沿着他们的足迹，探寻他们的思想之路，追溯他们的成功和失误，体验他们的创意和激情。人所共知，海德格尔的哲学研究就是对思想之路的不停顿的寻觅。在《林中路》的扉页上，他这样写道："林乃是森林的古名。林中有着许多路。大部分路终止在没有人迹的地方。它们被称作林中路。每个人各自寻觅自己的路，却在同一个森林中。常常看来仿佛相似，实际上不过是仿佛相似而已。林业工人和护林人熟悉这些路，他们知道，在一条林中路上意味着什么。"② 这段话是一个十分深刻的隐喻，它表明，海德格尔重视的并不是思想体系的建构或思想结论的确定，而是思想本身不停地在探索，在前进。海德格尔所用的某些表述方式，如"林中路"（Holzwege）、"田间路"（Feldweg）、"路标"（Wegmarken）、"在路上"（Unterwegs）等，无不是表明他的思想始终是敞开的，开放的，是"在

---

① 参见叔本华：《作为意志和表象的世界》，18～19 页，北京，商务印书馆，1982。

· ② Martin Heidegger，*Holzwege*，Vittorio Klostermann，1980.

路上"的一种探索。这种开放式的探索精神和中国哲学的核心精神——道可以说有异曲同工之妙，正如奥托·珀格勒所说："海德格尔要人们回想一下，在老子的诗意般的思想中的关键的词，即'道'这个词，实际上意味着'道路'。"① 东西方思想看起来迥然各异，却在最高的层次上是相通的。开放、敞开和通达，既是路的本义，也是中国哲学传统中的道和海德格尔哲学中的 Sein 的初始含义。另一方面，与大师对话的这些中国学者的思想也不是封闭的，而是敞开的，充满探索性的。他们既真诚地敬慕大师，又不盲目地崇拜大师。事实上，他们早已把亚里士多德的名言"吾爱吾师，吾更爱真理"视为自己的座右铭。他们与西方学术大师对话，目的不是对大师的思想做鹦鹉学舌式的转述，而是要对他们的思想做出批判性的考察。这里说的"批判性的考察"，既以作者对大师文本的准确的理解为前提，也以作者的深入的、建设性的思维为后盾。抽去这些条件，考察就会蜕变为浏览，对话就会蜕变为独白。也就是说，这是一次学术上真正有意义的冲浪。

其三，在中西文化比较研究上做出了可贵的尝试。

一提起比较文化研究，人们也就自然而然地把它理解为文化研究的一个分支学科。其实，在信息通信技术高度发展、世界变得越来越小的情况下，比较文化研究不但不再是一个分支性的学科，还成了任何文化研究活动的本质。也就是说，在当代，任何文化研究本质上都是比较文化研究，因为当代的研究者已经不可能再像传统的研究者一样，在单一的文化框架内从事自己的研究，不管他自己愿意不愿意，实际上他总得学习并了解各种不同的文化形态。所以，在当代的文化研究中，非比较的研究方式已经变得不可能了，唯一存在的差别在于：你是在理性上自觉地运用比较研究的方法；还是你自己并没有意识到这种方法，而实际上却正在运用这种方法。我把前一种比较称之为"显性的比较"，把后一

---

① 奥托·珀格勒：《海德格尔的思想之路》，4 页，台北，仰哲出版社，1994。

种比较称之为"隐性的比较"。① 所谓"显性的比较"，也就是公开地承认自己所从事的某一项研究是比较研究，甚至在其论著的标题中也把"比较"这个词写进去；所谓"隐性的比较"，也就是不言比较的比较，其通篇论著可以不出现"比较"这个词，但实际上，在潜意识的引导下，他仍然在进行比较。比如，一个中国学者，他有着中国传统文化的背景，这种背景所蕴含的基本观念已经深入他的潜意识之中，成为他观察和思考任何问题的逻辑起点。所以，当他研究西方学术文化，如美国哲学家杜威的思想时，不管他自己是否意识到，他潜意识中存在的中国文化传统的参照系总会发生作用，对他的杜威研究的选题、方法、过程和结论发生重要的影响。而只要这样的影响存在着，这种研究本质上就是比较研究。

深入的思考表明，任何比较研究都不是闲来无事的诗词，而总是自觉地或不自觉地植根于研究者对自己的生存状态的领悟。为什么人们在比较文化研究中不搞"中索（索马里）比较""中埃（埃塞俄比亚）比较"，而要搞"中西比较""中欧比较"或"中美比较"呢？道理很简单，因为索马里和埃索俄比亚的生存状态比中国还要差，而西方、欧洲、美国的生存状态要比中国要好。所以，中国学者并不是自然而然地把西方文化作为自己的比较研究的对象的，而是有意识或无意识地在生存意向的驱迫下才这么做的。完全可以说，全部比较活动都是以研究者对更好的生存状态的认可（即使这种认可夹杂着批判性的省思）作为前提的。在这个意义上可以说，比较文化研究实质上是研究者自觉地或不自觉地在生存论的基础上做出的一种探索。但我们遗憾地注意到，由于大多数从事比较文化研究的人没有自觉地、深入地反省自己的活动的生存论的

---

① 参见拙文《比较文化研究与社会形态时间》，见《大潮文丛》，第 2 辑，94～101 页，上海，复旦大学出版社，1994；《比较文化研究的前提性反思》，载《复旦学报》，1999（3）；《超越比较文化研究的无序状态》，载《解放日报》，2000-06-18，第 7 版。

前提，所以他们总是在一些边缘化的、泡沫化的，甚至是极度媚俗的问题或观念上消耗自己的时间，这就有可能使比较文化研究变形为一种无聊的语言游戏。①《与西方学术大师对话》的作者们所要摆脱的正是这种困境。他们的做法是：一方面，坚持与学术大师对话。其实，大师的最本质的含义也就是善于思索大问题的人。毋庸讳言，一个学者所思索的问题的大小决定着他在学术史或思想史上的地位的高低。在这个意义上可以说，与大师对话，也就是把比较文化研究的注意力集中到一些与人的生存状态密切相关的重大的问题上，尽管海德格尔说过：Wer gross denkt, muss gross irren（思考大问题的人必定有大迷误）②，但至少可以使我们从当前的比较文化研究正越陷越深的边缘化、泡沫化的状态中摆脱出来。另一方面，坚持从中国当前的实际状况出发来开展东西方哲学

---

① 按理讲，比较文化研究的特殊性对研究者的素质提出了很高的要求，即研究者至少要熟悉两种以上的文化形态，并对它们均有精深的研究。但目前的状况是：一些对任何一个文化形态都不熟悉的研究者闯入了这个领域，他们随心所欲地从不同的文化形态中抽取相应的对象进行所谓"比较研究"，试图创造出"不清楚＋不清楚＝清楚"的神话，这种粗制滥造的神话完全是对语言和文化的亵渎！

② 孙周兴在他主编的《海德格尔选集》两卷本中把这句话译为"有伟大之思者，必有伟大之迷误"；陈嘉映在他的《海德格尔哲学概论》中把它译为"运伟大之思者，［必］行伟大之迷途"；倪梁康在他的《会意集》中主张把它译为"运伟大之思者，必持伟大之迷误"。这三种译法，都很雅致，但在我看来，gross 这个词在这里的含义是中性的，它只是一个描述性的词，没有价值的含义在内。把它译为"伟大"，就把一种褒扬的意向带进了翻译中，然而，译"伟大之思"还可以，译"伟大的迷误"或"伟大的迷途"则欠妥。其实，海氏这句话和西方人的谚语 Distinction and danger are twins（卓越和危害是孪生子）在意义上似有某种相近之处。倪梁康也考虑过把它直译为"谁思考得大，谁就必定迷失得大"，但我觉得这样译也欠妥，因为"思考得大""迷失得大"这样的表述方式是与我们通常的表述方式相矛盾的。我建议把海德格尔的话译为"思考大问题的人必定有大迷误"。虽然德文中的疑问代词 Wer（谁）在这里被理解为不定代词 man（人），并增加了名词 Frage（问题）使之成为前半句中的形容词 gross 的修饰对象，但一方面，这里的 gross 既不带褒义，也不带贬义，避免了"伟大的（之）迷误（途）"这样的译法；另一方面，增设 Frage 这个词并没有改变海德格尔的原意。事实上，无论是"有（运）伟大之思者"这样的译法，还是"谁思考得大"这样的译法，实质上都是指思考大问题的人。

文化的比较，这就使整个比较研究不被主观上的、偶然的好恶所主宰，而是沿着以客观标准为基础的、振兴中华民族的客观价值的方向来进行，从而提升了这一研究活动的水准。

其四，对问题意识的深化。

乍看起来，这套丛书中的每一本书都是以某个西方学术大师作为自己的研究对象的，实际上，它真正注重的是问题意识。这里说的"问题意识"也有两方面的含义：一方面，把每一个西方学术大师的思想的形成和发展都理解为他们与他们置身于其中的生活世界所蕴含着的重大问题之间的对话。真正的思想学术大师并不是那些蜗居于自己的书房中，唯恐烧伤自己手指的人，他们总是与周围的现实生活保持着密切的联系，并从它那里汲取自己的激情和灵感。在这个意义上可以说，与大师对话，也就是与大师所思考的问题的对话。另一方面，丛书的作者们也置身于当代中国社会中，而当代中国社会正处在从计划经济向市场经济转型的历史过程中。在这一伟大的历史过程中，社会问题、政治问题、经济问题、哲学问题、宗教问题等，一个接一个地冒出来，引起了丛书作者们的思索。实际上，他们正是带着这些问题进入与西方学术大师的对话过程的。所以，我们不妨说，丛书撰写的过程既是作者与其研究对象之间的商谈，也是蕴含在作者思想中的问题与蕴含在西方学术大师思想中的问题之间的碰撞。犹如海涅所说的，不同学者之间的思想交流，乃是钻石之间的摩擦，其结果是大家都发亮。

值得一提的是，丛书的作者们不但为寻求对当代中国社会中的重大问题的解答而思考，而且还竭力捕捉住那些隐藏在潜意识中的深层问题，使之上升到意识的层面上来。所谓"深层问题"，在某种意义上也就是美国哲学家塞尔所说的"默认点"。塞尔这样写道："在大多数重大哲学问题上都存在着一些观点，这些观点，我们可以用计算机语言中的一个比喻来称之为默认点（default positions）。所谓默认点就是那些不假思索就持有的观点，因而任何对这些观点的偏离都要求有意识的努力和令人信服的论证。"① 在塞尔看来,正是这些默认点构成了人们全部思维活动的前设,但人们却意识不到。所以,塞尔强调,"哲学史的很大一部分都是由对这些默认点的非难所构成。一些伟大的哲学家往往由于反对别人认为是不言而喻的东西而出名"②。同样地,在对文化—意识形态的比较研究中,人们也发现,只要这种比较研究不触及"深层问题",即潜伏在文化—意识形态深处的"问题框架"(problematic),它就必定流于肤浅。正如法国哲学家阿尔都塞所指出的:"一般说来,问题框架并不是一目了然的,它隐藏在思想的深处,在思想的深处起作用,往往需要不顾思想的否认和反抗,才能把问题框架从思想深处挖掘出来。"③ 这就对人们通常所说的"问题意识"获得了更为深入的理解,也使整个对话和探索变得内涵深沉,言外有意,新见迭出,回味无穷。

天行健,君子以自强不息。愿这套丛书的编者和作者的探索精神感染更多的读者,从而结出更丰硕的果实。

---

① 约翰·塞尔:《心灵、语言和社会:实在世界中的哲学》,9~10 页,上海,上海译文出版社,2001。一般说来,default 被理解为法律上的"缺席",李步楼先生把它译为"默认"有欠妥之处,因为"默认"意味着理性已经意识到这一点,并对这一点表示认可,但实际情况常常是,人们从某个预设的前提出发思考问题,但自己对这个前提却没有任何反思意识;position 通常被理解为"立场",其复数形式 positions 则可被理解为"各种立场",它与 point(点)也是有差别的。所以,在我看来,default-positions 可直译为"一些缺席的立场",也可意译为"一些未明言的立场"。为求译文的一致性,此处仍按李步楼先生的译文进行引证。

② 约翰·塞尔:《心灵、语言和社会:实在世界中的哲学》,10 页,上海,上海译文出版社,2001。

③ Louis Althusser, *For Marx*, NLB, London, 1977, p. 69.

该不该批评病态的审美现象和观念①

　　《文汇报》学林第 674 期刊登了悦力先生的文章《这样能走出"自我"困境吗？—与俞吾金教授商榷》，对我的讲座节选稿《什么是自我的困境?》（载《文汇报》，2000-8-25）提出了批评。我很欢迎这样的商榷文章，因为学术上的争鸣正是学术自身发展的动力之一。我认为，我与悦力先生的根本性分歧在于：究竟是否存在着病态的审美现象和观念？该不该对这样的现象和观念进行批评？下面我从三个方面回应悦力先生的观点。

应该倡导什么样的"多样性"

　　悦力先生写道："有的人喜欢哈巴狗和猫，

---

　　① 本文原来的标题是"该不该批评病态的审美现象和观念：答悦力先生"，载《文汇报》，2002-10-05。

不见得违反了什么美的原则；狗和猫的媚态那是它们的本能，作为审美主体的人，可以喜欢它，也可以讨厌它。这里展现的只是人们生活的多样性。"乍看起来，悦力先生在这里强调审美的"多样性"，实际上，他正在做相反的事情，即把多样性封闭起来。何以见得呢？

首先，悦力先生在逻辑上已经把自己的见解，乃至撰写这篇商榷文章的必要性给否定了。按照他的逻辑，一个审美主体可以喜欢猫和狗的媚态，也可以讨厌它们的媚态，这是生活的多样性。既然如此，我讨厌这种媚态，也属于他"恩准"的多样性中的一种，他有必要来否定我的观点吗？在我的讲座稿发表之前，有不少文章从审美或非审美的角度出发来赞扬狗和猫的媚态，以崇尚多样性自诩的悦力先生嫌这样的文章发表得太多了吗？从来没有。但为什么他就不能容纳我这一篇有不同见解的讲座稿呢？这就表明，"多样性"云云，不过是障眼法罢了。实际上，悦力先生只认同喜欢狗和猫的媚态的病态的审美观念，根本不允许其他人对这种观念提出批评。

其次，为了论证自己的观点，悦力先生提出了这样的"高论"，即"狗和猫的媚态那是它们的本能"。难道他看不出，从来没有受过人驯养的野狗、野猫和被人们称之为"宠物"的狗和猫之间存在着差别吗？比如，澳大利亚荒原上的野狗群能在片刻之际把其他动物撕成碎片，难道这也是它们本能上的"媚态"吗？众所周知，动物对人的媚态并不是动物天生就有的本能，而是人驯养的结果。甚至连素有"王者风范"的猛虎现在也被人驯养得竟然看见香猪也害怕了。如果有一天，猛虎、狮子、鳄鱼等凶猛的动物也被驯养为类似于家狗、家猫一样的"宠物"，悦力先生是否也会告诉我们，它们的媚态就是天生的本能呢？

这里涉及一个悦力先生完全没有注意到的实质性问题，即人对动物的驯养和对植物的栽培，会自觉地或不自觉地受到自己的审美观念的影响。我不知道悦力先生是否读过清代学者龚自珍的《病梅馆记》。当时的文人画士，在病态的审美观念的支配下，把用畸形的梅树做成的盆景理解为美，以重金搜求之。于是，种梅者"斫其正，养其旁条，删其密，夭其稚枝，锄其直，遏其生气，以求重价，而江浙之梅皆病"。龚自珍购得三百盆病梅，大哭三天，发誓疗梅。他毁掉了花盆，去掉了绑在病梅身上使之畸形发展的绳索，力图恢复它们原来的健康状态。龚自珍对病梅的同情和解救深刻地启示我们：第一，在当时的历史条件下，存在着病态的审美观念，而这一观念在梅树盆景的栽培和制作中获得了集中的表现；第二，龚自珍批评病梅盆景的根本目的乃是纠正这种病态的审美观念，从而使人性获得健康的发展。

最使我感到震惊的是，悦力先生完全曲解了我的观点，竟得出如此荒谬的结论，即认为我对残疾人缺乏应有的同情。其实，恰恰相反，我不但同情残疾人，也同情健康人。我批评目前普遍存在的病态的审美观念，目的是不使原来健康的人在接受并实践病态的美学观念的过程中变成残疾人。在当今的病态的审美观念的影响下，君不见，有的13岁的女孩就要求做隆胸手术吗？君不见，有的少女为了瘦身，竟至得了厌食症，甚至饿死在自己床上吗？君不见，也有的女性为了增加自己的身高，竟锯断双腿，装上金属架，不幸造成终身残疾吗？这些现象表明，病态的审美观念正使一些本来应该健康成长的人变成残疾人。悦力先生对这类当今生活中触目可见的现象采取鸵鸟政策，充分表明，真正对残疾人，乃至对健康人缺乏同情的不是别人，而是他自己。

最后，我想指出，我和悦力先生在对审美多样性的理解上存在着根本性的分歧。他主张的多样性，实际上是一种"自然主义的多样性"。这种多样性排斥任何严肃的批评，主张让病态的审美观念和现象自然而然地发展；而我主张的多样性则是一种"批评的多样性"。在我看来，不同的、多样的审美观念的存在乃是客观事实，但一个社会应该倡导健康的审美观念，应该允许人们对病态的、不健康的审美观念和现象进行批评。当然，这种批评应该是充分说理的。总之，我和他分歧的实质在于：他表面上提倡审美观念的多样性，实际上只维护喜欢狗和猫的媚态的审美观念；而我则承认审美观念的多样性，但我同时主张，人们有权对他们认为是病态的审美观念和现象提出自己的批评。

"赏心悦目、婉转动听、能怡养性情操守的就是美"吗

悦力先生写道："对于美学，我是一个外行。在日常生活中，或景或情，只是觉得赏心悦目、婉转动听、能怡养性情操守的就是美的。"如果说，他的第一句话显得过于谦虚，那么，第二句话就显得过于自信了。关于美是什么和美的意义何在的问题，人们已经争论了 2000 多年，悦力先生却只用一句话就轻轻松松地把它打发过去了，事情真的有那么容易吗？

首先，能简单地把"赏心悦目"作为审美的一个标准吗？所谓"赏心悦目"也就是人们通常谈论的快感。然而，能引起快感的对象都是美的吗？康德的回答是否定的。在他看来，存在着两种完全不同的快感：一种是只和欲望相关的快感。比如，当一个饥不择食的饿汉见到一桌色香味俱佳的菜肴时，也会感到赏心悦目，但这里的赏心悦目仅仅是一种欲望的表达而绝不是审美；另一种与任何利益无关的快感，才称得上是美感。正是在这个意义上，康德说："美是无一切利害关系的愉快的对象。"①

更为复杂的是，不同文化背景的人对悦力先生所说的赏心悦目的体验是完全不同的。比如，有的非洲部落的妇女故意把自己的门牙敲掉，在同部落的男性的眼中，她们的容貌是赏心悦目的，但悦力先生是否也认同这样的美感呢？又如，古罗马的贵妇人在观看角斗士之间的相互残杀时，感到赏心悦目，悦力先生是不是也认同这样的美感呢？即使在同一文化背景下，人们对赏心悦目的体验也会见仁见智，迥然各异。比如，

---

① 康德：《判断力批判》，上卷，48 页，北京，商务印书馆，1985。

不少西方人用尽了最华丽的字眼来歌颂美，但也有些西方人，比如波德莱尔在《恶之花》中，却对美有着完全不同的感受。他在《献给美的颂歌》中这样写道："美，你在死人身上走，还要嘲弄；/你的首饰中有魅力的是恐怖，/凶杀在你最珍爱的小饰物中，/在你骄傲的肚皮上淫靡起舞。"① 也有些后现代艺术家把扫帚、拖把之类的东西组合成艺术品。对所有这些审美对象，悦力先生都能无例外地产生赏心悦目的感觉吗？

其次，能简单地把"婉转动听"作为审美的一个标准吗？也许悦力先生在倾听夜莺的歌唱，或欣赏贝多芬的第六交响乐《田园》时，会产生这样一种感受。但如果他在倾听贝多芬的第五交响乐《命运》，或欣赏革命歌词"大刀向鬼子们的头上砍去……"或凝听岳飞《满江红》中的"壮志饥餐胡虏肉，笑谈渴饮匈奴血"时，产生的竟也是"婉转动听"的感受，那不是很滑稽吗？难道《满江红》的壮怀激烈竟能用"婉转动听"这个有时候甜得发腻的术语来表达吗？悦力先生或许认为，他的审美观念可以代表所有人，他似乎从来没有注意过马克思早就提出的那个难题："如果我向一个裁缝定做的是巴黎式的燕尾服，而他却给我送来一件罗马式的长袍，因为他认为这种长袍更符合美的永恒规律，那该怎么办呵！"②

最后，能简单地把"怡养性情操守"作为审美的一个标准吗？我们知道，"怡"是欢快的意思，所谓"怡养性情操守"的说法实际上把审美对象大大地窄化了。然而，人们在观赏悲剧时，情形就完全不同。亚里士多德在《诗学》中认为，悲剧通过引起观赏者的哀怜和恐惧的方式来净化他们的精神。比如，在观赏《安提戈涅》《俄狄浦斯王》《哈姆雷特》这样的悲剧时，观赏者会感到心情沉重，但其精神也随之而得到提升。另外，康德在谈到审美中的"崇高"时也指出："崇高同媚人的魅力不能

---

① 波德莱尔：《恶之花》，41 页，桂林，漓江出版社，1992。
② 《马克思恩格斯全集》，第 1 卷，87 页，北京，人民出版社，1956。

和合，而且心情不只是被吸引着，同时又不断地反复地被拒绝着。"① 当然，在观赏悲剧、体验崇高的感受时，观赏者的性情操守也会得到陶冶，但恐怕不能简单地用"怡养性情操守"这样的说法来涵盖所有的审美对象和过程。总之，对"什么是美？"的问题的解答绝不像悦力先生所设想的那样简单。不然，那么多研究美学的专家恐怕都可以转换自己的专业了。

如何理解哲学研究者的思维方法

我在讲座中提到人们关于水果应该饭前吃，还是饭后吃的争论时说："其实，从哲学上来考察，任何时候都是'饭前'，任何时候也都是'饭后'。"悦力先生批评我"把老百姓搞糊涂了"，真是罪莫大焉。仿佛我做了这个讲座以后，听众全都失去了吃饭的能力！

问题真有那么严重吗？其实，我只是说出了人人都能理解的一个事实。在任何时候，比如，下午三点，不是既可以看作"（午）饭后"，又可以看作"（晚）饭前"吗？有哪个人严格地定义过"饭前"或"饭后"的时间界限呢？有必要把两者绝对地对立起来吗？

诚如雅斯贝尔斯所说，真正的哲学思考是从破解日常思维中的想当然的东西开始的。比如，人们至今仍在使用的"日出""日落"这样的提法，实际上是以"地心说"（太阳围绕地球运转）作为自己的理论前设的。虽然今人在日常语言或文学作品中仍然可以继续使用这样的提法，但他们必须清醒地意识到，这些提法在科学上是错误的；又如，在追悼会上，人们常常会提到死者的"生前好友"。仔细一想，这样的提法也是不确切的。所谓"生前"，也就是出生之前，难道死者出生前就有好友吗？确切的提法应为"在世时的好友"。

---

① 康德：《判断力批判》，上卷，84 页，北京，商务印书馆，1985。

这类误用语词的现象在生活中触目可见，难道哲学研究者不应该对它们做出批评性的思考吗？按照悦力先生的逻辑，古希腊哲学家所说的"飞矢不动""阿基里斯追龟"，中国古代哲学家所说的"白马非马""山与泽平""物方生方死"，岂不都是痴人说梦吗？讨论这类问题岂不是把老百姓的思想全"搞糊涂"了吗？其实，正是通过哲学家的这类思考，逻辑学、语言学、修辞学等学科，乃至人类的整个文明才获得重要的发展动力。

悦力先生在批评我的审美观念时还指责我"没有必要一竿子把一般人都打翻"。奇怪的是，从来听到的都是"哲学无用"的议论，到了悦力先生那里，哲学忽然获得了能够"一竿子把一般人都打翻"的巨大力量。无疑地，有勇气评论哲学的悦力先生自然也就成了安泰式的大力士了。然而，我以为，哲学和哲学研究需要的是理解，而不是老去承受这类不着边际的文学式语言的指责。写到这里，我不禁联想起黑格尔的感慨。他发现，即使要成为一个鞋匠，也得认认真真地花时间学，但是唯独对哲学，总有人觉得不进行任何研究也可以说三道四，仿佛哲学不过是一门白痴的艺术罢了。悦力先生还指责我的讲座并不能使人们走出自我的困境，事实上，我自己从来也没有过这样的奢望，我只是在讲座中说出我自己的想法和感受而已。但我以为，如果有些人身陷困境之中，还感到赏心悦目，那么这样的人确实是走不出自我的困境的。事实上，谁都没法使一个自愿瘫痪的人站立起来！

无论如何，我已经说了，我已经拯救了自己的灵魂。

偏见比无知离真理更远①

读到悦力先生的新作《怎样看待我们的分歧：与俞吾金教授再商榷》（见 2002 年 11 月 16 日文汇报学林版），觉得该文不但没有针对我的反商榷文章《该不该批评病态的审美现象和观念：答悦力先生》（见《文汇报》，2002-10-5）的主要观点做出进一步的回应，反而以种种偏见为基础，乱加评说，实为学术讨论所不取。有必要严肃地阐明这些偏见的荒谬性，以正视听。

答非所问，还是文不对题

悦力先生的第一个偏见是：指责我的反商榷文章"答非所问"。他以教训人的口吻写道："不要把问题扯远了。既然是'答'，就应有明

---

① 本文原来的标题是"偏见比无知离真理更远：再答悦力先生"，载《文汇报》，2002-11-30。

确的针对性，答非所问，是没有什么意思的。"我想，凡是读过我的反商榷文章的读者都会发现，我的文章不但抓住了我和悦力先生分歧的要害，而且逐一引证了他的主要的美学观点，一一加以反驳。因此，与其说我的文章是"答非所问"，不如说悦力先生对我的文章采取了鸵鸟政策，不敢就其中的任何一个反批评进行实质性的回应。

真正应该引起我们注意的倒是另一个问题，即悦力先生撰写文章时的那种漫不经心和文不对题的态度。我的讲座的总标题是《走出自我的困境》，它共分三个部分：一、什么是自我；二、什么是自我的困境；三、如何走出自我的困境。文汇报发表的是我的讲座的节选稿，即讲座稿的第二部分：什么是自我的困境（见《文汇报》，2002-8-25）。而悦力先生的商榷文章的标题却是《这样能走出"自我"困境吗？——与俞吾金教授商榷》（见《文汇报》，2002-9-7 学林版）。显然，这篇商榷文章是文不对题的。也就是说，悦力先生应该和我讨论的问题是：什么样的困境才真正算得上是自我的困境。有趣的是，他并没有针对文汇报上已发表的讲座稿的第二部分发问，却针对没有发表的第三部分发问。最令我感到震惊的是，他在完全不了解我关于"如何走出自我的困境"的这部分内容的情况下，竟针对这部分内容进行批评，这不有点像唐·吉诃德向风车挑战吗？总之，读者诸君一定会发现，真正"把问题扯远了"的、真正答非所问和文不对题的恐怕不是别人，而是悦力先生自己。

实事求是，还是文过饰非

悦力先生的第二个偏见是：认为我不敢面对我在讲座中说过的一句话。他得意扬扬地写道："我只想提醒一下：'请问，有哪一个人会认为一个畸形的人是美的呢？'这句话是不是俞教授在大庭广众中讲的？如果说我完全曲解了俞教授的这一观点，那么俞教授有责任向读者说明一下你的这一观点是什么意思？是什么审美意识？可是俞教授到现在还不敢面对自己讲过的话，反而指责别人曲解了他的观点，做出荒谬的结论，这恐怕不是实事求是的态度吧。"言下之意，他悦力先生才是一个实事求是的人。我想，悦力先生未免高兴得太早了。让我们来看看，究竟谁是实事求是的，而谁又是文过饰非的。

一方面，我从来没有否认，我在讲座中说过这句话："请问，有哪一个人会认为一个畸形的人是美的呢？"我认为，当我说这句话时，我坚持的正是实事求是的态度。我相信，当我们单纯从美学上讨论问题时，所有理智健全的人都会同意我的观点，因为我陈述的不过是一个事实。当人们谈论身材的匀称是人体美的一种表现方式时，事实上也蕴含着另一个观点，即不匀称的或畸形的身材不是美的。除了常为自己读书少而"寝食难安"的悦力先生外，谁会否认这种审美上的常识呢？我和其他人的差别仅仅在于：我说出了畸形人是不美的这一事实的真相，而其他人，或许也应该包括悦力先生在内，只是默认了这一真相。要言之，差别仅仅在于：说出这一真相，还是默认这一真相。除非悦力先生希望或曾经希望自己理想中的恋人是畸形人，并希望或曾经希望自己将出生的小孩也是畸形人，否则，他就一定是认同我上面说过的那句话的。事实上，只要悦力先生希望自己的恋人或即将出生的小孩是健康的，甚至是美丽的，那么他在潜意识中就已经认同了畸形的人是不美的这一观念。由此可见，我和悦力先生的全部区别是：我是诚实的，他是虚伪的；我实事求是地说出了自己的看法，而他的看法明明和我一致，却文过饰非地要把畸形人的不美说成美。在美学研究中，如果说无知是最可原谅的缺点，那么虚伪就令人难以容忍了。

另一方面，在单纯审美的领域里，实事求是地肯定一个畸形的人是不美的，并不等于蔑视他的人格。这完全是风马牛不相及的两件事。悦力先生在治学上不严肃的表现之一，就是千方百计地曲解我的观点，试图在这两点上划号，从而给我扣上看不起残疾人的帽子。在《这样能走出"自我"困境吗？》一文中，他这样写道："至于畸形的人，俞教授把他们看作丑类，这有点过分了吧。所谓畸形的人，无非就是有残疾的人。由于种种不可测、不可抗拒的原因使他们致残，他们由此已随着常人难以理解的痛苦，本应该给他们更多的关怀，更多的爱；何况评价一个人的美，除了看他的外表，更重要的是看他的心灵。把他们作为奚落的对象实属不该。"我想，悦力先生应该明白，说畸形人是"不美的"的，绝不等于说他们是"丑类"。"不美的"和"丑类"是完全不同的两个词，"丑类"根本不是美学上的用词，而是政治上和道德上的用语，悦力先生力图把审美上的问题转化为政治上和道德上的问题，意欲何为？此外，说畸形人或残疾人是不美的，也不等于是在人格上"奚落"他们。事实上，不少残疾人也认为自己不是美的，认识到这一事实正是为了正视现实。反之，如果按照悦力先生的主张，违心地说畸形人或残疾人是美的，这不是欺骗又是什么呢？我完全同意，我们应该在人格上尊重畸形人或残疾人，在生活上关心他们，但这不等于说，我们在审美时可以无原则地把他们说成是美的。

美学概念，还是道德概念

悦力先生的第三个偏见是：肯定心灵美是一个美学概念，是属于美学讨论的范围的。他满怀信心地写道："评价一个人的美，除了看他的外表，更重要的是看他的心灵。"也许他以为自己说出了审美活动中的一个伟大的真理，但实际上暴露出来的却是他在美学研究领域中的惊人的无知。

首先，如果我们按照康德的语言来探讨审美问题的话，就会发现，康德把审美称作"鉴赏判断"，所以，他写道："鉴赏乃是判断美的一种能力。"[①] 而"鉴赏判断"作为"反思的判断"，与人们在认识论中使用的"规定的判断"存在着重大的差异。前者是从特殊上升到普遍，后者是使特殊包含在普遍之下。所以，当悦力先生在探讨审美问题时，随意地使用"评价"这个词时，已表明他完全不明白美学这门学科的特点。

---

① 康德：《判断力批判》，上卷，39 页，北京，商务印书馆，1985。

虽然"评价"这个词可以在认识论、道德学、政治学等领域中使用，但却不适用于美学研究领域。

其次，在探讨人这一审美对象的时候，悦力先生认为存在着两种不同的美：一是"外表美"，二是"心灵美"。其实，在美学研究中，这种见解至少是不确切的。因为审美或鉴赏涉及人的情感，因而只有感性的审美对象才能唤起审美者的美感。按照康德的看法，人们在审美中应该排除任何欲念的干扰，因而审美者关注的只是审美对象的外在形式或线条。所以他说："美本来只涉及形式。"① 黑格尔则认为："美就是理念的感性显现。"② 他们的美学观念虽有差异，但在强调感性的审美对象的存在乃是审美的前提这一点上是一致的。在这个意义上，悦力先生所说的一个人的"外表美"或人们通常所说的"形体美""线条美"是存在的，但"心灵美"却是不存在的，因为"心灵"并不是一个感性的存在物，所以它不可能成为审美的对象。

最后，我们认为，悦力先生如此青睐的"心灵美"不是美学概念，而是道德概念。何以见得呢？事实上，人们通常使用的"美"有两种不同的含义：一是基本含义，即在审美中使用的含义；二是引申的含义，如"好""高尚"等。所谓"心灵美"中的"美"所具有的只是引申的含义，它不是说心灵如何"美丽"，而是说心灵如何"高尚"。换言之，"心灵美"乃是道德评价，而绝不是审美鉴赏。悦力先生连这些基本的概念和常识都搞不清，居然还好意思来参加论辩。也许这正是他怯于使用自己的真名的一个原因。写到这里，我不禁想起了恩格斯说过的一句名言："无责任能力来自夸大狂。"

---

① 康德：《判断力批判》，上卷，68 页，北京，商务印书馆，1985。

② 黑格尔：《美学》，第 1 卷，144 页，北京，商务印书馆，1981。悦力先生以为我不引证黑格尔，就是不熟悉黑格尔。其实，我从读研究生的时期起就开始研究黑格尔，当然熟悉他关于园林乃至自然美的理论。但我不同于悦力先生的地方是：越熟悉的东西我越不想炫耀。

探索与创新

为理论创新营造良好的环境^①

不知不觉间，我们已经置身于 21 世纪之中。事实上，21 世纪和已经逝去的 20 世纪之间并不存在着万里长城，因为"世纪"云云，不过是人类自己制定的纪年法，而绵延着的、活生生的生活世界本身是不可切割的，如果我们不想把它肢解为无生命的存在物的话。我们常常陷入一种幻觉，以为我们在与真实世界打交道，实际上，我们与之打交道的，不过是真实世界的语言表现而已。同样地，当我们反思新世纪的理论问题的时候，也常常会陷入这样的幻觉。所以，重要的是，意识到语言和世界、思维和存在的异质性，从而不至于对自己的话语和叙事抱着过高的自信心。

就 21 世纪的理论创新来说，关键仍然在于营造一个良好的研究环境。事实上，没有良好

---

① 本文载《探索与争鸣》，2001（10）。

的环境，任何真正的理论创新都是不可能的。那么，如何才能营造出理论创新的良好环境呢？我们认为，至少可以从以下两个方面做出努力。

一是尊重理论研究者的个性和研究兴趣。

正如在大自然里生长着各种不同颜色的花卉一样，在社会生活的领域里，也存在着各种不同个性的人。简言之，在理论研究的领域里，也存在着具有不同个性的研究者。如果这些有差异的、迥然不同的个性得不到尊重，理论创新也就失去了它应有的丰富色彩。我们这里说的"个性"主要是指每个理论研究者的独特的研究风格。比如，有的人崇尚严密的逻辑思维，也有的人推重艺术性的、跳跃式的想象力；有的人欢喜研究重大的现实问题，也有的人热衷于考证思想史上的某个理论命题的真伪；有的人的写作风格是严肃的，也有人的写作风格是调侃型的等。有没有必要取消或"统一"这些不同的个性呢？我们认为，完全没有必要。正如马克思所说的："每一特定的生活方式就是本性的一定范围的生活方式。要狮子遵循水螅的生命规律，这难道不是反常的要求吗？"① 事实上，只有充分重视每个理论研究者的个性，容忍各种不同的研究风格的自由发展，理论创新的激情才能真正地喷涌出来。

同样地，我们也应该尊重理论研究者的不同的兴趣。几乎可以说，每个研究者由于天赋上存在的差异和接受教育过程中出现的差异，自然而然地形成了自己不同的理论兴趣。实际上，理论研究的范围也是无限宽广的，能够容纳各种不同的理论兴趣的存在和展开。然而，在现实生活中，由于我们还没有摆脱计划经济中所蕴含的"计划思想"的思维方式的影响，所以在理论研究中总是片面地倚重"课题指南"，即由少数人通过"拍脑袋"的方式来确定一些研究课题，然后由大家来申请。这样做，完全忽略了不同研究者的不同的理论兴趣。从表面上看，轰轰烈烈，大家都一起在做一些重大的课题，实际上，由于这些研究课题引不起广

---

① 《马克思恩格斯全集》，第1卷，85～86页，北京，人民出版社，1956。

大研究者的真正的理论兴趣，所以收效甚微。有人也许会辩解说：这些课题不是有许多人在申请吗？我们并不否认这种情况，但关键取决于"第一申请兴趣"究竟是为了获得课题经费，还是出于真正的理论兴趣。从大量粗制滥造的研究成果的出笼可以看出，前面的兴趣似乎占了上风。由此可见，在理论研究中着重个人的兴趣同样具有十分重要的意义。犹如马克思所说的："如果我向一个裁缝定做的是巴黎式燕尾服，而他却给我送来一件罗马式的长袍，因为他认为这种长袍更符合美的永恒规律，那该怎么办呵！"① 毋庸讳言，应该把尊重研究者的个性和兴趣理解为良好的研究环境的最重要的内容之一。

二是理解理论研究的特点和规律。

长期以来，在理论界存在着一种偏见，即自然科学的理论可以做多次的实验和尝试，而人们却要求哲学社会科学的研究成果一说出来或一写出来就必须是绝对正确的。这种见解可以说完全不懂得理论研究的特点。其实，理论研究只要具有创新的特点，也就永远是探索性的、尝试性的。在这样的探索和尝试中，既有可能提出正确的观点，也有可能提出错误的观点。如果预先规定一定要探索的结果是正确的，才允许人们去探索，那不是很滑稽吗？但在现实生活中，人们就是这样要求哲学社会科学研究者的。如果不抛弃这种不近人情的要求，又有多少人敢进行理论创新呢？

长期以来，理论界存在的另一种偏见是：理论讨论，老是争来争去，耗费时日，究竟有什么意义呢？这种偏见也是完全不懂理论发展的规律所致。其实，马克思早就说过，真理是由争论确立的，历史的事实是在矛盾的清理中被陈述出来的。"百花齐放，百家争鸣"式的讨论本来就是在任何历史条件下学术理论发展的客观规律。没有争论，没有不同思想之间的摩擦，何来理论创新？如果既要人们进行理论创新，又不许不同

---

① 《马克思恩格斯全集》，第 1 卷，87 页，北京，人民出版社，1956。

的观点之间展开深入的理论讨论，那就像要求人们拉着自己的头发离开地球一样，是根本不可能的。其实，马克思早就已经提出了自己的疑问："你们赞美大自然悦人心目的千变万化和无穷无尽的丰富宝藏，你们并不要求玫瑰花和紫罗兰散发出同样的芳香，但你们为什么却要求世界上最丰富的东西——精神只能有一种存在形式呢?"① 无数事实表明，哲学社会科学研究中的理论创新是在不同的观点的争论中实现的。反对话语霸权，主张平等的对话和讨论，也是良好的研究环境的重要内容之一。

综上所述，只有积极地为理论研究创造良好的环境，理论研究才会繁荣起来，理论创新才会成为现实。

---

① 《马克思恩格斯全集》，第 1 卷，7 页，北京，人民出版社，1956。

新世纪呼唤理论大师①

谈论理论创新，当然离不开创新的主体——理论研究者；而提起理论研究者，又会情不自禁地联想起那些对思想理论、学术文化做出重大贡献的大师级人物。人们常说，理论大师是可遇而不可求的，这在一定程度上是对的，然而，不容置疑的是，良好的文化传承、活跃的思想氛围和严格的治学风格，无论如何是理论大师脱颖而出的基本条件。犹如一个民族不能没有自己的守护神一样，像中国这样的泱泱大国也不能没有自己的理论大师。

悠久丰厚的文化传统：理论大师诞生的土壤

天行健，君子以自强不息。中华民族具有悠久而内涵丰富的文化传统。早在 2000 多年前

---

① 本文载《文汇报》，2001-01-19。

的所谓"轴心时代"，孔子、老子、孟子、庄子、墨子、荀子等理论大师已经应运而生，为中华文明的发展奠定了基础。尤其是儒道互补、张弛互动的精神格局使整个文化传统既具有正道直行的进取心，又具有自我调适的凝聚力，从而维系中华民族的精神价值和文化生命于不坠。庄子早就说过："且夫水之积也不厚，则其负大舟也无力。"① 正如浅水负不起大舟一样，缺乏文化传统的民族也很难产生理论大师。相反，极为悠久和丰厚的中华民族的文化遗产却为大师级的理论研究人才的产生提供了重要的土壤。20 世纪已经尘埃落定，谁又会怀疑王国维、陈寅恪、赵元任、梁漱溟、鲁迅、钱锺书、冯友兰、金岳霖这样的学者是理论大师呢？

今天，我们已经生活在 21 世纪。"冷战"以后的世界政治格局的重组、科学技术的飞速发展以及社会转型和现代化进程中出现的一系列重大问题，特别是精神和文化价值方面的问题，都呼吁我们进行理论创新，呼唤理论大师的出现。像上海这样的注重文化交流的国际大都市能否在新世纪里为世界贡献出几个理论大师呢？这种期望不也正是某些思想敏锐的西方思想家们的期望吗？德国哲学家海德格尔在与《明镜》杂志记者的谈话中指出："美国人还陷在一种思想中，就是实用主义，这种实用主义思想固然推动了技术运转与技术操作，但同时阻塞了对现代技术的根本进行深思的道路。……是不是有朝一日一种'思想'的一些古老传统将在俄国和中国醒来，帮助人能够对技术世界有一种自由的关系呢？"② 海德格尔没有对自己提出的问题做出肯定的答复，但这段话却表明他对东方文明，特别是中国的思想传统寄予深切的希望。海德格尔的这段话也启示我们，当今的中国理论界只有依托自己的文化传统，熔铸百家，自出机杼，才有可能向世界贡献出自己的理论大师。

---

① 《庄子·逍遥游》。
② 《海德格尔选集》（下），1312 页，上海，上海三联书店，1996。

迥然各异的学术流派：理论大师活动的舞台

正如我们不能要求人们只穿一种款式的服装、只吃一种类型的水果一样，我们也不能要求人们只接触一种理论，只按照一种理论来思维。如果一定要这样做，那就只能导致思想的僵化和理论的枯萎。历史和实践一再告诫我们，思想、理论和学术，无论是在内容上，还是在风格上，都是无限丰富、无限多样的。一般说来，这种丰富性和多样性总是通过迥然各异的学术流派而表现出来的。

众所周知，中国理论学术的繁荣一开始就是与各种学术流派的勃兴联系在一起的。如以孔子和孟子为代表的儒家、以老子和庄子为代表的道家、以惠施和公孙龙子为代表的名家、以墨子为代表的墨家、以韩非为代表的法家等。同样地，西方理论界的繁荣也是与学术流派的纷呈分不开的。如当代西方哲学中的现象学、存在主义、诠释学、分析哲学、实用主义、结构主义、解构主义、后现代主义等。这些文化现象启示我们，一般说来，理论大师总是开创或从属于某一学术流派的，如果他是理论上的集大成者，他就会在传承、融合不同的学术流派的基础上自创新论，自成一家之言。简言之，理论大师不是创建了某个或某些学术流派，就是通过这些流派的舞台才脱颖而出的。在这个意义上，拒绝不同的学术流派的存在和争鸣，也就是拒绝理论大师的降生。在现实生活中，我们常常意识不到这一点。事实上，当我们在理论争鸣中强调"统一观念"，在高校建设中强调"统一教材"时，在文化艺术的发展中强调"统一主题"时，我们正在做这样的拒绝工作。

正如马克思指出的，真理是由争论确立的，历史的事实是在矛盾的清理中被陈述出来的。没有理论研讨和学术争鸣的活跃气氛，没有不同的学术流派提供宽广的舞台，不但理论创新是一句空话，而且理论大师诞生之路也被封闭起来了。事实上，我们倡导的"百花齐放，百家争鸣"

中的"百花"和"百家"不正是纷然杂陈的学术流派的代名词吗？

严谨扎实的治学风格：理论大师的成功之路

理论研究，特别是理论创新是极其艰辛的事业。德国哲学家康德的巨著《纯粹理性批判》就是沉默 12 年的结晶，而马克思积累四十年的时间，生前也未能完成全部《资本论》的写作。严谨扎实的治学风格既是任何理论创新的前提，也是任何理论研究者走向大师的必由之路。

当我们呼吁理论创新、呼唤理论大师出现的时候，应该比任何其他的场合更多地强调严谨扎实的治学风格。因为在当今中国的理论界，当然也包括上海的理论界，浮躁的情绪、形式化的研究动机和急功近利的研究态度正在到处蔓延。我这里说的"形式化的研究动机"的含义是：不少研究者之所以从事理论研究活动，不是出于实质性的动机，即不是为了追求真理和解决理论上的困惑，也不是为了关注现实和解决实际生活向我们提出的重大问题，而是出于单纯形式上的动机，如获得学位、晋升职称、课题交账等。目前在一些高等院校和科研机构里形成的所谓"教授不上课，研究员不研究"的反常现象，就是形式化的研究动机必然导致的结果。也就是说，一旦形式化的动机已经被满足了，某些人的研究动力也就自然而然地枯竭了。

很难设想，这种形式化的研究动机和急功近利的研究态度能够提供出真正有价值的理论成果，能够造就真正有影响的理论大师。相反，我们经常看到的却是一些主题重复、粗制滥造、缺乏任何思考痕迹的理论垃圾；经常见到的是一些被自己和他人炒作起来的、甚至连理论常识都不具备的所谓"理论明星"。正如黑格尔所批评的："常有人将哲学这门学问看得太轻易，他们虽从未致力于哲学，然而他们可以高谈哲学，好像非常内行的样子。……人人承认要想制成一双鞋子，必须有鞋匠的技术，虽说每人都有他自己的脚做模型，而且也都有学习制鞋的天赋能力，然而他未经学习，就不敢妄事制作。唯有对于哲学，大家都觉得似乎没有研究、学习和费力从事的必要。"① 这里匮乏的正是对哲学和哲学前贤的敬畏之心，仿佛哲学只是一门白痴的艺术，仿佛哲学家们都是一群白痴！

真正的理论创新应该充分地尊重前人和同时代人的研究成果，详细地占有资料，严格地遵守学术规范，深入地研究现实问题或理论问题，并以创造性的方式做出自己的解答。事实上，也只有在严谨扎实的治学风格中，大师级的理论人才才可能脱颖而出。

新世纪呼唤理论大师！

---

① 黑格尔：《小逻辑》，42 页，北京，商务印书馆，1980。

"主体间性"是一个似是而非的概念^①

  主要是因为胡塞尔、哈贝马斯等西方哲学家的倡导，近年来，"主体间性"（有人也译为"主体际性"，其英文对应词为 inter-subjectivity）这一概念已经成为国际哲学界最时髦的、使用频率最高的概念之一。人们仿佛相互约定好似的，突然在一夜之间抛弃了曾经长时期使用的"主体"概念，开始义无反顾地接受并使用"主体间性"的概念。仿佛这样一来，他们就实现了从近代哲学向当代哲学的跨越，就抛弃了错误而进入了真理的殿堂。其实，除了使用"主体间性"这一概念的人们所持有的天真的幻觉之外，任何实质性的变化也没有发生。按照我的看法，"主体间性"是一个似是而非的概念，完全没有必要增设这个概念。也就是说，我们应该用"奥卡姆剃刀"清除这个概念。我

---

  ① 本文载《华东师范大学学报》，2002（4）。

的具体理由有以下几点。

其一，有没有必要把 inter-这一前缀词翻译为"间性"？众所周知，人们通常把 inter-译为"相互""在……中间"或"在……之间"。如人们把 interdisciplinary 译为"学科间的""跨学科的"，当然是无可厚非的。然而，一旦把 inter-这一前缀译为"间性"，尤其是增加了"性"这个内涵十分丰富的词，问题便变得复杂起来。给人的印象是，仿佛在主体之间，还存在着一种独立的、神秘主义的东西或属性。事实上，在 inter-这一前缀中，并不包含中文词"性"所具有的含义。当然，人们常常把 subjectivity 这个英文名词译为"主体性"，但却不应当把这里的"性"嫁接到 inter-这一前缀词的汉译上，从而形成"间性"这一汉语中的怪词。其实，完全没有必要把 inter-subjectivity 这个英语的复合词译为具有神秘主义色彩的"主体间性"，而按其初始的含义译为"在主体性之间"或意译为"主体性之间的关系"也就可以了。当然，这样的译法不如"主体间性"的译法来得简洁，但决不应该盲目地追求简洁，尤其是在它可能增损英文对应词的初始含义的情况下是如此。

其二，所谓"主体间性"的实质也就是"主体性之间的关系"。实际上，"关系"（relationsgip）这个词在含义上比"间性"要清晰得多，且哲学家们对"关系"这个词的使用由来已久，完全可以谈论"主体性之间的关系"，有必要再增设"主体间性"这个具有神秘主义色彩的词吗？而就主体性之间的关系而言，从近代哲学史上看，早就有哲学家在探索这个问题了。众所周知，莱布尼茨试图在各自封闭的单子之间建立"先定和谐"，这里实际上涉及的也就是单子之间的关系问题。同样地，贝克莱为了逃避"唯我论"的立场，用"我们的感知"来置换"我的感知"，这也就等于承认，孤立的"我"是不存在的，"我"在本质上也就是"我们"。与此类似的是，后来的胡塞尔也是因为考虑到"先验自我"的困境，才诉诸 Inter-subjectivity 这一概念的。事实上，马克思早已指出："凡是有某种关系存在的地方，这种关系都是为我而存在的；动物不对什么东西发生'关系'，而且根本没有'关系'；对于动物说来，它对他物的关系不是作为关系存在的。"① 也正是基于对关系的这种见解，马克思在先于《德意志意识形态》的《关于费尔巴哈的提纲》一文中已经指出："人的本质并不是单个人所固有的抽象物，实际上，它是一切社会关系的总和。"② 也许有人会辩解说："主体间性"强调的是主体之间的内在关系，而"主体性之间的关系"关注的只是主体之间的外在关系。这种说法显然也是站不住脚的。众所周知，19世纪末的英国的新黑格尔主义者已经深入地探讨过"内在关系"和"外在关系"问题。况且退一万步说，为了追求表达上的精确，我们也完全可以用"主体之间的内在关系"这样的概念，有什么必要非得引入"主体间性"这种含糊不清的提法呢？

其三，"主体间性"这一概念的提出是以曲解"主体性"为前提的。也就是说，倡导并热衷于使用"主体间性"概念的人先把"主体性"曲解为一种完全孤立的，即割裂一切关系的存在物，从而引申出强调共同存在和普遍联系的所谓"主体间性"。事实上，在通常的情况下，当胡塞尔和哈贝马斯以前的哲学家讨论"主体性"问题的时候，并没有把它理解为彼此割裂的、相互之间没有任何关系的存在物，而是看到了不同的"主体性"之间的关系。这就告诉我们，传统哲学家在谈论"主体性"的时候，这里的"主体性"并不是各自孤立的，而是处在普遍关系之中。也就是说，在"主体性"概念中，已经蕴含着后来胡塞尔和哈贝马斯等人所使用的"主体间性"的含义。所以，只要人们准确地理解"主体性"概念，即肯定这一概念所指称的对象处在普遍的关系之中，也就没有必要再去创制并使用"主体间性"这个词。无论如何，通过把"主体性"概念的含义残缺化的方式来提出"主体间性"这个概念，是不可取的。

其四，如果"主体间性"这样的概念的存在是合法的，那么，这种合法性就应该得到彻底的贯彻。为什么这么说呢？因为单纯的"主体间

---

① 《马克思恩格斯全集》，第3卷，34页，北京，人民出版社，1960。
② 《马克思恩格斯全集》，第3卷，5页，北京，人民出版社，1960。

性"的提法是不彻底的。事实上，人们无法否认，任何一个客体都不是以孤立的方式存在的，一个客体总是和其他的客体处在普遍的联系之中。这样一来，人们也就不得不相应地创制并使用"客体间性"的概念。由于主体和客体之间也处在普遍的联系中，所以人们也不得不创制并使用"主—客体间性"这样的概念。① 而既然世界上的一切存在物都处于普遍的联系之中，那么也就等于说，我们可以把"间性"这个词加到任何对象上面去，于是，"文本间性""问题间性""答案间性""思想间性""观念间性""知识间性"等的新概念也就会应运而生。只要高兴，人们尽可以在每个名词后面都加上"间性"这个词。然而，问题的性质并不会因为增加了这个词就有所改变。事实上，一旦"间性"这个词可以加到任何对象上去，它也就失去了实质性的意义。在这个意义上可以说，这完全是一个多余的词！

其五，人所共知，存在着两种不同类型的"主体性"。一种是"认识论意义上的主体性"，另一种是"道德、法律行为上的主体性"。如果存在着所谓"主体间性"，也必定会有两种不同类型的"主体间性"。一种是"认识论意义上的主体间性"，另一种是"道德、法律行为上的主体间性"。无论是在哪一种意义上，"间性"的概念都无法真正地加以使用。就认识论意义而言，假如一个科学家，如牛顿，做出了伟大的发现，人们只能把这种荣誉归于他这个认识主体，却不能含糊地归于当时的自然科学家的所谓"主体间性"。同样地，在道德、法律行为的意义上，如果人们用"主体间性"去取代"主体性"的话，那么，人们制定的任何行为规范都将丧失其意义。因为一旦出现了违法事件，应该由某一个或几个现实的主体来承担法律责任，还是让所谓"主体间性"来承担法律责

① 写到这里，我们会很自然地联想起海德格尔所创制并使用的概念"在世界之中存在"（Das In-der-Welt-sein），这个概念当然不是在传统的、主客体关系的意义上使用的。相反，海氏试图加以避免的正是这种传统的思维方式，但无论如何，他通过这一概念，揭示了"此在"（Dasein）与世界的不可分离性。

任呢？与此相似的是，当人们需要追究某一事件的道德责任的时候，是让一个或几个主体来承担这一事件的道德责任，还是让所谓"主体间性"来承担道德责任呢？显然，答案是不言而喻的。

综上所述，"主体间性"是一个似是而非的概念。它既没有为当代哲学增加任何新的知识，也没有超越任何传统的、旧的知识；它不但没有使复杂的问题简单化，反倒使简单的问题复杂化了。如果我们理解并赞同"奥卡姆剃刀"的原则的话，也许我们应该清除掉这个带有神秘主义色彩的、含义极为模糊的词。众所周知，哲学研究既有"建设"的含义在内，也有"清理"的含义在内。事实上，后一个含义更为重要。因为我们的思维之路已经为许多无意义的概念、陈述和观念所遮蔽。不去掉这些遮蔽，真理之光就无法透显出来。在这个意义上也许可以说，成为理论上的"清道夫"并不是哲学的耻辱，而是哲学的骄傲！

理性在现代性现象中的四个向度^①

　　众所周知，在《单向度的人》（1964）这部名噪一时的研究著作中，马尔库塞试图对发达工业社会的意识形态和现代性现象做出自己的诊断。从行文中可以看出，马尔库塞的思想深受两位前辈学人——马克斯·韦伯和海德格尔的影响。如果说，韦伯关于"合理性"（rationality）问题的论述引起了马尔库塞的巨大兴趣，那么，海德格尔对"技术"（technology）问题的反省同样激起了他的强烈共鸣。事实上，《单向度的人》正体现出马尔库塞在现代性现象的反思中对上述两大问题的综合性思考。

　　马尔库塞提出的新概念是"技术的合理性"（technological rationality）。他告诉我们，在发达工业社会中，理性的观念已经发生巨大的蜕

---

　　① 本文原来的标题是"理性在现代性现象中的四个向度：从马尔库塞的《单向度的人》说起"，载《求是学刊》，2004（4）。

变："理性观念最近已经蜕化为技术合理性的极权主义的领地。"① 与此相应的是，在发达工业社会中，技术不但已经渗透到人们的日常生活中，而且已经扩展到整个社会的统治制度和意识形态的领域内，成为一种支配性的力量："技术的合理性已经成为政治的合理性。"② 在这样的情况下，一切现代性现象都被"技术的合理性"打上了烙印，从古希腊以来就以"理性的存在物"自诩的人失去了批判和否定的能力，而只满足于对现实生活采取实证主义式的服从态度。

总之，按照马尔库塞的看法，在发达工业社会中，理性只剩下了"技术的合理性"这一个向度。这个向度膨胀得如此厉害，以致它几乎占领了整个理性的领域，唯有法兰克福学派的社会批判理论所发出的微弱的、绝望的呼声与之相抗衡。因此，马尔库塞写道："社会批判理论并不拥有能够弥合过去和未来之间裂痕的种种观念；它既不做任何承诺，也无法指示出一条成功的道路，它始终是否定性的。它依然忠实于那些不抱希望、已经并还在献身于大拒绝（the Great Refusal）的人们。"③ 这里流露出来的正是马尔库塞的悲观主义情绪。尽管他把社会批判理论所蕴含的否定性的理性理解为占统治地位的"技术的合理性"之外的另一种理性的向度，但除了这一向度借以表现自己的空洞形式——"大拒绝"之外，马尔库塞并没有留下什么实质性的、富有积极意义的论述。

毋庸讳言，马尔库塞对发达工业社会的意识形态和现代性现象的论断显示出他在理论上的高度的敏感性，然而，贯通于现代性现象中的理性是否只剩下了"技术的合理性"的向度，而差不多丧失了其他一切向度了呢？正是在这个前提性的问题上，我们和马尔库塞发生了实质性的理论分歧。诚然，我们也承认，"技术的合理性""技术理性"或"科学技术理性"乃是现代性现象中理性的一个重要向度，然而，我们认为，

---

① H. Marcuse, *One-Dimensional Man*, p. 123.

② H. Marcuse, *One-Dimensional Man*, p. xvi.

③ H. Marcuse, *One-Dimensional Man*, p. 257.

不可忽视的是，理性还具有另外三个重要的向度——公共性的向度、规则性的向度和超越性的向度，所以，即使在发达工业社会中，只要一个人自觉地保持着理性的上述三个向度，他就不可能蜕变为"单向度的人"，而这正是现代性的自我治疗的功能之所在。下面，我们对理性的上述三个向度逐一加以论述。

理性的公共性向度

如果说，"理性的技术性向度"涉及的是人与自然界之间的关系，那么，"理性的公共性向度"涉及的则是人与共同体（community）或社会（society）之间的关系。按照德国学者汉娜·阿伦特的看法，在古希腊的城邦中，已经存在着"私人领域"（private realm）和"公共领域"（public realm）。假如说，私人领域主要涉及家庭生活和隐私，那么，公共领域则涉及人人都须关心的城邦的公共事务。在城邦这种共同体的形式中，理性的公共性向度起着极为重要的作用，它总是引导人们积极地去关心城邦的公共事务，甚至为之而献身，并按照一个人关切公共领域的程度来判断他的人格的完整性。正如阿伦特所说的："如果一个人像奴隶一样，不被允许进入公共领域，或者像野蛮人那样，选择了不去建立这样一个领域的做法，那他就不是一个完整的人。"① 由此可见，古代人对公共领域以及在公共领域中发挥作用的"理性的公共性向度"是十分重视的。

然而，随着人类历史的发展，尤其是近代以来市民社会和民族国家的形成，以传统的血缘关系和毗邻的地域关系为基础的古代共同体逐步转变为以陌生的个人为本位的现代社会，而在以现代性现象为基本特征的现代社会中，公共领域和私人领域都处于不断弱化的过程中。阿伦特

---

① H. Arendt，*The Human Condition*，The University of Chicago Press，p. 38.

认为，"自从社会兴起，家政和家政管理方面的活动被纳入公共领域中，一种不可抗拒的倾向生长起来了，那就是吞没比较古老的政治领域和私人领域，同样也吞没了新近才建立起来的亲密关系的领域，这种倾向已经成了新的领域最明显的特征之一"①。比如，在古代共同体中，劳动是属于私人领域的，可是在现代社会中，劳动却成了公共领域关切的基本主题，因为现代社会本身就是在生活过程中形成的公共组织的基础上产生和发展起来的，"社会是这样一种形式，在这种形式中，人们为了生活而不是为了其他的原因而相互依赖便获得了公共的内涵，于是，与纯粹生存相关的活动被准许出现在公共的领域中"②。在阿伦特看来，这样的变化既造成了私人领域的萎缩，也造成了公共领域，尤其是政治领域的全面衰退。而在现代社会中，公共领域的全面衰退，必然会引起"理性的公共性向度"的边缘化，而这正是极权主义兴起的重要原因之一。也就是说，要从根本上遏制极权主义的泛滥，就要把"理性的公共性向度"中心化，把公共领域在现代社会中的重要性充分地凸显出来。

我们知道，德国的另一位著名的思想家哈贝马斯进一步推进了阿伦特对公共领域和"理性的公共性向度"问题的思考。哈贝马斯认为："本来意义上的公共性是一种民主原则，这倒不是因为有了公共性，每个人一般都能有平等的机会表达其个人倾向、愿望和信念——即意见；只有当这些个人意见通过公众批判而变成公众舆论（opinion publique）时，公共性才能实现。"③ 也就是说，真正意义上的公共性和公共领域应当体现出来的是民主的原则，而这一原则在政治领域里得到了最集中的表达。

然而，随着当代社会中的大众传媒和大众文化的发展，阿伦特已经指出的那种私人领域和公共领域全面萎缩的倾向表现得更严重了。在哈贝马斯看来，"大众性并不等于公共性；但是没有公共性，大众性也不能

---

① H. Arendt, *The Human Condition*, The University of Chicago Press, p. 45.
② H. Arendt, *The Human Condition*, The University of Chicago Press, p. 46.
③ 哈贝马斯：《公共领域的结构转型》，252 页，上海，学林出版社，1999。

长久地维持下去"①。问题的关键还在于，以政治领域为核心的、真正体现民主精神的公共领域必须得到复兴。

正如我们在前面已经指出过的那样，公共领域的运作是与"理性的公共性向度"密切相关的，因此，在这个意义上，当代社会中的公共领域的复兴也有待于向"理性的公共性向度"的发展。这充分表明，在现代性的总体话语框架中，通过一些批判性的思想家而被意识到的"理性的公共性向度"仍然具有发挥自己作用的巨大空间。

理性的规则性向度

假如说，"理性的技术性向度"关注的是人如何与自然界相处，那么，"理性的规则性向度"关注的则是一个人如何与他人相处。要言之，"理性的规则性向度"关注的是：人们应该制定出什么样的规则，才能使人与人之间和谐相处。众所周知，在"理性的技术性向度"的支配下，人们的主要努力是揭示出隐藏在自然现象中的 law。我们知道，law 这个词有两种不同的含义：一为"规律"；一为"法律"。显然，我们这里只是在第一种含义上使用 law 这个词。事实上，law 作为自然现象的规律，是客观存在的，人们只是通过探索把它发现出来而已。与此不同的是，law 作为法律却是人们通过主观方面的努力而制定出来的，也就是说，它是人类自己的创造物。其实，law 的第二种含义属于我们这里讨论的"理性的规则性向度"。

在"理性的规则性向度"的支配下，人们的主要兴趣是制定出对每个人以及人与人之间的行为具有约束力的"规则"（rule），如政治规则、经济规则、道德规则、法律规则等，人们谈到法律规则时，涉及的正是 law 的第二种含义。有时候，人们也使用"规范"（norm）这个词，但其

---

① 哈贝马斯：《公共领域的结构转型》，251 页，上海，学林出版社，1999。

基本含义则从属于 rule。

"理性的规则性向度"的重要性在古代社会中已经得到了充分的认可。不言而喻，在任何一个共同体的内部，人的行为都会受到各种制定出来的规则的约束。事实上，没有这样的约束，任何共同体都是不可能存在的。在从共同体向现代社会转型的过程中，传统的血缘关系和地域关系被打破了，"普遍物已经破裂成了无限众多的个体原子，这个死亡了的精神现在成了一个平等〔原则〕，在这个平等中，所有的原子个体一律平等，都像每个个体一样，各算是一个个人（Person）"①。在个体充分离散的现代社会中，"理性的规则性向度"的重要性进一步上升。之所以出现这样的局面，道理很简单，因为没有充分有效的规则的制定以及这些规则对每个人行为的约束，社会和社会生活都是难以想象的。

虽然近代以来的哲学家，如霍布斯、洛克、休谟、卢梭、孟德斯鸠、贡斯当、托克维尔、康德、黑格尔、边沁、穆勒等，没有使用过"理性的规则性向度"这样的概念，但实际上，他们都充分肯定了理性所制定的规则对人的行为约束的可能性和必要性。黑格尔对法国革命中的"绝对自由"倾向的批评，正是为了呼唤规则理性的苏醒。在当代哲学家，特别是哈贝马斯那里，对"理性的规则性向度"的肯定和强调更是达到了前所未有的程度。哈贝马斯从交往理性出发，吸纳了奥斯汀的"以言行事"的学说，提出了普遍语用学的理论，强调个人之间如何进行积极而有效的沟通和商谈。

所有这些都表明，在现代性的总体语境中，"理性的规则性向度"的存在和发展是可能的。它与"理性的公共性向度"一起，在不同的层面上发挥着自己的作用。如果说，"理性的公共性向度"注重的是人与共同体或社会之间的关系，那么，"理性的规则性向度"注重的则是人与人之间的关系。比较起来，后者更具有现实性和可操作性。

————————

① 黑格尔：《精神现象学》，下卷，33 页，北京，商务印书馆，1981。

理性的超越性向度

如果说，我们上面论述的"理性的技术性向度""理性的公共性向度"和"理性的规则性向度"都是理性在经验的层面上发挥作用的话，那么，我们这里所说的"理性的超越性向度"，则指理性在超越经验的、形而上学层面上的运用。换言之，"理性的超越性向度"涉及理性在宗教信仰、哲学思考和艺术创造方面的运用。

众所周知，康德在《纯粹理性批判》的第二版序言中曾经说过："因此，我必须扬弃知识，为信仰开拓地盘。"① 显然，康德这里的"知识"是指理论理性的领域，即主要与数学和自然科学相关的领域，在我们的研究语境中，主要与"理性的技术性向度"有关。与此不同的是，"信仰"则主要与宗教和以宗教为前提的道德的领域有关。在康德看来，在以现代性为导向的现代社会中，理性光在经验的层面上发挥作用是不行的，还应在超越的层面上，尤其是宗教的层面上发生作用。

后来，尼采在《查拉图斯特拉如是说》一书中提出了"上帝已死"的著名命题，马克斯·韦伯也曾把以现代性为导向的西方社会的发展理解为一个"祛魅"（Entzauberung）的过程，而"祛魅"则蕴含着对传统宗教和神秘思想的消除。然而，实际情形告诉我们，宗教之"魅"在当代社会中仍然保留着，正如容格早已断言的那样，上帝是不可能死，也是不会死的，因为"理性的超越性向度"是永远不可能从人类理性中被抹去的。我们也知道，在"理性的技术性向度"空前发展的当代，当技术已经把人连根拔起的时候，海德格尔的态度又是怎么样的呢？他的回答是："只还有一个上帝可以救渡我们。"②

与上述哲学家的见解不同，按照谢林的看法，在"理性的超越性向

---

① I. Kant，*Kritik der Reinen Vernunft*（Ⅰ），Suhrkamp Verlag 1988，s. Bxxx-xxxⅠ
② 《海德格尔选集》（下），1289 页，上海，上海三联书店，1996。

度"中，艺术之追求拥有至高无上的地位："客观世界只是精神原始的、还没有意识的诗篇；哲学的工具总论和整个大厦的拱顶石乃是艺术哲学。"① 确实，艺术活动是在"理性的超越性向度"的支配下，以自己的方式，大胆地创造世界，而作为"理性的超越性向度"活动的场所之一，艺术世界在人类的整个生活中也始终是一个不可或缺的环节。

尽管黑格尔也与康德一样重视"理性的超越性向度"，但在对"超越性向度"的理解中，他更注重的不是宗教，也不是艺术，而是哲学。在《逻辑学》的第一版序言中，黑格尔在谈到科学与常识携手导致形而上学的崩溃时，曾经指出："一个有文化的民族竟没有形而上学——就像一座庙，其他各方面都装饰得富丽堂皇，却没有至圣的神那样。"② 在这里，黑格尔肯定了"理性的技术性向度"与"理性的超越性向度"之间的冲突，即科学和常识试图以自己的方式否定宗教存在的合法性，然而，"理性的超越性向度"是不可能从人性和理性中彻底地被排除掉的。在黑格尔看来，不但一个民族不能没有形而上学，而且个人实质上也是形而上学的动物，所以，他在《小逻辑》一书中进一步发挥道："人乃是能思维的动物，天生的形而上学家。真正的问题，不是我们用不用形而上学，而是我们所用的形而上学是不是一种正当的形而上学。"③ 也就是说，在某些历史时期，"理性的超越性向度"和形而上学可能会因为各种原因而出现萎缩，但它们始终与人类的生存和思维结伴而行，这一点却是无可怀疑的。所有这些也表明，在以现代性为导向的现代社会的发展中，"理性的超越性向度"并没有消失，它始终发挥着自己的重要作用。

综上所述，马尔库塞在《单向度的人》中批判"理性的技术性向度"及其种种表现是有意义的，然而，他仅仅停留在这个向度中去理解理性

① 谢林：《先验唯心论体系》，15 页，北京，商务印书馆，1977。
② 黑格尔：《逻辑学》，2 页，北京，商务印书馆，1980。
③ 黑格尔：《小逻辑》，216 页，北京，商务印书馆，1980。

又是片面的。事实上，这种理解方式必定会引申出悲观主义的结论。其实，在以现代性为导向的现代社会的发展中，理性的另外三个向度，即"理性的公共性向度""理性的规则性向度"和"理性的超越性向度"并没有消失，它们通过一些批判性的思想家的阐述而在人类意识中获得了普遍的认同，从而成了制约"理性的技术性向度"无限制泛滥的重要力量。理性的这三个向度的存在也表明，现代性具有一种自我反思、自我治疗的功能，所以，我们不能轻易地对现代性做出"是"或"否"的简单的结论。

超越实用理性，拓展人文空间[①]

近年来，"理论创新""思想创新"这样的提法在理论界总是不绝于耳。其实，这样的提法本身就是值得反思的。何以言之呢？在我看来，理论研究也好，思想探索也好，本身就蕴含着创新的意图。换言之，即使我们从来不提"创新"这个词，理论研究和思想探索也必须创新。也就是说，创新乃是理论研究和思想探索的题中应有之义。如果研究而不创新，探索而不破旧，那么这里存在着的就只是模仿和抄袭，既不存在真正意义上的理论研究，也不存在真正意义上的思想探索。所以，在某种意义上，把"理论"与"创新""思想"与"创新"组合

[①] 本文载《探索与争鸣》，2002（10）。

起来，实际上并没有增加语词本身的信息量。① 需要深入地加以检讨的倒是问题的另一个侧面，即人们正在从事的那些考察和思考的活动能不能冠之以"理论研究"和"思想探索"这样严肃的字眼。事实上，在各种报刊和文本上，触目可见的是"创新"这个大字眼和从罗丹的"思想家"雕像上拓下来的图片，然而，遗憾的是，我们既找不到原创性的思想观点，也找不到独立的理论见解。

为什么人们很难进入真正的理论研究和思想探索的境界中去呢？不用说，原因是多方面的，我在这里着重反思的是：在当代中国人（当然也包括人文知识分子）中普遍存在着的实用理性乃是阻碍人们进入这样的研究境界的重要因素。

何谓实用理性

众所周知，李泽厚先生是把"实用理性"概念课题化的一位学者。他在《漫说"西体中用"》一文中这样写道："所谓'实用理性'就是它关注于现实社会生活，不作纯粹抽象的思辨，也不让非理性的情欲横行，事事强调'实用'、'实际'和'实行'，满足于解决问题的经验论的思维水平，主张以理节情的行为模式，对人生世事采取一种既进取又清醒冷静的生活态度。它由来久远，而以理论形态去呈现在先秦儒、道、法、

---

① 正像上海有一家报纸叫"新闻报"，而这个名字完全是无意义的重复，因为"报纸"这个词在英文中是 newspaper，它由 news（新闻）和 paper（纸）这两个词构成。所以，报纸这个词也可直译为"新闻纸"。既然报纸本身就是"新闻纸"，还有必要在"报"前再去加上"新闻"这个词吗？如果我们把"新闻报"这个词译为英文，它就成了一个怪词，即 News Newspaper。然而，办这家报纸的人也许感到了翻译方面的困难，所以把"新闻报"译为 Business Newspaper。然而，在英文中，business 的含义是"商务"。如果使用 Business Newspaper，它的中文对应词就应该是"商务报"。所以，我们在"新闻报"及这个词的英译 Business Newspaper 中见到的是双重的理解上的错误。

墨诸主要学派中。"① 在李泽厚先生看来，实用理性具有如下的特征：第一，它不崇拜任何抽象的理念、信仰和思辨，但仍能保持一种冷静的、以理节情的生活态度；第二，它本质上是一种讲究实用、实际和实行的经验论的思维方式；第三，它并不是从当今中国社会中产生出来的，而是古已有之的。

李泽厚先生还强调，中国人的实用理性不同于美国现代的实用主义。如果说，实用主义不过是一种工具主义，那么，实用理性则有以天道和人道为基本构成因素的世界观模式和行为规范。然而，这种世界观模式和行为规范并不是西方意义上的宗教信仰，它并不包含非理性的信仰因素和情感因素，它并不妨碍中国人离弃自己原有的东西，而去接受外来的、更有价值的东西。李泽厚先生甚至认为，中国实用理性具有"为维护民族生存而适应环境、吸取外物的开放特征。实用理性是中国民族维护自己生存的一种精神和方法"②。

毋庸讳言，中国人的反抽象主义的实用理性的思维方式和行为模式在中华民族的生存和发展中起过重要的作用。事实上，当代中国人的思维方式和行为模式也完全可以用实用理性命名之。然而，这种实用理性是否就像李泽厚先生所认为的那样完美无缺呢？李泽厚先生未深入地加以探究的实用理性的消极方面又是什么呢？这正是我们这里打算着重加以讨论的问题。

结合当代人的思维方式和行为模式，我们认为，实用理性主要蕴含着以下两方面的消极因素。其一，急功近利，讲究实用。人们热衷于讨论"体用关系"，其基本的见解或是主张"中体西用"，或是主张"西体中用"，前者把西方文化仅仅理解为一种功能性的存在物，后者则把中国文化仅仅理解为一种功能性的存在物。同样地，人们讲"洋为中用""古为今用""活学活用"，其重点都落在一个"用"字上。当人们谈论哲学时，也总是

---

① 李泽厚：《中国现代思想史论》，320 页，北京，东方出版社，1987。

② 李泽厚：《中国现代思想史论》，322~323 页，北京，东方出版社，1987。

无休止地询问着同一个问题：哲学有什么用？当我们与一些文化素质比较低的人打交道，并提醒他们要讲道德时，他们总会反唇相讥："道德多少钱一斤？"总之，不管什么东西，只要它不能落实到某种用处上，且这种用处是可以通过感性直观到的，人们就宣布它是奢侈品，它的存在是无意义的，是可以弃之不顾的。其二，易于满足，缺乏宏大的目标。由于不崇拜任何抽象的理念，所以只要人生日用得到了满足，或用中国人的话来说，只要达到了"温饱"，人们也就自得其乐，再也没有更多的追求了。所谓"温饱"，也就是"饱食暖衣"，专指人们的物质生活。事实上，人们也以同样的方式来理解和诠释他们心目中的"幸福"，至于精神生活方面的要求，那就完全可以略去不计了。所以，安顿在人文空间中的那些至关重要的因素，如政治上的自由和民主、法律上的权利和义务、宗教上的信仰自由等，似乎从来都在中国人所理解的"幸福"的范围之外。

从上面的论述可以看出，我们应该全面地理解中国人所普遍信奉的实用理性。事实上，实用理性包含着两个方面：一方面，它体现为一种顽强的生存精神。也就是说，生存本身就是最高的原则，任何其他的原则一旦与这个最高的原则发生冲突，它就面临被弃置的命运；另一方面，它对"实用"的理解是如此之倚重物质生活和人生日用，以致使现代意义上的人文精神的空间严重地萎缩，甚至无法开启。

实用理性的支援意识

在某种意义上，当代中国人的思维方式和行为模式更多地受到实用理性的支配。之所以会出现这样的局面，因为这种理性获得了强大的支援意识。

一是来自传统文化方面的支援意识。如前所述，对于中国人来说，实用理性的传统古已有之，尤其是儒家强调"经世致用"，十分重视知识的实用性，而人们之所以注重读书，不但为了学以致用，报效社会和国家；也为了使自己获得实际利益，所谓"书中自有黄金屋，书中自有颜如玉"云云，也就是这个意思。传统的中国人甚至把实用理性引入宗教信仰之中，所谓"无事不登三宝殿""平时不烧香，急来抱佛脚"云云，都反映出这方面的深厚心理积淀。

二是来自市场经济消极方面的支援意识。与传统的经济方式相比，市场经济存在着许多合理的方面，但也包含着某些消极的方面，如急功近利，谋求自己的利益获的最大程度的实现等。马克思在论述资产阶级在推进市场经济发展的历史作用时，曾经这样写道："它把宗教虔诚、骑士热忱、小市民伤感这些情感的神圣发作，淹没在利己主义打算的冰水之中。它把人的尊严变成了交换价值，用一种没有良心的贸易自由代替了无数特许的和自力挣得的自由。"[①] 在市场经济的背景下，人们对"实用"这个词获得了更宽泛的理解，即不仅要追求使用价值意义上的"实用"，更要追求交换价值意义上的"实用"。于是，在赚钱欲的驱动下，人们不再谈论真理，而只关心价格和价值；不再崇拜其他的神祇，而只崇拜财神；不再看重真实和诚信，只要虚假和欺诈能够导致富有，便不惜铤而走险。乍看起来，人们也在声情并茂地讨伐"拜金主义"，但秘密常常是在不自觉中流露出来的。当人们兴高采烈地谈论着某个地块的"含金量"，谈论着某某人出的"金点子"，谈论着电视节目播出中的"黄金时段"，或把一个心地善良的人誉之为"一颗黄金般的心"的时候，不正证明了他们潜意识中崇拜的始终是黄金和金钱吗？

三是来自科技发展方面的支援意识。众所周知，科学技术注重的正是实用和实效（效率）。随着科学技术的迅速发展，科学主义和工具主义也随之而蔓延开来，从而为实用理性的扩张提供了新的动力。与此同时，高科技和大众传媒的发展也使人的躯体，尤其是青年女性的躯体铺天盖地地出现在各种各样的文本广告和影视节目中。视觉取代了思考，躯体取代了灵魂。

---

① 《马克思恩格斯选集》，第 1 卷，274～275 页，北京，人民出版社，1995。

总之，在各种背景意识的支援下，当代中国人的实用理性的发展已经达到登峰造极的地步：他们的人均居住面积是扩大了，但人文空间却严重地萎缩了；他们的躯体充斥在各种文本和画面中，但灵魂却消失了；他们来去匆匆地到各个自然景点和人文景点去旅游，但对这些景点的精神内涵却失去了深切的感受力。他们是如此之重视"实用""实效"和"实利"，如此之崇尚"务实""充实"和"殷实"，以致完全失去了精神上的空灵感。中国传统文化中别具一格的庄禅境界、西方哲学家康德开创的实践理性境域，对于他们来说都不过是遥远的梦境，甚至是无聊的语言游戏。

　　当代中国人变得如此之实际，以致无法理解任何超功利的现象，无论是日常生活中志愿者的活动或助人为乐的行为，还是科学工作者对真理的追求或领导者对廉洁自律的执着，对于他们说来都是不可思议的。他们的大脑里装满了金钱、汽车、住房、职称、权力等实际的因素，以致很难从中找出一个哪怕具有唐·吉诃德式的、过时理想的男人或爱玛式的、富有不切实际的浪漫主义理想的女人。正如大型超市充斥着琳琅满目的商品一样，当代中国人的精神世界也充满了各种物质的欲望和要素。灵魂、精神和思想已经被放逐到异国他乡去了。在实用理性蔓延之处，到处可见的是无灵魂的躯体、无精神的肉欲和无思想的文本。

努力开拓人文空间

　　面对着当代中国人越来越被"充实"、被"物化"的趋向，作为人文知识分子，我们能做些什么呢？事实上，在社会转型的过程中，企业家、银行家、经纪人、商人等实业家早已成为舞台灯光聚焦的对象，而人文知识分子则处在边缘化的状态下。正如务实的拿破仑把同时代的"观念学者"（idéologue）称作"空想家"一样，当代中国人也习惯于把很难在市场上获得兑现价值的人文知识分子称作"空谈家"。由此看来，当代中国社会的人文知识分子也只能说一些边缘性的话语。但在我看来，重要的是把这些话说出来。

其一，应该对中国的文化传统做出全面的诠释。事实上，在这一无限丰富的传统中，包含着对"用"字的另一种理解。老子说："三十辐，共一毂，当其无，有车之用。埏埴以为器，当其无，有器之用。凿户牖以为室，当其无，有室之用。故有之以为利，无之以为用。"（参见《老子·十一章》）。在这里，老子建立了"用"和"无"（空间）之间的内在联系，强调了空间和空灵的意境的重要性。所以，应该全面地诠释中国的文化传统，即既要把握儒家的入世情怀和经世致用的务实精神，又要把握庄禅的出世精神和空灵的思想境界。只有在这两个传统的侧面之间建立必要的张力，当代中国人才能避免被"物化"或完全地"充实化"的命运。

其二，应该对市场经济和科学技术的作用做出全面的评价。由于历史的原因，中国市场经济的发展还刚刚起步，科学技术也处于落后的状态之中。在这个意义上可以说，当代中国人还要继续对传统社会的制度结构和行为模式进行转换，以适应市场经济发展的需要；同时，也需要努力发展科学技术，以便使中华民族自立于世界民族之林。然而，我们必须注意到问题的另一个方面，即蕴含在市场经济和科学技术中的种种消极因素的存在。所以，我们既要学会适应市场，又要充分认识市场原则的界限；既要发展科学技术，又要努力遏制科学主义的蔓延，从而确保人文空间不会因挤压而变形，乃至消失。

其三，应该努力克服人文知识分子自身的浮躁情绪。毋庸讳言，这种浮躁情绪正是实用理性使然。当然，人文知识分子也要考虑人生日用和各种具体的事务，但他们不能甘愿成为具体事务的"管家婆"，也不应该把自己从事的弘扬人文精神的事业理解为单纯的谋生工具。总之，临渊羡鱼，不如退而结网。事实上，也只有超越实用理性，摆脱浮躁情绪的影响，一个空灵而巨大的精神空间才可能真正地向人文知识分子开启出来。同时，与这个伟大的变动时代相称的、具有永恒价值的人文作品才有可能诞生出来。

向主观世界回归①

　　一般说来，哲学研究大致上有以下三条不同的进路：一是侧重于对人的主观世界的研究，二是侧重于对人所面对的客观世界的研究，三是侧重于对主观世界和客观世界之间的媒介物（实践、经验、语言或现象等）的研究。假如说，奥古斯丁、帕斯卡尔、笛卡尔、贝克莱、康德和费希特是第一条进路的代表人物，亚里士多德、斯宾诺莎、霍尔巴赫和谢林是第二条进路的代表人物，那么，马克思（实践）、杜威（经验）、维特根斯坦（语言）、胡塞尔（现象）恐怕就是第三条研究进路的代表人物了。事实上，在第一条研究进路上，还有一个代表人物是无论如何都不应该被遗忘的，他就是我们这里正要加以讨论的丹麦的神学家和哲学家——

---

① 本文是为梁卫霞即将出版的博士论文《克尔凯郭尔的间接交流理论探要》所写的序言，这里做了一定的删节和改写。

克尔凯郭尔。记得西方人的谚语是"本乡无先知"。当波洛（Roger Poole）在其论文中喋喋不休地抱怨"丹麦哲学从未认真地对待过克尔凯郭尔"①时，克尔凯郭尔早已获得了世界性的声誉，并被尊为19世纪最伟大的思想家之一。

克尔凯郭尔生活、学习和写作的时期，正是德国哲学家黑格尔和谢林的思想在丹麦产生重大影响的时期。凡是读过克尔凯郭尔著作并留意过这些著作的注释的人，都会发现，他阅读并引证过黑格尔的许多著作。众所周知，在黑格尔去世后10年，即1841年，曾在德国哲学界被黑格尔的巨大身影遮蔽得几乎无处存身的谢林，又重返柏林大学讲台，开始对黑格尔哲学进行系统的清算，而克尔凯郭尔正是这些讲座的热心的听讲人之一。②虽然谢林对他青年时期的同学黑格尔后来在德国哲学界独占鳌头始终抱着一种怨恨的情绪，但在19世纪初，当他们在耶拿一起共事的时候，还是很好的朋友。当时的谢林已在德国哲学界崭露头角，而年龄比他大的黑格尔则仍然处于默默无闻的状态中。然而，正是黑格尔，在其第一部哲学著作《费希特与谢林哲学体系的差异》中准确地阐述了谢林哲学在德国古典哲学发展史上的历史地位。德国古典哲学表现为从康德到黑格尔的思想运动，而在这一运动中，康德和费希特侧重于从主观世界的角度来探究哲学，而谢林则在斯宾诺莎哲学的冲击下，摆脱了费希特的影响，侧重于从客观世界的角度来探索哲学。黑格尔敏锐地发现了蕴含在谢林哲学中的这种新的思想倾向，从而为谢林哲学做出了准确的历史定位，而谢林自己则"当局者迷"，对自己思想的历史处境处于

---

① Roger Poole, *The unknown Kierkegaard*: *Twentieth-century receptions*, from A. Hannay and G. D. Marino edited, *The Cambridge Companion to Kirkegaard*, Cambridge University Press, 1998, p. 49.

② 与克尔凯郭尔同时听讲的还有恩格斯。恩格斯还撰写了一些论文来批判谢林，捍卫他心目中的哲学界的"宙斯"——黑格尔的理性主义学说和辩证法思想。

懵懂无知的状态。① 其实，谢林要感谢黑格尔的地方并不一定逊于他要谴责黑格尔的地方。这样，我们就明白了，黑格尔和谢林思想的流行，意味着第二条研究进路——侧重于对客观世界的探讨——的思想倾向在当时德国和丹麦的思想界都占据着主导性的位置。

正是克尔凯郭尔，通过对这一主导性思想倾向的反叛，重新把哲学引回到第一条研究进路，即侧重于从主观世界的角度来探索哲学的进路上。当然，必须指出的是，即使是在同一条研究进路上，克尔凯郭尔的思想倾向也不同于笛卡尔、贝克莱、康德、费希特这些哲学家。人所共知，这些哲学家都从属于理性主义的传统，在对主观世界的探索中，他们注重的无非"理性""自我""感知"和"我思"这样的环节。或许可以说，克尔凯郭尔的思想倾向与奥古斯丁、帕斯卡尔更接近一些。说他的思想与奥古斯丁接近，因为他们都从属于基督教思想家这个大的范围之内，都把献身于基督教及其上帝作为自己思想的最高目标；而说他的思想与帕斯卡尔接近，因为他们都把某些非理性的因素，如"欲望""激情""无聊"和"有罪感"等理解为主观世界的基础性部分。然而，即使存在着某些共同点，我们仍然能够发现，作为旷古未有的奇才，克尔凯郭尔在对主观世界的开掘中，走出了自己的新路。

首先，克尔凯郭尔所要返回的主观世界，不是由群体（the masses）的生活和精神构成的，而是由个体（individual）的生活和精神构成的。克尔凯郭尔认为，在群体中，精神总是趋向于对客观世界和客观性的追求，从而完全把个体的主观精神世界淹没了，因而他不喜欢群体，他喜欢的是孤独的个体，或者换一种说法，他希望个体永远处于孤独的状态

---

① 人们常常把黑格尔的思想称之为"客观唯心主义"，尽管黑格尔哲学也侧重于对客观世界的探索，但他更愿意把自己的思想理解为"绝对唯心主义"，而"绝对唯心主义"不但超越了"主观唯心主义"和"客观唯心主义"，而且正是这两者的扬弃了的统一，它既体现为唯心主义发展的最高阶段，也体现为德国古典哲学发展的最高阶段。也正是在这个意义上，我们没有把黑格尔作为第二条研究进路的代表人物。

下，他甚至把自己的墓志铭也写成了"这个个体"（the individual）。因为在他看来，个体只有处于孤独的状态下，主观精神世界的丰富性才会充分地展示出来，而这种丰富性不但是坚持第二条研究进路的哲学家们所看不到的，也是坚持第一条进路中的理性主义传统的哲学家们所看不到的。与传统的哲学家不同，克尔凯郭尔所理解的"个体"不是单纯理性和思维的载体①，而是一个有血有肉的存在物。在他看来，事物存在着（is），唯有人生存着（exists），而作为个体的人的生存并不是现成的，事先被决定的，而是自由的，充满着各种可能性与意外性，而这些特征正是以个体的主观性的无限丰富性为基础的。而这种主观性主要体现为个体在其生存活动中敞开的非理性的精神世界，如欲望、激情、焦虑、孤独、有罪、绝望、信仰等。事实上，正是通过对个体在其生存活动中必定会遭遇到的这个神秘的、非理性的内在世界的披露，克尔凯郭尔为我们揭开了主观世界中最底层的一个领域，即非理性因素的领域，从而充分展现出他的哲学思维的原创性和另类性。

其次，克尔凯郭尔对个体的主观世界的返回和对群体的拒斥，并不表明他所倡导的个体与德国哲学家莱布尼茨所说的"单子"（monad）一样是没有窗户的、自我封闭的。实际上，在莱布尼茨那里，单子只能在上帝创造的所谓"先定和谐"（the pre-established harmony）中才能相互沟通，而在克尔凯郭尔这里，个体与个体之间、个体与上帝之间都存在着巨大的沟通的空间。说到"沟通"（communication），尤其是"直接沟

①　有趣的是，在当代哲学家中，也有一些哲学家坚持从单纯理性和思维的角度来理解人，如美国哲学家普特南在他的著作中提出了一个著名的"钵中之脑"的假设。但这样的假设总是蕴含着一个自明的理性主义的前提，即把人的存在归结为他的大脑的存在，而完全忽视了他的躯体和四肢，仿佛人像海母一样，是用大脑在海水中行走的。我在另一处也谈到过对中国著名的小说《西游记》的看法。乍看起来，这部小说涉及四个个体，即唐僧、孙悟空、沙和尚和猪八戒。其实，这里只有一个个体，唐僧是这个个体的大脑，孙悟空和沙和尚是他的四肢，而猪八戒则是他的躯体。假如把猪八戒这个形象抽掉，《西游记》就失去了它的感染力，变得苍白和无法卒读了。

通"（direct communication）和"间接沟通"（indirect communication），我们必须把基督教思想史上使用的这些概念与克尔凯郭尔赋予这些概念的特殊的含义严格地区分开来。

众所周知，在 16 世纪，欧洲发生了著名的"宗教改革"运动，而在这一运动之前，欧洲的基督教信徒（作为个体）与上帝的沟通总是通过教会来进行的，也就是说，每个个体与上帝之间的沟通本质上都是间接沟通。然而，教会的腐败表明，它不可能再充当个体与上帝之间的媒介，而宗教改革运动冲击的正是教会的权威，改革后的新教更倾向于个体与上帝之间的直接沟通。康德在《单纯理性范围内的宗教》一书中曾经使用过"不可见的教会"（invisible church）这样的概念，其目的无非虚化教会，倡导个体与上帝之间的直接沟通。

与基督教思想发展史上的上述情况不同，克尔凯郭尔在不同的意义上使用了"直接沟通"和"间接沟通"的概念。在他的全部作品中，一部分署的是真名，另一部分署的则是假名（即笔名）。一般说来，署真名的作品是宗教方面的，署假名的作品则是美学或哲学方面的。这两种作品的差别不仅体现在它们各自的内涵上，也体现在它们各自的写作风格上，而沟通上的差异则主要体现在作品的写作风格上。一般说来，克尔凯郭尔把署真名的作品理解为与其他个体进行"直接沟通"的载体，而把署假名的作品理解为与其他个体进行"间接沟通"的载体。在前一类作品中，他以简捷明快的写作风格直接阐述自己认定是真理的东西；而在后一类作品中，他主要采取了与苏格拉底的"助产术"（midwifery）相类似的风格，即运用启发性的、诱导性的和暗示性的语言，以喜剧的、反讽的、寓言的、假设的等种种表现方式，与其他的个体进行沟通，以便"把人们骗入真理中"（to deceive men into the truth）。

那么，克尔凯郭尔通过"间接沟通"究竟要把人们"骗入"什么样的"真理"中去呢？我们发现，他的思想的特异性正在于，他并不引导人们去追求自然科学家或传统的哲学家所主张的关于客观世界的真理，即如何使自己的主观认识去符合客观世界，相反，他告诉我们，"主观性就是真理"（Subjectivity is truth）。也就是说，真正的真理隐藏在主观性中，而"以最具激情的内在性去占有和把握一种客观上的不确定性，就是真理，就是一个生存着的个体所能达到的最高真理"①。在这里，克尔凯郭尔所说的"内在性"（inwardness）也就是主观性。在他看来，个体在生存中面对的是现实生活的不确定性，而真理就在于个体以主观的、冒险的方式，勇敢地投入这种不确定性中，做出自己的决定。

最后，克尔凯郭尔对主观世界的回归体现在他对个体在其生存活动中所做出的主观选择行为的高度重视上。众所周知，黑格尔提出了"正题—反题—合题"这一著名的三段论，而克尔凯郭尔则把这一三段论理解为描述客观世界的概念辩证法。在理论层面上，这种辩证法可以被阐述得头头是道，似乎显现为永恒的真理，但在个体必须面对的生存活动中，这种辩证法是根本站不住脚的。在个体的生存活动中，能够把"正题"和"反题"统一起来的"合题"常常是不存在的。个体在生活中必须面对各种可能性，但他一经选择了某种可能性，其他的可能性也就长久地，甚至永远地对他封闭起来了。在生活或生存活动中，个体根本不可能期待在各种相互冲突的可能性之间出现什么"合题"，而只能在这些可能性中做出非此即彼的选择。这就像一个人走到三岔路口，他是不可能把方向不同的两条路一起走下去的，他必须做出非此即彼的选择：要么走这条路，要么走另一条路，这里不可能有任何"合题"。事实上，克尔凯郭尔以假名出版的著作《非此即彼》（*Either/Or*）正是对黑格尔的上述辩证法的解构，把"非此即彼"的意思发挥出来，也就是："正题—反题—没有合题"。在他看来，"非此即彼"才是生活或生存活动中的真

---

① S. Kierkegaard，*Concluding Unscientific Postscript to Philosophical Fragment*，Edited and Translated by Howard V. Hong and Edna H. Hong. N. J.，Princeton University Press，1992，p. 203.

正的辩证法，他把这种辩证法称作"质的辩证法"（qualitative dialectic）。①

那么，这种"质的辩证法"的本质是什么呢？克尔凯郭尔认为，这是个体在其生存活动中展现出来的主观辩证法。其实，任何个体的生存活动都是由一连串的非此即彼的选择活动构成的。事实上，作为一个孤独的个体，克尔凯郭尔短暂的一生就是由三次决定性的选择活动所构成的。第一次决定性的选择是：在与雷吉娜订婚后数月，克尔凯郭尔突然单方面解除了与她之间的婚约。他当时刚从哥本哈根大学毕业，是与雷吉娜一起开始普通人的世俗生活，还是把自己的一生无保留地献给基督教神学事业？他心中充满了矛盾和痛苦。在犹豫了一段时间后，他毅然决然地做出了选择：中断与雷吉娜之间的关系，把自己的生命无保留地献给神学事业。第二次决定性的选择是：主动向《海盗报》发起挑战。《海盗报》是当时哥本哈根的一家非常有影响的报纸，专门披露名人的隐私、轶事和丑闻。在通常的情况下，名人们要么竭力避开这家报纸，要么努力与它搞好关系，但克尔凯郭尔却反其道而行之，公开对这家报纸发表评论，进行挑战。《海盗报》终于按捺不住了，刊登了关于克尔凯郭尔的讽刺文章和漫画，由此而演绎成他和这家报纸之间的旷日持久的论战，从而产生了重大的社会影响。也许这正是克尔凯郭尔做如是选择所追求的结果。第三次决定性的选择是：在他父亲生前的好友明斯特主教逝世后，公开发表文章对他的思想进行抨击，在当时的宗教界引起了轩

---

① 众所周知，恩格斯在《反杜林论》一书中把辩证法与形而上学对立起来，并进一步把形而上学解释为非此即彼的思维方法。从此以后，在马克思主义哲学研究的语境中，"非此即彼"就成了一种错误的思维方式的代名词。其实，深受黑格尔思想影响的恩格斯没有区分开两种不同的辩证法：一种是黑格尔式的概念辩证法，这种辩证法有利于思辨，但对实际生活毫无用处；另一种是个体生存的辩证法，这种辩证法肯定，个体的生存活动正是由一系列非此即彼的选择活动构成的。人们在日常生活中所说的"有所不为，才能有所为"也正是这个意思。今天，我们应该为"非此即彼"正名，恢复它在生存的辩证法中的核心地位和作用。

然大波。其实，克尔凯郭尔之所以这样做，就是为了与明斯特所代表的正统的神学思想画清界线。在某种意义上可以说，克尔凯郭尔的一生忠实地实践了他自己所主张的这种"质的辩证法"。

谁都不会否认，不同的个体会在自己的生存活动中做出不同的选择，但这类主观上的选择活动是否有规律可循呢？克尔凯郭尔的回答是肯定的。他把个体能够做出自主选择的时段区分为青年时期、中年时期和老年时期。他认为，在一般的情况下，青年时期的个体本质上是审美的，即把感性的追求理解为生活中最重要的事情，唐璜就是这个时期的代表；中年时期的个体本质上是伦理的，即把理性地处理好人与人之间的关系理解为生活中最重要的事情，苏格拉底就是这个时期的代表，他蓬头赤足，整天在市场里走来走去，找人辩论，目的就是阐明每个个体必须遵守的伦理原则的重要性；老年时期的个体本质上是宗教的，即把自己与上帝之间的关系理解为生活中最重要的事情，亚伯拉罕就是这个时期的代表。上帝考验了他，而他经受住了这种考验，因为他信仰上帝。在克尔凯郭尔看来，个体在其生存活动中的选择活动大致上是按照审美的、伦理的、宗教的次序来展开的。

综上所述，克尔凯郭尔以自己的方式，把哲学重新领回到对主观世界的探究中，从而在奥古斯丁、康德、费希特等哲学之后，再次显示出主观世界的重要性。就像席勒笔下的卡尔所说的："我要忠实地停留在我自己的世界上……我就是我的地狱和天堂。"①

---

① 卡尔是席勒撰写的剧本《强盗》中的一个人物。

问题意识：创新的内在动力^①

众所周知，人是一个有目的的存在物，而创新则是人的行为（既包括实际的行为，也包括理论上的、思维上的行为）。显然，创新的行为总是在某些动力的支配下发生的，而动力则可能是多方面的。它们大致上可以分为两种类型：一是外在的动力，如经济利益、职称晋升、学术荣誉等；二是内在的动力，我们不妨把它称作"问题意识"。从根本上看，创新行为是在问题意识的引导下发生的。我们甚至可以说，没有问题意识，也就没有真正意义上的创新行为。

什么是问题意识

从字面上看，"问题意识"是由"问题"和

---

① 本文载《浙江日报》，2007-06-18。

"意识"这两个不同的名字构成的。所谓"问题",也就是"疑问",提问者觉得某个现象不合常理或自己不明白或无法理解,因而把自己的疑虑提出来了。于是,提问者心中的疑问也就发而为问题。所谓"意识",也就是人在观念上达到的某种程度的自觉。由此可见,所谓"问题意识",也就是人对自己周围的各种现象,尤其是在自己研究的领域里,不采取轻信的态度,而总是自觉地抱着一种怀疑的、思索的、弄清楚问题的积极态度。

在日常生活中,尽管人们总是在做什么或从事着什么,但人们很少把自己的行为置于问题意识之下。举例来说,某个人住在四楼,他在楼梯上上上下下走了 30 年。如果你问他:"从底楼到你家门口的楼梯共有多少挡?"他多半回答不出来。因为这个问题从来没有作为一个问题进入他的大脑之中。假如他意识到了这个问题,那么,他只要走一次并数一下楼梯的挡数就行了。在这个意义上可以说,假如人们缺乏问题意识,即使他们实践了 30 年,也不如带着问题实践一次来得更有效。当然,我们举这个例子并不意味着要大家回去数楼梯,而只是为了说明,一个人有没有问题意识,对于他的创新行为来说,至关重要。实际上,没有这样的意识,任何创新的行为都会失去其基础。

不少有识之士都十分重视问题意识在创新行为中的作用。比如,德国哲学家克罗纳主张运用"问题史的方法"考察并研究哲学史。在他看来,哲学史也就是"问题史"。正是问题的不断提出和解答,构成了一代又一代的哲学家们的连贯思考,从而使哲学史成为可能。英国哲学家波普提出了"P1—TT—EE—P2"的著名公式来说明科学家的思维和科学史的发展逻辑。这个公式中的"P1"和"P2"表示不同的问题;"TT"表示解答"P1"的尝试性理论,"EE"表示有待消除的错误见解。这个经典性的公式表明,科学家们的思索几乎无例外地是从问题开始的:第一个问题被提出后,得到了尝试性的解答,但也许这种解答是错误的,通过对这种错误的见解的清理,新的问题又应运而生,从而带动了新的探索过程。美国哲学家杜威在《我们如何思维》这部著作中也强调，任何富有创新意义的思索总是发端于思索者的怀疑精神和问题意识。

毋庸讳言，在当代哲学、科学的发展中，问题意识作为创新行为的内在动力的作用表现得更为突出了。我们知道，传统科学的发展是在 17 世纪以来的学科分类，即分门别类的研究方式中得以实现的。随着大量跨学科的研究领域的出现，学科之间的传统壁垒被打破了。于是，"学科导向"的传统研究方式让位于"问题导向"的新的研究方式。与传统学科视域内的问题比较起来，现在的问题更具综合性和跨学科性，从而更需要以多学科专家联合攻关的方式去解决问题。

从上面的论述可以看出，不管是学科内的问题，还是跨学科的问题；不管是理论上的问题，还是现实生活中的问题；不管是重大的、核心的问题，还是具体的、边缘的问题。问题的发现才是关键性的。因为任何问题只有被意识到并被提出来，才可能引起人们的思索并得到合理的解决。而任何一个问题的解决，或多或少地意味着思想上的创新。当然，人们关注的问题越是重大，在思索问题、解决问题时所蕴含的创新度也就越大。一言以蔽之，问题乃是任何性质的创新活动的内在推动力。

问题来自何处

既然问题意识构成创新的出发点和内在的推动力，那么，问题究竟来自何处呢？在现实生活中，我们发现，有些人才思敏捷，脑海里不断涌现问题，通过自己的思索又不断地提出解决问题的答案，从而做出了技术上的发明，或出版了原创性的学术论著，其创新能力引起了学术界的普遍肯定和赞叹。然而，也有些人，虽然脑袋里装满了知识和经验，却提不出什么真正有价值的问题来。之所以发生后一种现象，既与他们容易认同环境、缺乏怀疑精神的思想惰性有关，也与他们不清楚问题得以产生的机理有关。在通常的情况下，即使他们朦朦胧胧地意识到了某些问题，也不善于把这些问题提炼成合理的表达方式。这就启示我们，自觉地了解并把握问题产生的机理具有极为重要的意义。在我们看来，问题主要来自以下两个方面。

一方面，问题来自生活世界。正如歌德在《浮士德》中所说的：理论是灰色的，而生活之树是常青的。法国哲学家柏格森甚至把实在世界理解为"生命之流"。也就是说，生活世界是瞬息万变的，新事物也是层出不穷的，而任何理论、任何文本，一经形成，也就成了灰色的东西，因为它已经失去了生活世界的鲜活的、丰富的色彩。有人也许会反驳说：那些科幻小说是描写未来人类生活的，作为文本，它们不但不落后于生活世界，反倒是先于生活世界的。诚然，我们并不否认，科幻小说有一个指向未来的维度，而某些科幻小说中出现的新见解、新事物对生活世界中的人们也产生过重大的影响。但从总体上看，科幻小说中的见解也是在理解当时实际生活的基础上提出来的，而只要产生科幻作品的实际生活已经消失在历史的"黑洞"中，那么，我们完全可以断言，即使是科学幻想，也必定会变成灰色的。总之，灰色调乃是任何理论和文本所无法逃避的命运。只要我们像安泰依靠大地母亲一样地依靠着生活世界，问题就会在我们的大脑中涌现出来。举例来说，假如我们手中有一本叙述当代中国社会转型时期经济问题的著作，假如这部著作在逻辑思维上是严格的，无可挑剔的，那么，我们在阅读它时，似乎很难产生疑虑和问题。其实，在我们看来，这种很难产生疑虑和问题的感觉不过是一种错觉。只要我们关注生活世界，把生活世界的实际情况与文本进行比较，立即就会发现文本中存在的问题：或者是文本忽略了生活世界中的某些重要的现象，或者是文本错误地理解了生活世界中的某些现象。一旦观察到文本与生活世界之间的差异和错位，我们也就获得了质疑文本、批判文本的制高点。在这个意义上可以说，问题来自生活世界。换言之，只有自觉地关注生活世界的人，才能持久地拥有问题意识。

另一方面，问题来自原始的文本。众所周知，人们的知识有两种不同的类型：一种是直接知识，在直接与生活世界打交道的过程中形成；另一种是间接知识，即来自口头传说或各种文本。其实，人们的大部分知识是间接知识，甚至是"间接知识的间接知识"。比如，假定希腊文版的《理想国》是一个原始文本，那么，译自希腊文的、英文版的《理想国》就是间接的文本了，而译自英文的、中文版的《理想国》就更是间接的文本了。同样地，一本介绍柏拉图思想的英文著作是第二手资料，但如果有人根据这样的第二手资料写出中文版的、介绍柏拉图思想的著作，那么，这样的著作作为第三手的资料，离开柏拉图原始文本的距离就更远了。这就启示我们，只要我们不满足于与第二手或第三手的文本打交道，就得返回到原始文本上，并把它与第二手、第三手的文本加以比较。这样一来，我们就很容易发现第二、三手文本中存在的问题。一般说来，只要人们以原始文本作为自己的基础去解读第二、三手的文本，不管这类文本是对原始文本的翻译，还是对原始文本的解释，它们存在的问题很快就会暴露出来。当然，原始文本自身也可能存在问题，我们在解读它的时候，不但要考察它自身在逻辑上是否是融贯的，而且要对照相应的生活世界，考量它可能存在的缺失与问题。

总之，问题来自我们每日每时都与之打交道的生活世界。所以，理论上的重大问题归根到底来自生活世界。在这个意义上可以说，只有热爱生活、关注生活、思索生活的人才能保持其源源不断定的问题意识。

如何解答问题

在任何一个研究领域里，一旦问题被发现了，接下去要做的事情就是提出问题、解答问题。正如我们在前面已经指出过的那样，尽管问题的发现是关键性的，但问题的提出和解答也起着重要的作用。

一方面，在发现问题以后，一定要以准确的方式提出问题。在大多数场合下，人们注意到了问题和问题意识的重要性，却忽略了准确地提出问题的必要性。事实上，只有准确的提问方式才能使问题本身得到合理的解答。比如，当我们询问"人与动物的根本区别是什么"时，这个问题的提法已经蕴含着这样的前提，即人是动物之外的某种存在物。也就是说，这种提问方式把人与动物之间的本质联系割裂开来了。事实上，不管人们如何给人下定义，人总是属于动物这个种概念的。如"人是理性动物""人是政治动物""人是制造工具的动物""人是意识形态的动物"等。显然，人作为高等动物不可能脱离动物这个种概念，就像任何人都无法拉着自己的头发离开地球一样。由此可见，"人与动物的根本区别是什么？"这一问题的提法就是错误的，它会把人们的思想引入歧路。准确的提法应该是："人与人以外的其他动物的根本区别是什么？"毋庸讳言，这一提法蕴含着一个准确的前提，即人也是从属于动物这个种概念的。这个例子表明，光有问题意识是不够的，还得学会准确地提出问题。实际上，只有当问题被准确地表达出来的时候，解答它才是可能的。

另一方面，当问题已经被准确地提出来，但仍然很难进行解答的时候，我们应该倒过来反省自己观察问题、理解问题的视角（perspective），看看它是否合理，看看它是否能容纳这样的问题，还是必须通过对自己视角的改变，对问题做出合理的解答。比如，牛顿的经典物理学对以后的物理学家产生了巨大的影响，以至于成了他们观察、思索一切物理现象的确定无疑的视角。然而，当物体运动的速度接近光速时，许多与经典物理学的结论发生冲突的现象出现了。当越来越多的问题被提出来，但无法在经典物理学的视角内得到合理说明的时候，在奥地利哲学家和物理学家马赫的怀疑论的影响下，爱因斯坦深入地反省并超越了牛顿经典物理学的视角和框架，通过确立新的时间、空间观念的方式，创造性地提出了狭义相对论的学说，从而使经典物理学视角内一筹莫展的问题得到了合理的解答。无数事实告诉我们，人们总是从一定的视角出发去发现问题并提出问题的，而一定的视角也决定了拥有这一视角的人可能提出的问题的范围、提问的方式和解答问题的途径。一旦这样的问题无法得到合理的解决，出问题的就可能是自己的视角和思维结构了。在这样的情况下，就应该以自我批判的眼光反省自己的视角和思维结构，以便创造性地解答问题。

综上所述，问题意识乃是任何创新行为的内在动力。一个没有问题意识的人是绝对不可能有创新行为的。但值得我们注意的是，一定的问题总是出现在一定的视角中。当这一视角无法容纳新问题时，我们又应该果断地起来反省它并超越它。

历史主义和历史性^①

在哲学研究，尤其是马克思主义哲学的研究中，我们常常会遭遇到下面这样的有趣的现象：人们在某个问题上争论不休，争到一定的时候，问题似乎已经被解决了，争论也平息下去了。可是，过了一段时间，这个问题重新又冒了出来，引发了一场新的争论。然而，我们很容易发现，争论的论点、论据，甚至论证的方法几乎都是旧的，唯一被更新的可能是争论者。比如，在人与自然关系的讨论中经常出现的自然界的先在性问题，在方法论讨论中经常出现的历史与逻辑的关系问题，在认识论讨论中经常出现的认识的起源问题等。

为什么会发生这种现象呢？我认为，一个重要的原因是：人们从未深入地反思过历史主义和历史性的关系问题。由于忽视了这层关系，

---

① 本文载《光明日报》，1995-09-07。

他们不仅老是在一些陈旧的问题上争论不休，而且整个哲学研究由于老是返回到某些简单的、初始的问题上而停步不前。这种情形，就像《圣经》中记载的逃离埃及的犹太人，由于路途上的困厄而常常去"追恋埃及的肉锅"一样。

一

为了讨论历史主义和历史性的关系，我们必须先弄明白这两个概念的含义。我们认为，历史主义乃是一种注重研究对象的起源、演化和发展的发生主义的研究态度。相反，历史性则是一种被抛性，它显示的是研究者、研究对象和研究活动得以展示的先定的历史境遇。我们且来看看两者之间的区别。

首先，历史主义关涉到的是经验世界的事实，这些事实是在人们通常意识到的时间中得以展示的。与此不同，历史性则是先于经验的，它是经验世界的事实得以展示的逻辑前提。历史性关系到时间性，这种时间性不是人们在日常生活中感受到的、使经验事实得以延续的那种流俗的时间，也不是研究者主观地感受到的那种私人烙印的时间，那种时间具有随意性，是因人而异的。我们这里所说的时间性乃是研究者无法超越的，但又可以意识到并与它认同的社会客观时间。这种时间性是在生活世界的基础——人类生存实践活动的基础上显现出来的，而人们在日常生活中感受到的时间乃是在这种时间性的基础上展示出来的。

其次，历史主义必然导致对研究对象的历史起源的崇拜和回溯。我们之所以对自然界的先在性（即自然界先于人而存在）、对人的认识的起源问题怀着始终不衰的兴趣，其源盖出于这种历史主义的情结。相反，历史性最漠视的正是起源问题，它注重的乃是研究者何以在此，它涉及的乃是研究者在开展一切研究活动之前已先行地作为逻辑前提植入的历史境遇。与此同时，它也十分重视对研究对象得以展示的历史境遇的分析。

再次，历史主义关心的是在日常生活的时间意识中何者为先的问题，而历史性关心的则是在逻辑上哪者为先的问题。因此前者把任何问题的讨论都引向对第一性、第二性关系的设定；而后者关心的乃是研究者在从事任何研究活动之前已然接受的历史前提。

最后，历史主义崇尚的是抽象的研究态度，这种态度的特征是把研究的对象与人的活动分离开来。比如，自然的先在性问题所要强调的就是在人类存在之前自然界就已经存在了。这种强调表明了一种强烈的意向，那就是竭力把人与自然分离开来；同样地，认识的起源问题所要强调的则是任何意识都起源于物质，换言之，物质是第一性的，世界统一于物质。这里追求的也是一个先于人而存在的、与人的任何认识活动相分离的纯然物质的世界。相反，历史性强调的则是人的生存实践活动的先行性，即研究者是无条件地通过人的生存实践活动的媒介去研究一切对象的，所以它崇尚的是具体的研究态度。从历史性出发，研究者所关注的就不是抽象的、与人相分离的自然，而是现实的自然，即经过人的实践活动媒介的人化自然；同样地，从历史性出发，对于认识论研究说来，重要的不是去追溯认识的起源，而是去探讨认识者在认识活动之前已然具有的认识的前结构，从而揭示出认识活动所蕴含的社会历史内涵。

总之，以历史主义为基点，还是以历史性为基点，这涉及研究活动的基本路向。以往的许多争论之所以是无效的，因为我们从来没有考虑到把这两个基点区分开来。

二

在分析了历史主义与历史性的基本差异之后，现在我们再来探讨一下它们之间的内在联系。

一方面，我们应当看到，历史主义有其存在的理由。在研究各种经验事实时，为了弄清楚这些事实的来龙去脉，向开端追溯是十分必要的。比如在研究"存在"概念时，我们总得回过头去探索这一概念最早是在哪一位哲学家那里出现的；又如在研究现代化问题时，我们也需要回溯到传统，探索现代化是如何在传统的框架中展开并与之发生激烈的冲突的。然而，我们必须清醒地意识到，仅限于历史主义的思维方式又是不行的，因为这种思维方式总是不断地驱使我们往回追溯，从而遗忘了对研究者置身于其中的生活世界的本质的反思和历史性的澄明。这种抽象的研究态度往往会把整个研究导向纯学理的、与生活世界无关的方向。所以，马克思在批判"自然科学的唯物主义"这种流行的观点时，曾经明确地指出："那种排除历史过程的、抽象的自然科学的唯物主义的缺点，每当它的代表越出自己的专业范围时，就在他们的抽象的和唯心主义的观念中立刻显露出来。"① 显而易见，以"推广论"为特征的传统马克思主义哲学的教科书把自然置于社会之前，这就必然使自然因为与社会分离而陷于抽象化，并与马克思的人化自然的思想相冲突。这种满足于抽象回溯的、崇古的思维方式归根到底乃是东方社会，特别是中国社会的自然经济的思维定式在理论研究中的一种表现。

另一方面，我们也应当看到，历史性是先于经验而存在的，是任何研究活动都无法回避的逻辑前提。事实上，马克思早已告诉我们："每个个人和每一代当作现成的东西承受下来的生产力、资金和社会交往形式的总和，是哲学家们想象为'实体'和'人的本质'的东西的现实基础，是他们神化了的并与之作斗争的东西的现实基础。"② 如果说，历史主义的思维方式体现在理论研究的过程中，那么，历史性的思维方式则体现在对理论研究的逻辑前提的先行澄明上。不管研究者是否自觉地意识到这一点，这一逻辑前提是始终存在着的。然而，仅仅停留在对历史性的领悟上是不够的。在历史性澄明之后，就需要进入经验性的研究过程中。

---

① 《资本论》，第 1 卷，410 页脚注，北京，人民出版社，1975。
② 《马克思恩格斯全集》，第 3 卷，43 页，北京，人民出版社，1960。

事实上，不与经验性的东西相接触，历史性就仅仅是一种可能性的东西，因为它只能通过人们的具体的经验而展示出来。

所以，重要的是把历史主义与历史性统一起来。然而，必须强调，在历史主义与历史性的统一中，历史性乃是基础，乃是任何理论研究活动必须先行地加以澄清的前提，历史主义则是我们在梳理经验材料时不可或缺的方法。不应该用历史主义去取代历史性，事实上，我们在理论上的许多争论和混乱都源于这种取代。

三

探讨历史主义与历史性的关系究竟有何理论意义呢？我们认为，除了上面提到的可以消除一些无谓的争论之外，更重要的是，我们将对下面这些理论问题获得新的识见。

首先，我们视之为重要方法的"历史与逻辑的一致"实际上是不能成立的。这种方法力图把简单的逻辑范畴与历史的开端对应起来，把复杂的逻辑范畴与历史发展的较高阶段对应起来。其实，这种做法的实质乃是把逻辑历史主义化，这种方法的运用必然会使研究活动在单纯的历史主义的追溯中飘浮起来，成为无根的浮萍。事实上，在逻辑与历史之间并不存在着这种一一对应关系。马克思早就说过："把经济范畴按它们在历史上起作用的先后次序来排列是不行的，错误的。它们的次序倒是由它们在现代资产阶级社会中的相互关系决定的，这种关系同表现出来的它们的自然次序或者符合历史发展的次序恰好相反。问题不在于各种经济关系在不同社会形式的相继更替的序列中在历史上占有什么地位，更不在于它们在'观念上'（蒲鲁东）（在历史运动的一个模糊表象中）的次序。而在于它们在现代资产阶级社会内部的结构。"[1] 这就告诉我

---

① 《马克思恩格斯全集》，第 46 卷上，45 页，北京，人民出版社，1979。

们，必须放弃寻求逻辑与历史一致的无谓游戏，必须终止逻辑向历史的还原，而把探讨的基点真正地移到逻辑上来。

其次，研究者不能轻易地进入研究过程，在进入这一过程之前，他必须先行地澄明自己的历史性。历史主义崇尚的格言是：不了解过去，就不懂得现在；历史性崇尚的格言是：不了解现在，就不能懂得过去。人们常说马克思注重的是历史主义；实际上，马克思视之为历史主义基础的乃是历史性。所以马克思说："人体解剖对于猴体解剖是一把钥匙。反过来说，低等动物身上表露的高等动物的征兆，只有在高等动物本身已被认识之后才能理解。"① 马克思举例说："基督教只有在它的自我批判在一定程度上，可说是在可能范围内准备好时，才有助于对早期神话作客观的理解。同样，资产阶级经济只有在资产阶级社会的自我批判已经开始时，才能理解封建的、古代的和东方的经济。"② 因此，重要的是澄明研究的前提，而要做到这一点，就要领悟研究者置身于其中的生活世界的本质。

最后，一旦认识到历史性是历史主义的基础，以认识的起源为根本课题的抽象认识论就被解构了。抽象认识论崇拜的是认识活动的最早的起源，它把我们的注意力引向古代，从而遗忘了对认识主体的当下的社会历史性的询问和领悟。认识到这一点，抽象认识论研究就为意识形态批判所取代。因为认识主体在认识任何对象之前，已有认识的前结构，而这种前结构正是在意识形态的教化中形成的。与其说认识活动是外部事物在人的头脑中的反映，不如说是认识的前结构在外部事物上的显现。这样一来，通过对历史主义与历史性关系的澄明，我们就获得了一种新的哲学视野。

---

① 《马克思恩格斯全集》，第46卷上，43页，北京，人民出版社，1979。
② 《马克思恩格斯全集》，第46卷上，44页，北京，人民出版社，1979。

喜剧美学宣言①

众所周知，在哲学研究中，问题意识具有极为重要的意义。我们甚至可以说，没有问题意识，也就不会有真正的哲学探索。然而，在我们看来，比问题意识更为根本的乃是提问者在提问之前已经拥有的信念。如果说，一个人的信念决定着他的思想方式，那么，思想方式则划定了他可能发现的问题域，并规定了他可能提问的方向和方式。在这个意义上可以说，对于一个从未对自己的信念和思想方式进行过认真反思的人来说，是不可能发现并提出新问题的。因此，重要的不是泛泛地谈论问题和问题意识，而是要深入地反省问题所从出的思想方式及作为思想方式基础的信念。正如维特根斯坦所指出的："一旦新的思想方式被建立起

_____

① 本文载《中国社会科学》，2006（5）。

来，各种老的问题也就自行消失了。"① 也许可以说，再也没有比维特根斯坦的这一见解更适合于我们用来分析作为哲学分支学科的美学领域了。

乍看起来，当前中国的美学界呈现出一片繁荣的景象。各种不同的美学观点纷然杂陈，相互之间争论不休，人们仿佛正在孜孜不倦地探索一系列重大的美学问题。其实，细心的研究者很容易发现，除了沿用旧的美学观念和玩弄外来的新名词以外，当今的美学研究并没有获得任何实质性的进展。事实上，在当代中国人的审美视野中，戏剧（drama），尤其是喜剧（comedy），始终处于艺术领域的边缘。本文试图从当代人的自觉的生存意识出发，从新的视角提出美学问题，尤其是通过对蕴含在喜剧艺术中的某些普遍性的、实质性的思想酵素的揭示，展示出美学研究的新的方向。按照我们的看法，这些思想酵素既是弥漫于当代中国美学研究领域中的虚骄、空泛之气的解毒剂，又是激发人们在审美过程中的原始想象力和创造力的动力剂。简言之，本文以新的方式提出了美学问题，并把喜剧美学理解为当今美学发展的主导性的新方向。

一

在中国当前的美学研究中，不管人们把自己所持的观点理解为"什么派"或"什么学"，也不管人们如何夸大不同见解之间的差异和对立，他们都无法改变这样一个事实，即实际上并不存在不同的美学派别或不同的美学学说，因为人们关于美学的主导性言说几乎无例外地源于知识论哲学这一基础。

众所周知，知识论哲学关注的核心问题是事物的本质，因此，它从日常生活中抽绎出如下的提问方式：What is this（这是什么）？这种提问方式在哲学的自我反省中转化为 What is philosophy（哲学是什么）？

---

① Ludwig Wittgenstein, *Culture and Value*, The University of Chicago Press, 1984, p. 48e.

而在美学研究中则转化为 What is beauty（什么是美）？其实，当当代中国的美学家众口一词地把"什么是美？"理解为美学所要解答的根本问题时，他们已自觉地或不自觉地选择了同一个哲学立场，即知识论哲学的立场。知识论哲学的这种提问方式逐渐脱离了对提问者置身于其中的生存状态的先行询问，终于蜕变为无根基的、单纯求知式的提问方式。尽管这样的提问方式在美学对自己的基础获得合理的认识之后仍然是有意义的，但如果仅仅停留在这种无根基的、空泛的提问方式中，美学一定会失去自己的生存论基础和历史性语境，退化为一堆苍白的、无意义的文字。

任何有识之士都不会否认，美学之所以在人类历史上诞生并逐步发展为一门相对独立的学科，因为它对人类的生存活动具有某种不可替代的意义。因而，对于美学研究来说，更为始源性的问题不是询问"What is beauty（什么是美）"，而是询问"Why does human being need beauty（为什么人类需要美）"，事实上，只有先行领悟了后面那个问题的意义，人们对前面这个问题的解答才可能获得其生存论的基础并进入历史性的语境中。①

近年来，生存论的研究视角在一定程度上引起了美学研究者们的重视，但从他们对悲剧（tragedy）这一艺术形式的盲目倚重中可以看出，他们在思想深处依然没有摆脱知识论哲学的羁绊。因为在悲剧艺术中，英雄人物心目中有待实现的理想乃是至高无上的，而这样的理想通常被知识论哲学视为最高价值。其实，只要人们把悲剧中的理想看作与人的生存活动和历史性相分离的抽象目标加以肯定、追求或夸大，即使他们口口声声地谈论着"生存"，仍然无法脱离知识论哲学的窠臼。

---

① 在汉语中，"美"字由"羊"和"大"构成。中国古人以羊作为主要食品，羊大为美，这里反映出来的正是人的生存状态与审美观念之间的内在联系。康德的美学理论由于未涉及审美者对自己的生存状态的领悟并把自觉的生存意识带入审美活动中，因而既体现不出审美主体的生命活力和价值取向，也体现不出不同的历史时期打在人类审美活动上的历史烙印。

深入的研究启示我们，悲剧的核心乃是某种理想，英雄人物出于强烈的使命感，试图实现这种理想，但由于性格的缺陷或偶然因素的干扰，不幸夭折了。正如亚里士多德在《诗学》中所强调的，悲剧试图通过恐惧而引起观众的怜悯，从而净化他们的心灵，提升他们的精神境界。然而，我们在研究中发现，实际上存在着两种不同类型的悲剧：一种可以称之为"健康的悲剧"，即英雄人物心目中的理想是有可能被实现的，如莎士比亚笔下的哈姆雷特，他的理想是杀死篡位的叔叔，替自己的父亲报仇，而他的优柔寡断的性格又使他难以实现这一理想，因而酿成了悲剧。另一种可以称之为"不健康的悲剧"，这种悲剧设定了一个过高的理想，不管英雄人物怎么努力，这样的理想根本上都是无法实现的，如"文化大革命"中的某些样板戏，脱离现实生活的语境，把绝对地排除任何私心杂念作为英雄人物的理想，这不但不能使观众感受到这种理想的现实性和亲和性，反而体验到英雄人物的矫揉造作和苍白无力。这种不健康的悲剧看起来是严肃的，骨子里却是可笑的，实质上不过是闹剧而已。

　　众所周知，人类是有目的的存在物，合理的理想对于人类来说是不可或缺的。在这个意义上可以说，在人类今后的发展中，悲剧这种艺术形式也将长久地存在下去。但从总体上看，当前人类的主导性审美视角亟须转换到喜剧美学上来。在我们看来，这是人类生命和审美艺术获得新生的一个重要契机。① 事实上，人们只有自觉地把自己的审美态度转换到喜剧美学上来，才能从根本上超越知识论哲学的传统，真正把美学奠基在生存论哲学的基础上，因为喜剧所要消解的正是被不健康的悲剧无限地加以夸大的理想。一旦这类压抑生命和激情的虚幻的理想被解构，轻松、幽默和笑就会重新回到人们的生活和审美活动中，而蕴含在当代

---

　　① 尼采重新发现了悲剧这种艺术形式，但当他把这种艺术形式与他心目中的"超人"联系起来，并无限地拔高这种艺术形式的重要作用时，实际上他自己的做法也是不合时宜的，因为他重新以某种方式倒向他历来所批判的知识论哲学的怀抱。其实，这个时代的无数事实已经表明，需要消解的正是这种不健康的悲剧，而需要扶植的却是喜剧艺术。

人生存状态中的最本己的可能性也就得到了合理的显现。

二

我们首先要加以解答的是：为什么说在生存论的视野中，当代人应该把自己的审美态度自觉地转换到喜剧美学的立场上来呢？道理很简单，因为正是喜剧这种特殊的艺术形式和它所蕴含的精神倾向为当代人改善自己的生存状态提供了极为重要的启示。其实，黑格尔早已告诉我们："喜剧用作基础的起点正是悲剧的终点：这就是说，它的起点是一种绝对达到和解的爽朗心情，这种心情纵使通过自己的手段，挫败了自己的意志，出现了和自己的原来目的正相反的事情，对自己有所损害，却并不因此灰心丧气，仍旧很愉快。"① 按照黑格尔的观点，喜剧乃是晚于悲剧而形成起来的艺术形式，它是对悲剧的超越。正是在这个意义上，他才肯定，"喜剧用作基础的起点正是悲剧的终点"。

那么，喜剧又是如何通过对悲剧的超越而获得"一种绝对达到和解的爽朗心情"的呢？黑格尔回答道："主体之所以能保持这种安然无事的心情，是因为它所追求的目的本来就没有什么实体性，或是纵然也有一点实体性，而在实质上却是和他的性格相对立的，因此作为他的目的，也就丧失了实体性；所以现时遭到毁灭的只是空虚的无足轻重的东西，主体本身并没有遭受什么损害，所以他仍安然站住脚。"② 如前所述，悲剧的出发点乃是英雄人物有待实现的理想，而喜剧的出发点则是解构这种理想，把它视为非实体性的、无足轻重的东西。一旦引导英雄人物行为的理想失去了自己的实体性，英雄人物的精神状态就从严肃转化为轻松。正是在这个意义上，黑格尔告诉我们："对于喜剧人物自己来说，他

----

① 黑格尔：《美学》，第 3 册下卷，315 页，北京，商务印书馆，1981。
② 黑格尔：《美学》，第 3 册下卷，315～316 页，北京，商务印书馆，1981。

的严肃就意味着他的毁灭。"① 毋庸讳言，一旦紧张的气氛和由此而引起的冲突被解除了，随之出现的自然是爽朗的心情了。

必须指出，与悲剧一样，喜剧也有两种不同的类型：一种可以称之为"健康的喜剧"，它并不纠缠于、满足于生活中的无聊的细节，而是蕴含着深刻的思想含量，如莫里哀笔下的喜剧《达尔杜弗或者骗子》就蕴含着对伪信士乃至整个宗教教会的深刻批判；另一种可以称之为"不健康的喜剧"，它们主题庸俗，台词粗糙，矫揉造作，卖弄噱头，缺乏真正意义上的思想闪光，如某些内容低俗的闹剧，某些曲艺、相声、二人转等节目对喜剧性的误解和低劣的演绎。显而易见，我们在这里探讨的喜剧美学乃是以健康的喜剧或对喜剧性的健康的理解为前提的。②

人们也许会提出如下的问题：为什么通过对喜剧美学的认同和倡导，当代人可以改善他们的生存状态呢？因为在当代人的生活环境中，随着资本的全球扩张和技术的巨大发展，人与人、人与物、人与环境的关系越来越显示出异化的特征，即人自己创造的种种产物和关系倒过来成为压抑人自己全面发展的障碍。不堪重负、紧张和冲突构成了当代人独有的生存状态和心理状态。面对如此严峻的生存状态，假如人们依然追随尼采，倡导超人和悲剧精神，拔高英雄人物的权力意志，夸耀他们所追求的理想和价值，其逻辑结果只能是异化、紧张和冲突的不断加剧。

与此相反，能够治疗这个时代的应该是喜剧精神所蕴含的轻松、滑

---

① 黑格尔：《美学》，第 3 册下卷，316 页，北京，商务印书馆，1981。有趣的是，马克思在《评普鲁士最近的书报检查令》中也曾引证过利斯屈兰·善第关于"严肃"所下的定义——"严肃是掩盖灵魂缺陷的一种伪装"。参阅《马克思恩格斯全集》，第 1 卷，8 页，北京，人民出版社，1956。

② 有趣的是，法国哲学家卢梭并没有对喜剧的不同类型做出区分，而是不分青红皂白地对喜剧（包括莫里哀的喜剧）加以否定："既然喜剧的娱乐作用是建立在人心的缺陷上，因而可以得出结论，一个喜剧愈成功和愈能引人入胜，它对道德风尚就愈起败坏的作用。"参见卢梭：《论戏剧》，43 页，北京，生活·读书·新知三联书店，1991。

稽、幽默和爽朗。事实上，"冷战"结束后，西方曾一度出现"意识形态终结"的口号。随后，与这一口号相呼应的则是"哲学的终结""艺术的终结""科学的终结""历史的终结""宏大叙事的终结"等口号。与此同时，美国科学哲学家费耶阿本德的名言——Anything goes（什么都行）不仅道出了科学哲学研究的真相，也道出了整个人类思想文化的真相，即被人们如此严肃地加以夸大的思想意识形态和其他观念方面的对立或对峙实际上并不具有实质性的意义。20 世纪八九十年代以来，王朔的"痞子文学"的流行、《围城》热的兴起、《编辑部的故事》的走俏、对历史的"戏说""搞笑"和"水煮"等现象的泛滥，也从不同的角度暗示我们，传统的悲剧美学赖以为基础的、作为"宏大叙事"的那些不切实际的理想已经普遍地被解构了。既然这些不切实际的理想已经失去了自己的实体性，从而悲剧性和悲剧艺术已经被放逐到边缘的地带，那就是说，以喜剧美学为主导性审美原则的时代已经悄然来临了。我们或许可以把这个时代称之为"后美学时代"或"喜剧美学"的时代。在某种意义上可以说，只有深刻地理解时代精神转换的人，才算真正地领悟并把握了审美意识的历史性。

三

在澄明了喜剧美学兴起的历史语境之后，我们还必须对喜剧美学这一新概念做进一步的说明。

首先，正如我们在前面已经论述过的，按照黑格尔的观点，喜剧乃是对悲剧的超越。然而，必须指出，这里说的"超越"只是一种艺术形式对另一种艺术形式的扬弃，并不包含如下的意思，即人类已不再需要悲剧性和悲剧这种艺术形式了。事实上，只要人类存在着，悲剧性和悲剧艺术就永远不会消失，因为人不可能没有自己的理想。然而，全部问题在于，不应该无限地夸大并拔高这种理想，以致使它成为压抑乃至扼杀生命的可怕力量。正如米兰·昆德拉所说的："请好好理解我所说的话：崇敬悲剧比孩子气的废话危险得多。你知道悲剧的永恒不变的前提么？就是所谓比人的生命还要宝贵的理想。为什么会有战争？也是因为这个，它逼你去死，因为存在比生命更重要的东西。战争只在悲剧世界中存在；有史以来人就只认识这个悲剧世界，一步也跨不出这个世界。要结束这个悲剧时代，唯有与轻浮决裂。……悲剧将会像年老色衰的优伶，心惊胆战，声音嘶哑，最终被赶下世界舞台。轻松愉快才是减轻体重的最佳食谱。事物将失去它们百分之九十的意义，变得轻飘飘的。在这种没有重荷的环境里，盲从狂热将会消失，战争将不可能发生。"① 尽管我们并不赞成米兰·昆德拉对悲剧艺术所采取的全盘否定的态度，也不同意他关于战争的简单化的见解，但他确实从某个角度深刻地洞察到蕴含在悲剧艺术中的某种消极的思想酵素。一旦这种思想酵素被无限地拔高并被简单地推广到日常生活中，就有可能酿成实际生活中的一系列悲惨的事实。一部人类史，在相当程度上就是这种可能性的展现史。

其次，我们这里使用的"喜剧美学"这一术语中的"喜剧"，狭义上指称的是健康的喜剧，广义上指称的则是以"喜剧性"为主导原则的一切文学艺术作品。显然，就我们所倡导的"喜剧美学"而言，它关注的正是以"喜剧性"为核心的文学艺术作品和审美理论。其实，长期以来，无论是蕴含在狭义的、健康的喜剧中的"喜剧性"，还是蕴含在广义的文学艺术作品中的"喜剧性"，都没有受到应有的重视。毫无疑问，当代人应该从自己的历史性出发，通过对中外文学艺术作品的深入研究，认真发掘这份弥足珍贵的思想资源，从而使自己的审美态度和审美意识重新返回到生存论哲学的轨道上来。我们确信，喜剧性和喜剧美学这一主导性的研究视角一旦被确立起来，迄今为止的全部美学研究都将改弦更张。

---

① 米兰·昆德拉：《不朽》，119 页，北京，作家出版社，1993。

最后，喜剧美学的核心内容是通过喜剧性本身来化解主体与客体、理想与现实、自我与他者、个人与社会之间的紧张状态。如果说，当代社会普遍存在的异化现象加剧了这种紧张状态，从而导致了各种冲突，那么，喜剧美学的目的正是通过对所谓"伟大理想"和"宏大叙事"的调侃与解构，使人、事物和理想恢复到初始的意义状态中去，让其按照自己本来的面目泰然处之。那么，究竟什么是"喜剧性"呢？黑格尔指出："喜剧性一般是主体本身使自己的动作发生矛盾，自己又把这矛盾解决掉，从而感到安慰，建立了自信心。"① 假如我们用容易理解的语言把黑格尔的意思表达出来，喜剧性无非蕴含在丑、荒谬、滑稽、夸张、做作、幽默和调侃等诸多矛盾现象中的普遍的思想酵素。这一思想酵素通过被期待的目标和意义的突然消解与跌落，通过虚构的人物的自相矛盾的行为举止，使观众意识到人、事物和理想的真实形象，从而引发出会心的笑。正是通过一连串会心的笑，观众感受到前所未有的轻松和愉悦。如果说，悲剧使人感受到沉重、挫折和死亡的力量，那么，喜剧则使人感受到轻松、爽朗和生命的不屈不挠，因为它冲破了某些虚幻的理想和观念的樊篱，恢复了人、事物和理想的原初的、寻常的含义，恢复了它们的多样性和差异性；如果说，悲剧试图把普通人的观念提升为"伟大精神"，那么，喜剧则试图通过对"伟大精神"的降温，将其恢复为普通人的观念。一杯水就只有一杯水的价值，一棵草就只有一棵草的价值，何必加以夸大呢？

综上所述，我们认为，喜剧美学代表了当今时代美学发展的重要方向。我们应该对以"喜剧性"为基调的一切文学艺术作品进行深入的研究，也应该对从阿里斯托芬以来的西方喜剧艺术的资源和中国唐宋以来的喜剧艺术的资源加以认真的总结，以便在美学研究中开拓出新的方向和新的问题域。

---

① 黑格尔：《美学》，第 3 册下卷，315 页，北京，商务印书馆，1981。

"名言"探源

　　德国诗人海涅在 1833 年出版的《论德国宗教和哲学的历史》一书中，曾经提到费希特的趣事。当赖因霍尔德和他具有同样的见解时，他说：没有人比赖因霍尔德更理解他；但当赖因霍尔德和他意见相左的时候，他又说：赖因霍尔德从来就没有理解过他。据说，费希特也以同样的态度对待康德。海涅对费希特做了一些评论后，随即笔锋一转，写道："我在这里触及了我国哲学家的一个滑稽的侧面。他们经常埋怨不为人理解。黑格尔临死时曾说：'只有一个人理解我'；但他立即烦恼地加了一句：'就连这个人也不理解我。'"① 自从海涅讲了黑格尔临终时的这个故事后，黑格尔的遗言便成了广为流传的、经典性的"名言"。

　　众所周知，黑格尔逝世于 1831 年，而海涅

---

① 《海涅选集》，307 页，北京，人民文学出版社，1983。

的著作则出版于 1833 年，这里存在着一个时间差。从海涅上面的叙述可以看出，他并没有强调自己亲耳听到了黑格尔说的话。因此，极有可能，他听到的也不过是流传中的黑格尔的故事和遗言。然而，有趣的是，海涅在这里是以十分肯定的口吻提到黑格尔的这句"名言"的，但实际上，黑格尔究竟有没有说过这句"名言"呢？我们不得而知；假如他说过的话，他所指的"这个人"又是谁呢？我们也不得而知。事实上，在德国哲学界，这句"名言"究竟出于哪个人之口，它提到的"这个人"又究竟是哪个人，一直是有争议的。

有人认为，这句"名言"应当出于黑格尔之口，而它所指称的"这个人"则是指黑格尔的学生罗森克朗茨。我们知道，罗森克朗茨后来成为著名的黑格尔的传记作家。他曾经误解过黑格尔的政治思想，认为黑格尔满足于柏林的舒适的生活，以致把立宪的理想都丢到九霄云外去了。① 此说虽然不无道理，但罗森克朗茨并不是黑格尔的主要的学生。他于 1824 年进入柏林大学，而当时吸引他的并不是黑格尔，倒是黑格尔的对头施莱尔·马赫。据说，他当时只听过黑格尔的一次演讲，而且并没有留下什么印象。几年后，在倾向于黑格尔哲学的卡尔·道布的影响下，他才逐步转向黑格尔哲学。后来，虽然他和黑格尔有一定的交往，并参加了黑格尔 61 岁的生日庆祝典礼，但并没有进入黑格尔的学生的最核心的圈子里。② 由此可见，此说的可能性是不大的。

我们注意到，恩格斯在 1841 年 12 月的《德意志电讯》第 207—208 期上发表的《谢林论黑格尔》一文却在这个问题上另辟蹊径，提出了自己的见解，值得引起我们的高度重视。我们知道，谢林于 1841 年应弗里德里希·威廉四世的邀请到柏林大学讲学，目的是反击黑格尔哲学及青年黑格尔派的激进思想。恩格斯当时以旁听生的资格听了谢林的演讲。在听了谢林的演讲后，恩格斯感到，谢林演讲的中心思想是对黑格尔的

---

① 参见薛华：《黑格尔和普罗士国王的关系》，载《哲学研究》，1979（7）。
② 参见《哲学百科全书》，第 7 卷，211 页，纽约 1967 年英文版。

哲学成就加以否定，所以他气愤地写道："如果把谢林对黑格尔体系所宣布的死刑判决的官腔去掉，那么就可以得出以下结论：其实黑格尔根本就没有自己的体系，他只不过是从我的思想中拾取残羹剩饭以勉强维持其生存而已。在我研究高尚的部分即实证哲学的时候，他却沉湎于不高尚的部分即否定哲学：由于我无暇顾及，他便承担起完成和整理否定哲学的工作，并且因为我竟托付他做这件事而感到无限荣幸。"① 在恩格斯看来，谢林对黑格尔的批评完全是无稽之谈。事实上，我们只需要指出一点就够了，那就是黑格尔对谢林的同一哲学的批判态度。在黑格尔的早期著作《精神现象学》中，他甚至已把谢林的同一哲学讽刺为"黑夜看牛"。②

有趣的是，正是通过对谢林的演讲的反思，恩格斯引申出如下的结论："流传着一句名言，通常认为这是黑格尔说的，但是，从上面援引的谢林的话来看，无疑源出于谢林。这句名言是：'我的学生中只有一个人理解我，遗憾的是，连他对我的理解也是不正确的。'"③ 也就是说，在恩格斯看来，这句"名言"应该是谢林说的，而它所指的对象应该是黑格尔。

应当看到，恩格斯的上述见解为我们深入地思索这句"名言"的内涵和出处提供了一条新的路径。但恩格斯的见解能否作为这一问题探索的最后结论呢？显然不能。我们的理由有二。其一，虽然谢林要比黑格尔更早地在德国哲学界崭露头角，虽然黑格尔在 1795 年 8 月 30 日写给谢林的信中也写过这样的话："您等不着我对您的著作的评论了。在这方面我还是个小学生，我在努力研究费希特的《原理》。"④ 但作为图宾根神学院的同学，毕竟不能把黑格尔理解为谢林的学生。即使是谢林本人

---

① 《马克思恩格斯全集》，第 41 卷，201 页，北京，人民出版社，1982。
② 黑格尔：《精神现象学》，上卷，10 页，北京，商务印书馆，1981。
③ 《马克思恩格斯全集》，第 41 卷，201 页，北京，人民出版社，1982。
④ 苗力田译编：《黑格尔通信百封》，51 页，上海，上海人民出版社，1981。

在演讲中也把青年黑格尔称为自己的"知音和密友"①，而不敢说黑格尔是自己的学生，更不可能以"我的学生中只有一个人"这样的方式去称呼黑格尔。其二，恩格斯断定这句"名言"出于谢林之口，与其说是理论上的严密的推论，不如说是一种情绪化的猜测。因为在《谢林论黑格尔》一文中，恩格斯也留下了这样的论述："说实在的，我们这些得益于黑格尔要比黑格尔得益于谢林更多的人，难道能够容忍，在死者的墓碑上刻写这种侮辱性的话而不向他的敌人——不管这个敌人多么咄咄逼人——提出挑战以维护他的荣誉吗？无论谢林怎么说，他对黑格尔的评价是一种侮辱，尽管其形式仿佛是科学的。"② 这一切都表明，对于这句"名言"的内涵和出处还不能轻易下结论，还需要占有更多的资料，深入地进行探索。

---

① 《马克思恩格斯全集》，第 41 卷，199 页，北京，人民出版社，1982。
② 《马克思恩格斯全集》，第 41 卷，202 页，北京，人民出版社，1982。

印象与感悟

严谨治学立身，自主创新报国^①

在中国历史上，2006 年是一个特殊的年份。全国科技大会的召开、建设创新型国家的宏伟目标的确立，使未来 15 年跃升为中国最重要的战略发展时期，也使全国高等学校成为实施科教兴国和人才强国战略的重镇。8 年前，为延揽海内外学界精英，培养和造就一大批学科领军人物，教育部和香港李嘉诚基金会共同拟就了长江学者奖励计划。这一计划的实施，是中国高等教育发展史上的一件大事，不仅体现出党和政府对高等学校的高层次人才队伍的亲切关怀，也体现出香港著名实业家李嘉诚先生爱国重教的拳拳之忱。

感时思报国，拔剑起蒿莱。站在新世纪的地平线上，聆听着新时代的脉搏，我们为 2020

---

① 本文是本人于 2006 年 3 月为教育部有关部门起草的长江学者的自律性的宣言。

年中国将进入创新型国家行列、实现全面建设小康社会目标的宏伟蓝图而热血沸腾。强烈的使命感和责任感汇聚在我们的胸腔中，炽热的创新激情和奉献之志颉颃在我们的脑海里。在传承文明、培养人才、自主创新、勇攀高峰的过程中，我们愿意像爱护自己的眼睛一样爱护长江学者的声誉，愿意倾注自己的全部生命、热情和智慧，铸就引领时代风范的长江精神。为此，我们向全体长江学者发出倡议。

第一，爱国为民，无私奉献。涓涓不断的水滴凝聚成浩渺东去的长江。同样地，每个人的行为关联着国家的兴衰和人民的荣辱。作为长江学者，一定要志存高远，淡泊名利，勤于报国，拙于谋生，时时刻刻把国家的需要、人民的利益放在心中，确立起"先天下之忧而忧"的爱国情怀和"春蚕到死丝方尽"的奉献精神。

第二，求真务实，严谨治学。为学之道，犹如长江之水，宽阔中见细密，奔放中见深邃。在学术研究中，我们一定要拒斥急功近利，抵御浮躁之风，净化研究空气，确立起追求真理、献身科学、甘于寂寞、敢超前人的学术理念。同时，一定要恪守学术道德和规范，尊重他人的劳动成果和权益。

第三，学为人师，行为世范。长江前浪携后浪，江山代有才人出。作为长江学者，既要注重师德，率先垂范，身传言教，敬业尽责，又要热爱教育，自觉地肩负起"传道解惑"的重任，教书育人，奖掖后学，传承薪火，甘为人梯，培养数以千万计的高素质专门人才。

第四，开拓创新，追求卓越。长江之水，日新月异，奔腾向前。创新构成长江精神的灵魂。我们一定要瞄准世界科技、人文发展的前沿，面向国家战略需求和经济社会发展主战场，艰苦创业，奋力拼搏，发前人之所未发，努力创造出更多高质量、高水平的研究成果，增强国家的创新能力，实现自身的人生价值。

第五，团结协作，有容乃大。长江，吸纳百川而成大江。作为长江学者，一定要有"会当凌绝顶，一览众山小"的远大目光和宽阔胸襟。

放眼世界，学科的交叉融合已成为不争的事实。任何重大的理论问题、现实问题和技术问题的破解都需要团队攻关。我们一定要发扬团队精神，不为名累，不以物喜，求同存异，彼此信任，共同创造出无愧于这个时代的伟大业绩。

天行健，君子以自强不息。我们一定要确立高度的历史责任感、强烈的忧患意识和宽广的世界眼光。高瞻远瞩，脚踏实地；筚路蓝缕，勇于创新；培育英才，服务社会，为实现中华民族的伟大复兴而贡献出自己的全部力量。

以生命追求真理①

在我的记忆里，有许多文化大师在上海留下了生命的足迹，而在所有这些大师中，最令我感动的是以整个生命和热情去追求真理的顾准。在有些人看来，顾准似乎不能算是大师级的人物，因为他没有等身的著作和广泛的社会知名度。其实，这不过是我们这个空前崇拜形式和数量的时代的肤浅之见。诚然，顾准留下来的论著不多，但充斥于其中的并不是那些人人皆知的"正确的废话"，而是振聋发聩的真理的呼喊！无论是他的《希腊城邦制度》《从理想主义到经验主义》，还是《试论社会主义制度下的商品生产和价值规律》，都是那个是非颠倒的时代难以见到的清醒之作、传世之作！

顾准出生于上海，从小勤奋好学，在青年时期便接受了马克思主义，走上了革命的道路。

---

① 本文载《文汇报》，2000-12-26。

解放时他担任上海市财政局长兼税务局长、华东财政部副部长。1952年在"三反运动"中受到了错误的处分，后来又两次被打成右派，在"文化大革命"中也遭受了非人的待遇，以致妻子自尽，孩子们都离他而去。在凄风苦雨、孑然一身的悲惨条件下，他仍然踽踽孤行，坚持自己的理论探索，直至生命的最后一刻。

在上海这样的商业城市中，注重功利的商业精神在整个文化精神中无疑占据着主导性的地位。透过上海人表面上的热情和好客，仍然可以见出他们对一己私利的过度考量，他们很像契诃夫笔下的"套中人"，总是孜孜不倦地保护着自己，防御着别人，甚至到了如醉如痴的地步，这使他们从骨子里变得冷漠，就像康德笔下的物自体或数学中的极限，无法真正地被接近。与此相反，顾准则代表了上海文化精神的另一极，即撇开一切功利上的考虑，以大无畏的精神追求真理和大爱。在新世纪文化精神的建设中，这种以生命追求真理的精神难道不应该加以弘扬吗？

有容乃大①

　　复旦的校园并不大，但不知为什么，它给我的感觉却总是那么大，就像无边无际的海洋。

　　也许因为每年都有一大批莘莘学子带着美丽的梦想踏进这片土地，他们来自世界各地，无时无刻不在精神上扩大着校园的容载量。四年后，他们离去，又把从这里接受的智慧和知识带向四面八方。在他们的心目中，复旦校园永远没有围墙，它和整个广袤的世界连在一起，甚至它就是这个广袤的世界本身！

　　也许因为复旦是藏龙卧虎之地，它拥有一批驰名国内外的大师级的教授。无论是冬日晨曦，当你在体育场上显山露水的时候，还是深秋枫红，当你在校园的小径上踽踽独步的时候；无论是春意盎然，当你喜悦地欣赏着路边新绿

---

　　① 本文原来的标题是"有容乃大：我对复旦精神的解读"，载《复旦学报（社会科学版）》，2003-12-10。

的时候，还是夏日星夜，当你在微温的草坪上陷入遐想的时候，一不小心，你就会与心仪已久，甚至崇拜已久的某位大师擦肩而过。这真是一种奇妙的感觉：一方面，你会觉得世界真小，因为你和大师近在咫尺；另一方面，又会觉得世界真大，因为你仿佛已和大师失之交臂！当然，只要你是一个有心人，也就永远不会失去接受大师亲炙的机会。或许是在实验室里，或许是在课堂上，或许是在教师宿舍里，或许是在相辉堂的长椅边……

也许因为这里留下了许多世界级重要人物的脚印。从美国前总统里根到英国首相撒切尔夫人；从法国前总统德斯坦到美国前国务卿克里斯多弗；从微软总裁比尔·盖茨到经济学大师弗里德曼；从交往理论的创立者哈贝马斯到解构主义的肇始人德里达；从杨振宁到李政道……还有世界各国文理科教学和研究方面的顶尖专家，在校园的林荫大道上，在梯形教室里，留下了他们的真情告白和远见卓识！

也许因为……

所有这一切都汇聚到一个点上，都需要一种精神来支撑，这就是复旦精神。复旦精神包含着许许多多的内容，但在我看来，它的根本精神是：有容乃大。庄子曰："且夫水之积也不厚，则其负大舟也无力。……风之积也不厚，则其负大翼也无力。"没有宏大的、自由的空间，没有容纳不同见解的宽广的胸怀，原创性的思想无法启动，大师级的人物也无由诞生。复旦校园之所以拥有生生不息的活力，复旦教学事业之所以能薪尽火传、绵绵不绝，复旦学子之所以思想活跃、新见迭出，都源于博大、宽容的复旦精神！

"众里寻他千百度，回头蓦见，那人正在灯火阑珊处。"请不要犹豫，走进复旦园来吧。也许正是在这里，你才能找到真正的精神归宿，就像倦怠的游子回到母亲的怀抱中一样。

朝着反思性的人文社会科学[1]

在我们看来，人文社会科学的研究仍然停留在前反思的阶段上。什么是"前反思"呢？也就是说，研究者只知道不断地向外开拓研究领域，却很少反躬自问：我们在研究活动中运用的那些概念和方法是不是正确的、有效的？我认为，我们的研究活动应该进入一个新的阶段，即自觉的反思阶段。什么是"自觉的反思"呢？"自觉的反思"实际上也就是自觉的自我批评意识，即经常反身向内探索：我们在研究活动开始之前欲带入研究过程中的理解的前结构是合理的吗？我们在研究活动中用来描述对象及其各种关系的基本概念是含混的吗？我们打算在研究活动中加以运用的方法是有效的吗？显然，经常进行这样的反思，会使我们的研究

---

[1] 本文原来的标题是"走向自觉反思阶段的人文社会科学"，载《浙江社会科学》，2007（4）。

活动获得实质性的进展。

一

我们先来看看，在人文社会科学研究中经常出现的那些概念，如"科学""自然科学""人文科学""社会科学""哲学社会科学""人文社会科学"，等等，尽管我们天天都在使用它们，但它们的含义在我们心中是明晰的吗？其实并不是明晰的。比如，人们常常在"自然科学"的含义上使用"科学"概念，也常常在"社会科学"的含义上使用"人文科学"的概念，也常常把"哲学社会科学"与"人文社会科学"这两个不同的概念简单地等同起来。举例来说，人们常常把哲学理解为"对自然科学和社会科学成果的概括与总结"。但这样的表述马上就会遭到质疑：自然科学和社会科学的总和就是全部科学吗？如果是，那么既不能列入自然科学，也不能列入社会科学的数学、语言学、修辞学、逻辑学、语法学等学科究竟算不算科学呢？在讲英语的国家中，science 这个词一般指称实证科学，其核心的指称对象则是自然科学；而在讲德语的国家中，Wissenschaft 这个词既可以用来指称一般的实证科学，也可以用来指称哲学、逻辑学。一般说来，"人文科学"包括以下的学科：语言学、文学、哲学、宗教学、历史学、艺术和美学，所以"人文社会科学"这个词的含义明显地不同于"哲学社会科学"。人们在使用这些概念时也很少注意到它们在语境上的差异。

众所周知，在当代中国理论界的语境中，哲学拥有 8 个二级学科——马克思主义哲学、中国哲学、外国哲学、科技哲学、逻辑学、伦理学、美学、宗教学。从事哲学研究的人们常常在这 8 个二级学科中的某一个上做学问，但几乎从来不去询问，这样的分类方式是否合理？我们认为，至少它在以下各个方面是不合理的？第一，为什么"科技哲学"可以纳入哲学研究的框架之中，而"经济哲学""政治哲学""法哲学"

这样的学科就不行呢？第二，为什么"美学"可以纳入哲学研究的框架之中，而语言学或修辞学必须置于哲学之外呢？第三，"马克思主义哲学"是以学派进行命名的，与之对应的应该是"孔子哲学""笛卡尔主义哲学""黑格尔主义哲学"等，而"中国哲学""外国哲学"这样的概念却不能与之并列。我们认为，在哲学与这8个二级学科之间，缺乏统一的分类原则。第四，像"中国哲学"的提法本身就是不严格的，因为它的前提是：有一个国家，便会有一种相应的哲学。其实，哲学往往是跨国家的，是以区域性的文明为背景的。英国历史学家汤因比就主张把跨国家的文明作为历史研究的基本单位。此外，像"中国哲学"这样的表述在逻辑上也会有困难，因为它预设了哲学的复数形式，似乎世界上存在着许多哲学。其实，作为一门学科，哲学像数学或其他科学一样是唯一的，即只能是单数。因此，金岳霖先生主张把"中国哲学"改写为"哲学在中国"，以确保哲学这门学科的单数形式。当然，哲学只能单数，但"哲学家""哲学流派""哲学观念""哲学见解""哲学观点"等可以是复数。举例来说，我们不能说："张三有张三的哲学，李四有李四的哲学"，但我们可以说："张三有张三的哲学观点，李四有李四的哲学观点。"

二

在某种意义上，当代中国的人文社会科学研究受到传统的经验主义和心理主义的影响，几乎完全不重视语言和概念上的分析工作。阅读当代中国学者撰写的研究性论著，常常发现，他们没有对论著中涉及的基本概念的含义做出明确的界定和阐释。他们的论著试图创造一个"不清楚＋不清楚＝清楚"的神话，但这样的神话是永远不可能触及所论述的对象和关系的本质的。

众所周知，虽然人文社会科学领域中的每门学科都有自己的专门术语，但当研究者们运用论著的形式，系统地表述自己的思想的时候，他们是不可能完全不借用日常语言（包括日常使用的概念）的。人们通常使用的概念有以下三种不同的类型：一是旧概念旧内容，二是旧概念新内容，三是作者自己创造出来的新概念。人文社会科学的研究文本通常是由这三种不同的概念"编织"而成的。当任何一个作者使用这三种不同的概念的时候，他是否对它们的真实含义都有确定无疑的了解和把握呢？如果没有，很难想象作者可能撰写出意义明确的论著来，也很难想象作者可能把自己的观点阐述得十分清楚。道理很简单，一旦研究文本中的概念都成了后现代主义者所说的"漂浮的能指"，即其意义和指向都不明确的语词，那么它们又如何向我们传递某种确定性的思想呢？

比如，"封建主义"（feudalism）这个概念在当代中国学者的学术论著中频频出现。其实，这个概念用在对中国社会性质的说明上是完全不合适的。在中国社会的发展史上，既没有存在过欧洲意义上的奴隶社会，也没有存在过欧洲意义上的封建社会。作为亚细亚生产方式的经典表现形式，传统中国社会乃是一个以血缘关系和地域关系为基础的宗法等级制社会，这个社会的基本生产方式是农村公社。人所共知，在欧洲，作为封建主义基础的封建领主拥有自己的法庭、法律和雇佣军队，而在传统的中国社会中，尤其是在秦始皇统一中国后，人们对土地只有使用权、占有权，而无所有权。单单是这一点已经表明，用适合于欧洲社会的"封建主义"这样的概念来规范和阐释传统的中国社会是完全错误的。

三

在当代中国学术界，人文社会科学研究中普遍存在着另一种倾向是idealism。这个术语通常被译为"理想主义"或"唯心主义"。显然，这两种译法都不妥当。既然人人心中都或多或少地存在着理想，所以"理想主义"就是一个意义不明确的概念，甚至无法判定它是贬义的，还是褒义的。至于"唯心主义"的译法源自佛教"万物唯心"的见解,意识形态的气味太重,所以,我们在这里把这个词译为"观念主义"。从字面上看,"观念主义"这个表达式也有其局限性,因此,我们必须对它的内涵做出明确的规定,以便当人们使用这个术语时不至于产生含义上的混淆。在我们看来,所谓"观念主义",也就是撇开现实生活,单纯用观念或文本之间的关系以及人们对它们的接受、传播或怀疑、抛弃来阐释现实生活及其发展历史。

比如,不少研究生撰写学位论文,探讨某位思想家或作家的思想来源,他们很少分析这位思想家或作家的思想与现实生活的关系,而只热衷于分析前人和同时代人的哪些观念或文本影响了他。举例来说,德国哲学家叔本华在阐释自己思想的来源时,就有过一个典型的观念主义式的表述,即他认为,他的思想来源于康德、柏拉图和印度的《奥义书》。显然,这个表述完全忽略了他自己的思想与当时德国现实生活之间的互动关系。由此可见,任何一篇学位论文或理论论著,如果受到观念主义思想的影响,势必不能对自己的研究对象做出合理的分析和阐释。也就是说,它们只满足于停留在对某个思想家或作家的思想之"流",即他的思想受到影响的观念或文本的分析上,而不打算对其思想之"源",即他的思想受到根本影响的现实生活做出深入的分析。

事实上,真正伟大的思想家或作家都主要是从现实生活中汲取自己的灵感的。他们总是努力把现实生活中出现的重大问题提升为理论问题。比如,在 19 世纪的德国诞生的、以黑格尔为代表人物的"同一哲学"(philosophy of identity)主要是在始于 1789 年的法国大革命的影响下形成起来的。在黑格尔看来,法国大革命又是在十七八世纪的法国启蒙运动的影响下发生的。思维的东西(启蒙思想)在一定的条件下可以转化为存在的东西(法国大革命)。正是在这个意义上,黑格尔提出了"思维与存在同一"的著名命题,并在此基础上建立了同一哲学。同样地,像胡塞尔、海德格尔、普鲁斯特、萨特、加缪、卡夫卡等人的思想主要地都源自对现实生活的反思。马克思甚至告诉我们："道德、宗教、形而上学和其他意识形态，以及与它们相适应的意识形式便失去独立性的外观。它们没有历史，没有发展；那些发展着自己的物质生产和物质交往的人们，在改变自己的这个现实的同时也改变着自己的思维和思维的产物。不是意识决定生活，而是生活决定意识。"① 当然，马克思这段话的意思并不是说，哲学、宗教、形而上学和其他意识形式都是"没有历史"的，而是强调它们没有完全独立的、自足的历史。归根到底，所有的意识形式的内容都源于当下的现实生活。

改革开放以来，确立了"从实际出发，实事求是，理论联系实际"的新的思想路线，而这条思想路线的实质就是要从观念主义中解放出来，退回到现实生活中去。人文社会科学的研究方法也应该改弦更辙，告别那种"概念来，概念去"或"文本来，文本去"的研究方法，真正面向现实生活，从现实生活中提炼出重大的理论问题，这才是人文社会科学研究的根本出路。总之，人文社会科学的研究再也不能停留在自发的、盲目的阶段上了。研究者们应该自觉地行动起来，使自己的全部研究活动奠基于批评性反思的基础之上。

---

① 《马克思恩格斯全集》，第 3 卷，30 页，北京，人民出版社，1960。

世界中国学研究的重大转折^①

首届"世界中国学论坛"不久将在上海隆重举行，这不仅是上海乃至整个中国文化生活中的一件大事，也是一个重要的标志，表明世界中国学的研究正处于重大的、实质性的转折过程中。我们这里说的"重大转折"主要包含三层含义。

其一，世界中国学的研究正从边缘走向中心。长期以来，整个世界文化界都处于"西方文化中心主义"，尤其是"欧洲文化中心主义"的影响下。这种影响是如此之巨大，以至于中国文化完全被挤到不起眼的、边缘的位置上。20 世纪下半叶，萨伊德的东方主义理论的提出乃是世界文化生活中的一个重要事件。从此，"西方文化中心主义"不再是人们思考问题的出发点，而成了人们自觉地进行深层文化反思的

---

① 本文原来的标题是"世界中国学发展的转折"，载《文汇报》，2004-06-14。

对象。随后，柯亨的《中国中心论》的出版表明，中国学的研究者们不但认同萨伊德的东方主义理论，而且努力使他的理论发扬光大。有趣的是，这种文化研究上的新思路在现实生活中得到了响应，那就是从 20 世纪 70 年代末以来中国在改革开放中的崛起。毋庸讳言，中国的崛起使全世界的目光转向中国，也使世界中国学的研究从文化舞台的边缘走向中心。

其二，世界中国学研究的内容正从"小文化"走向"大文化"。所谓"小文化"，我们这里主要指中国传统社会的文物及哲学、文学、宗教和伦理等观念；所谓"大文化"则是指中国文化生活的全幅内容，包括传统社会和当代社会的全部现实生活和精神生活。很久以来，世界上的中国学研究者是带着猎奇的心态来研究中国的"小文化"的。在他们看来，中国古代文化蕴含着许多宝藏，有待于深入地发掘，而现、当代的中国，或者甘心于积贫积弱的落后国情，或者游刃于政治运动的胶着状态，实在是乏善可陈。然而，近 30 年来，发生在当代中国的巨大的变化正在向中国学研究者们的单纯的"考古"热情提出挑战。事实上，近年来已经有越来越多的中国学研究者把目光转向当代中国社会，转向中国的"大文化"，这就使中国学研究的内容发生了实质性的变化。

其三，世界中国学研究的范围正从"地理中国"走向"文化中国"。所谓"地理中国"指的是中国大陆和港、澳、台；所谓"文化中国"，则不仅涵盖"地理中国"，而且也包括世界各国的华人文化、华人聚居处和唐人街等。随着当代中国的迅速崛起，中国人正以前所未有的开放心态走向世界各国：或者是旅游和度假，或者是求学和深造，或者是打工和经商，或者是探亲和访友，凡此种种，不一而足。这就使当代中国学的研究范围发生了重大的变化，即它不再局限于"地理中国"的范围之内，而是不断地从"地理中国"向"文化中国"扩展。

在首届世界中国学论坛即将举行之前，我们衷心祝愿世界的中国学研究越来越兴旺发达。

如何写好毛泽东[①]

一

　　拙著《毛泽东智慧》撰写于 1992 年，初版于 1993 年。当时，朋友们拿到我的赠书都流露出困惑不解的神情。在他们看来，我主要是研究西方哲学，尤其是德国哲学的，怎么写起毛泽东来了。其实，我当时的想法也很简单。

　　一方面，在 20 世纪 90 年代初，国内学术界的空气还十分沉闷，真有点"万马齐喑"的味道。当时，我刚从德国法兰克福大学留学回来，深切地感受到研究西方哲学的困难。因为人们常常简单地把西方哲学思潮的引进与所谓

---

　　① 本书是为拙著《毛泽东智慧》第二版（第一版，上海人民出版社，1993；第二版，香港九思出版有限公司，2005）撰写的序言。

"自由化"，甚至与政治上的"和平演变"扯在一起，真是"剪不断，理还乱"。在这种瞻前顾后、如履薄冰的精神氛围中，我不得不对自己的研究计划做出相应的调整。事实上，在此之前，我内心一直有一个强烈的愿望，那就是对现代中国思想史的两个侧面（一个是主流性的侧面，即毛泽东和邓小平的思想；另一个是非主流性的侧面，即熊十力、冯友兰、牟宗三等人的思想）进行研究和总结。然而，这个研究计划本来准备放在将来实施的，现在却只好把它提前了。① 尽管这个研究计划并未完全实现，但至少已经实施了一部分。继《毛泽东智慧》于1993年出版后，我又于1994年出版了《邓小平：在历史的天平上》一书，从而大致上为现代中国思想史的主流方面的研究画上了句号。而我对现代中国思想史的非主流方面的研究之所以没有展开，是因为随着1992年邓小平南方谈话的发表，一个新的思想解放运动和一轮新的改革开放的设想又开始实施了。于是，我不得不再度调整自己的研究计划，把研究的重点重新放回到西方哲学上去。当然，这并不等于说我取消了中国哲学研究方面的计划，只不过是把这个计划再往后挪罢了。

另一方面，我总有一种感觉，当然，或许它不过是一种错觉，即只有我们这一代人才能写好毛泽东。对于我们上一代人来说，由于种种历史的原因，他们已经对毛泽东形成了一种定见，似乎很难再从这种定见中摆脱出来了，因为他们已经无法像我们这代人一样去接受新的观念和新的思潮了；而对于我们下一代人来说，由于真正的历史意识的匮乏和文化虚无主义的侵蚀，他们与毛泽东之间几乎可以说是隔着一条万里长

---

① 在此之前，我已为复旦大学的本科生开设了《当代新儒学》的选修课。毋庸讳言，开设这门课也是为这一研究计划做准备的。当然，必须指出的是，我对中国哲学研究的设想并不限于这个计划。事实上，多年来，我一直计划着下面两部著作的写作：一部是站在当今时代的高度上，对中国哲学的核心精神和概念——"道"重新进行阐释的著作；另一部是关于个性如何从中国传统社会和文化中走出来的著作。我希望，这两部著作的写作都能超越单纯的中国哲学史资料的束缚，体现出对民族精神的内在本质和历史演化的更丰富的认识和更具穿透力的把握。

城。与他们谈论毛泽东，不免有"与夏虫语冰"之嫌。比较起来，唯独我们这一代人，既从旧营垒里来，亲身经历过"文化大革命"的疯狂和信念的破灭，又置身于改革开放的大潮中，接受了新的思想范式的熏陶。唯有我们这一代人，才能在理解毛泽东的同时也超越毛泽东，才能站在新时代的高度上对毛泽东做出比较公正的评价。

《毛泽东智慧》出版后，一晃十一年过去了。在这十一年中，毛泽东生前鲜为人知的一些新材料被披露出来了，他的神秘性正在逐渐消失。在某种意义上，这并不是一件坏事，因为人们开始把毛泽东理解为一个人，而不是一个神。况且，与十一年前相比，学术界的思想氛围也好多了。① 在这样的情况下，重读《毛泽东智慧》，又别有一番滋味。不用说，如果现在再有充分的余暇来重写这部著作，或许会写得更好。然而，为了尊重历史起见，我已经无权对它进行大幅度的改动了。趁这次修订再版的机会，我对第一版的内容，尤其是书中第三章，即毛泽东的政治智慧部分作了重点的省察和部分的改写，并订正了第一版文字上的一些错讹之处。

其实，不管我们这一代人具有什么样的优势，通过文字来再现毛泽东的人格、风采和智慧绝非易事。正如菲力普·肖特所指出的："对于任何一个作者来说，要记述毛泽东的一生，都是一项十分艰巨的任务。无论是在中国还是国外，毛都是一位远比他同时代的人卓越和杰出的人物，从某种意义上说，他是迄今为止人类历史上为数不多的领袖人物之一。他多姿多彩和复杂多变的个性注定了他是一个非凡的、集多种才干于一身的人：毛是一个理想家、政治家、政治与军事战略天才、哲学家和诗人。……要写毛，就要写中国的一个世纪。这对于一个传记作者来说是

---

① 当然，说到学术界的气氛，这里必须做一个说明。从受意识形态约束这个角度来看，现在比十一年前要宽松多了。然而，从另外一个角度，比如说，做学问的普遍心态来看，现在却比以前浮躁得多了。在我看来，偌大一个中国，已经放不平一张书桌了！要是当代中国学人不能治好这个时代病，中国学术是难以走向世界的。

一个极富吸引力的题目，也是一个极具挑战性的题目。"①

二

在我看来，要写好毛泽东，无论如何要避免两种心态。

一是以崇拜者的心态来写毛泽东。不用说，只要崇拜在场，理性也就被放逐了。在某种意义上，作者也就失去了自我，失去了判断能力，只能像鹦鹉学舌那样，人云亦云了。② 也就是说，很难再对毛泽东的思想和活动做出客观的评价了。

二是以小人的心态来写毛泽东。我们这里说的"小人"乃是指那些斤斤计较、目光短浅的庸人。正如马克思所说的："愚蠢庸俗、斤斤计较、贪图私利的人总是看到自以为吃亏的事情；譬如，一个毫无教养的粗人常常只是因为一个过路人踩了他的鸡眼，就把这个人看做世界上最可恶和最卑鄙的坏蛋。他把自己的鸡眼当作评价人的行为的标准。他把过路人和自己接触的一点变成这个人的真正实质和世界的唯一接触点。"③

显然，小人的生活方式和思维方式本身就蕴含着独有的评价方式。对于这一点，马克思也有深刻的理解。他这样写道："我们看到，自私自利用两种尺度和两种天平来评价人，它具有两种世界观和两付眼镜，一付把一切都染成黑色，另一付把一切都染成粉红色。当需要别人充当自己工具的牺牲品时，当问题是要粉饰自己的两面手法时，自私自利就带上粉红色的眼镜，这样一来，它的工具和手段就呈现出一种非凡的色彩；

---

① 菲力普·肖特：《毛泽东传》，11 页，北京，中国青年出版社，2004。

② 写到这里，我们便自然而然地联想起狄德罗以调侃的口气说出来的一句名言："如果有一只鹦鹉对什么都能回答，我将毫不动摇地宣布这是一个有思想的东西。"（参见陈修斋等译：《狄德罗哲学选集》，10 页，北京，生活·读书·新知三联书店，1956）事实上，这样的鹦鹉在世界上是找不到的。

③ 《马克思恩格斯全集》，第 1 卷，148～149 页，北京，人民出版社，1956。

它就用轻信而温柔的人所具有的那种渺茫、甜蜜的幻想来给自己和别人催眠。它脸上的每一条皱纹都闪耀着善良的微笑。它把自己敌人的手握得发痛，但这是出于信任。然而，突然情况变了：现在已经是关于本身利益的问题，关于在后台（这里，舞台的幻影已经消失）谨慎地检查工具和手段的效用问题。这时，精明而世故的自私自利便小心翼翼而疑虑重重地带上深谋远虑的黑色眼镜，实际的眼镜。自私自利像老练的马贩子一样，把人们细细地从上到下打量一遍，并且认为别人也像它一样渺小、卑鄙和肮脏。"①

这就启示我们，小人的眼光也就是自私自利的眼光。当小人的利益得到肯定和实现时，他做评价时就戴上了粉红色的眼镜，从而被评价的对象也就被提升到天堂中；反之，当小人的利益被否定而无法实现时，他做评价时就戴上了黑色的眼镜，而被评价的对象也就被贬入地狱中去了。众所周知，在通常的情况下，伟大人物之为伟大人物，总是远远地高于小人，总是无情地蔑视小人的一己私利和一孔之见。于是，伟大人物总是与小人处于结怨的状态中。因此，伟大人物一落到小人的手里，就被捏成了碎片。换言之，小人的眼光乃是一个硫酸池，它会把一切伟大的东西都销蚀殆尽。所以，从小人的心态出发来写毛泽东，也是不可能对他做出公正的评价的。由此可见，写毛泽东的困难主要不在于如何收集浩如烟海的资料，而在于如何超越上面提到的这两种不健康的心态。

三

从上述考虑出发，作者在写作中应当努力处理好两个方面的关系。

一是形而下和形而上的关系。这里所谓"形而下"也就是日常生活中的毛泽东。毛泽东不是神而是人，作为人，他也有七情六欲，也要吃

---

① 《马克思恩格斯全集》，第 1 卷，156 页，北京，人民出版社，1956。

喝拉撒。这个方面必须写透。事实上，只有把这个方面写透了，笼罩在他身上的神秘光环才会消失。所谓"形而上"也就是精神生活中的毛泽东。作为伟大人物，毛泽东不同于普通人的地方正体现在这个方面。不用说，只有把这个方面写透了，才能写出毛泽东的高度，毛泽东才不会在作者的笔下"坠落"下去。总之，这里有一个度的问题："形而下"的部分写过头了，会把毛泽东写成了一个浑浑噩噩的庸人；反之，"形而上"的部分写过头了，又有可能把毛泽东神化。显然，在这两个层面之间应该建立必要的张力。

二是功和过的关系。这里所谓"功"也就是毛泽东的功绩，"过"也就是毛泽东的过失。事实上，在写毛泽东的过程中，试图避免对他的功过做出适当的评价，几乎是完全不可能的。菲力普·肖特说："毛是一个伟人——任何伟人都有大功和大过。否则，他们怎么会是伟人呢？了解毛，这两点都很重要。低估一方面或掩饰另一方面都会使人误入歧途，因为毛是一个独特的整体：偏见反而会降低他的声誉。"① 肖特的这一见解无疑是卓有见地的。也就是说，在写毛泽东的时候，我们既不能"为尊者讳"，通过所谓"技术性的处理"为毛泽东的种种过失辩护；也不能"一叶障目"，对毛泽东的功绩采取全盘否定的态度。在这里，也需建立一种必要的张力，以便从总体上重新塑造出毛泽东的形象来。

综上所述，写毛泽东确实是一件吃力不讨好的事情。然而，笔者强调这一点，并不是为自己作品中可能存在的缺陷辩护。正如狄德罗所说的："人常常有机会提供的一个伟大的教训，就是承认自己的不足。老老实实地说一声：'我对这点什么也不知道'，以取得旁人的信任，比之勉强要想解释一切，弄得讷讷不能出口，使自己显出一副可怜相，不是要好得多吗？"② 笔者殷切地期待着读者的批评。

---

① 菲力普·肖特：《毛泽东传》，12页，北京，中国青年出版社，2004。
② 陈修斋等译：《狄德罗哲学选集》，58页，北京，生活·读书·新知三联书店，1956。

"做学问"与"找差异"①

　　记不清在什么地方曾经看到过下面这个有趣的故事。一位小学老师要求同学们就"发现"和"发明"这两个动词各造一个句子,以彰显它们之间在含义上的差异。有个机敏的小学生回答道:"我爸爸发现了我妈妈,我爸爸和我妈妈发明了我。"这个出人意料的回答引来了笑声,但仔细一想,它确实别出心裁地道出了这两个动词在含义上的差异:"发现"就是把原来已经存在着的事物对象化,"发明"就是把原来不存在的事物创造出来。

　　从这个有趣的故事联想到"做学问"。实际上,从某种意义上说,做学问也就是像那个小学生一样"找差异"。众所周知,任何一门学问都要使用语言,哲学社会科学更是如此。在语词中,尤其是名词、动词、形容词的含义并不

---

　　① 本文载《社会观察》,2005 (3)。

十分清晰。举例来说，在交通工具上，人们常常见到身强力壮的青年人坐在"老、弱、病、残、孕专座"上，这里虽然有一个思想境界的问题，但确实也有一个语词本身的含糊性问题。乍看起来，"老、弱、病、残、孕"这五个字的含义是非常明晰的，但仔细一想，并非如此。比如，"残"字，某人的小手指伤残了，有资格坐这个专座吗？又如"弱"字，某人看上去很瘦，有资格坐这个专座吗？再如"病"字，某人牙痛，有资格坐这个专座吗？

也许有人会反驳道："日常用语确实是含糊的，但学问是在严格的专业术语的基础上做出来的。"言下之意，在专业领域里似乎不存在语词含义的模糊性问题。其实，专业领域也没有这方面的豁免权。就拿"哲学"这个争论了几千年的词来说，至今仍然没有统一的含义。据说"文化"这个词有三百个定义，人们进行文化讨论的严格性又何在呢？何况，专业术语从来不可能与日常用语完全分离开来。任何一种学术理论的叙述，必定会借贷大量的日常用语，甚至连以"严格科学"自诩的现象学也不例外。那么，语词的含义，能否像后期维特根斯坦的著作所说的，在具体语境的使用中被清晰化呢？对此，我们仍然是有保留的。限于题旨，我们下面且分析语词使用中常常出现的三种差异。

第一种是不同语词，尤其是人们认为意义相近的语词之间的差异。1998 年，有家电视台的一个编导为了纪念改革开放 20 周年，决定做一个"跨越 20 年"的节目，来征求我的意见。显然，他之所以用"跨越"这个动词是为了说明 20 年来变化很大，但我告诉他："跨越 20 年"的意思是，什么都谈，就是不谈 20 年。因为 20 年被一步跨过去了；要谈 20 年，节目名称就应改为"走过 20 年"。那个编导显然不理解"跨越"和"走过"这两个动词之间的差异。

第二种是同一个语词所包含的、有差异的含义。比如，一提起"自然辩证法"这个词，人们总是习惯于把它的含义理解为"关于自然界的辩证法"。我在《论两种不同的自然辩证法概念》（载《哲学动态》，2003

年第 3 期）一文中提出：自然（nature）有两种含义：一为本性，一为自然界，因而自然辩证法也有两义：一为"理性自然倾向（即本性）的辩证法"，一为"自然界的辩证法"，而前一种自然辩证法的提出正是康德哲学的伟大贡献之一。

第三种是语词和它所指称的对象之间的差异。我在《全球化问题的哲学反思》一文（《学术月刊》2002 年第 5 期）中指出："反全球化"并不能准确地指称生活中出现的任何现象，因为任何人实际上都不可能反全球化，即使在他高喊"反全球化"的口号时，也不可能真正地反全球化，因为 internet、国际电话、国外传真、国际航班这些现象都属于全球化这一总体现象。在一般情况下，谁会反对这些呢？这里的差异在于："反全球化"这个词的含义应该是反对全球化的一切现象，而实际上人们赋予"反全球化"这个词的真正含义是：反对全球化过程中损害他们实际利益的某些现象。所以，"反全球化"这个词的理想含义与它在实际使用中的现实含义之间存在着巨大的差异。重要的是看出并理解这种差异，而不是跟在别人后面，无批判地使用"反全球化"这个"有概念而无对象"的语词。总之，做学问不能归结为在语词上找差异，但学会在语词上找差异却能使学问做得更为深入。

当代虚无主义省思[①]

今天我要讲的题目是《当代虚无主义省思》。所谓"省思"，也就是反省和思考，当然也包括对我们这一代人以及我们的思想方法的检讨和思考。在当前的情况下，为什么要提出虚无主义这个问题？大家可能认为，当今中国社会正从计划经济向市场经济转型，人人都十分理智，都忙忙碌碌地埋首于自己的事务，每个人的生活似乎都很充实，每个人的目标仿佛都很明确。在这样的背景下，谈论虚无主义是不是有点矫情？或者换一种提问方法，虚无主义是不是欧洲独有的现象，而在当代中国社会根本就不可能存在？实际上，认为虚无主义在当代中国社会不可能存在，认为我们的工作和生活都十分充实，这本身就是虚无主义的一种典型的表现形式。当今，人们的思想和生活变

---

① 参见文池主编：《在北大听讲座》，第 19 辑，北京，新世界出版社，2006。

得如此之充实，以至于他们已经像物一样变得实实在在的了，他们已经失去了空灵的人文世界，被琳琅满目的物同化了。在我们看来，这正是在当代中国社会谈论并批判虚无主义的充足理由。

充实与虚无

作为引子，我想先谈谈充实与虚无之间的关系。从当前科学技术的发展来看，无论是微观世界、中观世界，还是宏观世界，都已经取得了惊人的成就。现在，人们已经开始对火星进行探索。就像毛泽东在《水调歌头·重上井冈山》中所写的："可上九天揽月，可下五洋捉鳖。"世界变得越来越像人们手中玩弄的魔方了。所有这些都表明，随着科学技术的发展，随着人类对外部世界的征服的升级，人类的主体性已经发挥到登峰造极的程度。人几乎成了"为所欲为的动物"的同名词。从实际生活来看，人们在赚钱和争取早日富裕起来的动机的驱迫下，绞尽脑汁增加自己的财富，并把这样的生活理解为"充实"，完全遗忘了在这样的"充实"背后潜伏着的"虚无"。通过对下面的社会现象的分析，或许我们可能对充实与虚无的关系获得新的认识。

第一种现象是当今社会生活中欲望的极度泛滥。市场经济像魔术一样唤醒了人们心中沉睡着的欲望。一旦这样的欲望被唤醒，情形是十分可怕的。记得歌德在《浮士德》中有过一个非常生动的表达。他说，在浮士德的胸腔里，跳动着两颗相反方向的心。一颗心要追求先人的灵境，要追求精神的高度；另一颗心则要紧贴官能的凡尘，要追求肉欲的享受。而浮士德的整个生命就在这两颗相反方向跳动着的心中挣扎。其实，"两颗心"的说法不过是一个隐喻，它表明，在每个人的身上，都存在着理性与情欲的冲突。也就是说，理性与情欲的冲突构成每个人生命的轨迹。后来，马克思在《资本论》中也引用了《浮士德》中关于"两颗心"的隐喻，用来说明资本家内心的矛盾。在马克思看来，资本家的胸腔里也跳动着两颗相反方向的心。当一个资本家通过组织生产获得一笔利润的时候，他胸腔中潜伏着的两颗相反方向的心便剧烈地跳动起来：一颗心象征理性，希望这个资本家通过扩大再生产，继续积累并扩大财富。也就是说，这个资本家必须牺牲现在，以便使将来变得更加美好；另一颗心则希望这个资本家赶紧到娱乐场所去，把赚来的钱消费掉。因为人生是短暂的，何况，任何一个偶然的、细小的原因都可能轻而易举地抹掉一个生命。没有感性的享受，人活着又有什么意义呢？可怜的资本家，每时每刻都在这两颗相反方向跳动着的心中煎熬。

其实，欲望不只是在资本家的身上表现出来，也在我们这个转型社会中的每个人的身上表现出来。每一个不存偏见的人都会发现，人本身就是由一系列器官组成的，每个器官都有自己的需要，都会尽一切努力使自己的需要对象化，成为现实。眼睛要看好的，耳朵要听好的，嘴巴要吃好的。既然人类的需要就像没有底的水桶，永远是装不满的，那么，人类的欲望也是不会有止境的。当代中国人又何尝不是如此呢？在国门还没有被打开以前，中国人的欲望是沉睡着的。随着改革开放的深入，这种欲望普遍地苏醒过来了。在某种意义上可以说，当代中国人的全部思考和行为都奠基于东西方生活方式的比较。不光人们在看好莱坞大片、在听西方音乐时在进行比较，而且人们在日常生活中的大部分言谈几乎都是在进行比较。谈薪金、谈房子、谈汽车、谈财富，这就是无所不在的东西方生活方式比较学。这样的比较越是普遍，人们就越强烈地意识到东西方生活方式之间存在着的巨大的差距，他们内心被激起的、追求金钱和财富的欲望也就越是强烈。就像罗马统帅恺撒所说的："我来，我看见，我征服。"事实上，人的欲望正以摧枯拉朽之势吞噬并改变着整个世界。

讲到这里，自然而然地联想起《简·爱》这部小说。记得《简·爱》的男主角是罗彻斯特尔先生，他娶了西班牙贵族的一个后裔，但成婚后不久，他妻子的精神病就开始发作了。原来，西班牙贵族的这个族系患有精神病史。无奈之中，罗彻斯特尔先生把他的妻子关进了顶楼，并雇了一个身强力壮的女人看守她。当我读到这里的时候，我感到，这实际上是作者使用的一个隐喻。其实，每个人都是罗彻斯特尔，都在自己的心中囚禁着一个"疯女人"，这个"疯女人"就是人的本能和欲望。只要人们稍加疏忽，这个"疯女人"就会不顾一切地跑出来，引导人的理性去做他的本能和欲望想做的事情。记得法国皇帝路易十五曾经说过："我死后哪怕洪水滔天。"但在当前中国式的市场经济中，在欲望之火中着了魔的人们，也许走得比路易十五更远，他们甚至会这样说："我活着的时候就已经不怕洪水滔天。"在市场经济负面因素的影响下，人们为了赚钱，为了满足自己的欲望，什么事情都可能干出来。

我们上面提到的这种末世论的感觉甚至表现在当代人对语言的使用上。比如"后现代"的"后"字就给人一种末世论的感觉。事实上，假如我们现在就使用"后现代"这样的概念，那么再过 100 年我们又该用什么概念呢？用"后后现代"吗？再过 200 年呢？用"后后后现代"吗？这种对语言的使用仿佛提示我们，整个人类的发展即将终止，整个人类的历史也即将终结。这使我们自然而然地联想起弗兰西斯·福山关于"历史的终结"的理论。不用说，人们对"知识经济"这样的概念的使用也蕴含着同样的倾向。实际上，人类历史上又有哪一种经济不是知识经济呢？又有哪一种经济不包含知识呢？就是原始社会使用的石刀、石器，也可以说是一种知识经济，因为它本身也有自己的知识含量。在我们看来，应该给知识经济下个定义。比如说，在一种经济形式中，当知识含量达到多少百分比时，这种经济形式才能算作真正的知识经济。假如当代人把当前的经济形式称之为"知识经济"，那么再过 50 年、100 年的经济形式又该用什么概念来表示呢？完全可以说，当代人考虑到了生态环境上的可持续发展，却没有考虑到语言使用上的可持续发展。换言之，当代人完全不考虑今后的世代将如何继续使用语言。

总之，当代人，尤其是当代中国人的欲望的泛滥有多种多样不同的形式。当然，欲望的泛滥集中出现在经济领域和性、婚姻的领域里。正是在这种普遍泛滥的欲望里，虚无正加快步伐向我们逼近。

第二种现象是对生命的漠视。首先是对动物生命的漠视。大家都知道，清华大学的学生刘海洋曾经把硫酸泼到黑熊的身上，这种漠视动物生命的行为引起了全社会的关注；大家也知道，成都有个大学生把一只活的小狗放到微波炉里烤了几分钟，造成这只小狗皮肤大面积灼伤。当这只小狗发出凄厉的叫声时，这位大学生却毫无怜悯之心，把自己的快乐建筑在小狗的痛苦之上。上次我到浙江千岛湖去旅游，发现其中的一个岛上养着许多孔雀。但是，非常煞风景的是，岛上的一家小店竟然写着这样招徕生意的招牌："现烤孔雀肉"。我看了以后心里非常难过，觉得一切美好的东西都被亵渎了。

更令人发指的是，我在报上还看到过这样一则新闻：在上海金山汇，当一个养鸭的农民赶着几百只鸭子穿越公路时，一辆卡车疾驰而来，见到这些鸭子，卡车的驾驶员不但没有放慢速度，反而加大油门，直冲过去。结果是可想而知的，几百只鸭子被碾成一堆血肉，鸭毛满天飞舞。那个农民对着疾驰而去的卡车，欲哭无泪。尽管那些鸭子长大后也是被食用的，但是鸭子毕竟也是一种动物，是生命的一种存在形态，难道应该用这样的方式去对待它们吗？何况，这些鸭子是这个养鸭的农民的财产，残酷地取消这些鸭子的生命，也就等于剥夺了这个农民的财产，践踏了他的人权和人格。与这种可怖的现象正好相反，在西方有这样一幅著名的宣传画，画的是鸭妈妈带着一群小鸭横穿公路。在公路上，驾驶员们把车都停下来了，从驾驶窗里伸出手，笑眯眯地挥舞着手，目送着鸭子慢吞吞地穿过公路。在德国，每年到了青蛙交配的季节，它们会成群结队地越过公路。为了保护青蛙的生命，德国人每年在这个季节甚至把有些公路也封闭起来了，以确保青蛙能顺利地越过公路去交配。我们知道，在地球上，由于人对环境的利用、开发和破坏，每时每刻都有动物物种在消失。如果任其发展下去，结果地球上就只会留下人这种动物。

所以，动物保护主义者提出了一个响亮的口号，即"地球上不能只有人这种动物"，要允许其他动物的存在和发展。如果最后地球上真的只剩下人这个物种，那就是人类中心主义的悲剧。

其次是对人的生命的漠视。大家都知道，广州有个孙志刚事件，他因为没有临时居住证，竟然死在救助管理站里；大家也知道，云南大学学生马加爵，居然十分冷静地把同宿舍的同学一个个地杀掉，并把他们的尸体隐藏起来，然后逃离昆明。至于《南方周报》上刊登的下面这则报道，更是令人震惊：一对16岁的双胞胎女孩，因为父母老是督促她们看书、学习、做功课，心里不高兴，一怒之下，决定联手杀害自己的父母。她们把剧毒的农药放进父母喝的稀饭中，把他们双双毒死，并把他们的尸体拖放到里面的房间里，兴高采烈地到外面去玩耍了。可怜的父母，居然死于自己亲生女儿的手中。还有一个例子，我觉得在这里说说也是必要的。2001年9月12日，法国哲学家德里达在复旦大学相辉堂做学术演讲。大家知道，前一天在美国刚刚发生过"9·11"事件，所以在演讲前，德里达先表示了自己对"9·11"事件中无辜牺牲者的哀悼。但是，听众席里的某些学生却发出了幸灾乐祸的笑声。按照他们的看法，"9·11"事件之所以发生，乃是美国人咎由自取，没有什么可以同情的。但是，他们忘记了，在他们这样的笑声中，正蕴含着对那些无辜牺牲者的生命的蔑视。难道在"9·11"事件中受到恐怖主义袭击而无辜牺牲的生命不值得我们加以同情和哀悼吗？讲到这里，我也想提一下目前国内各大学哲学系和哲学研究机构中多多少少地存在着的一种现象，即不管是哲学系的师生，还是哲学研究机构的研究人员，都深受欧洲大陆的存在主义思潮，尤其是当代德国哲学家海德格尔思想的影响，以至于无论是他们的言谈，还是他们撰写的论著，都喋喋不休地谈论着"存在的意义""生命的价值""人的使命"这些重大的问题。然而，他们对现实生活中每日每时都在发生的、无辜生命流失的现象，却采取充耳不闻的态度。比如，对自然灾害（地震、飓风、洪水等）造成的无辜生命的流失、对人为的管理不善（如煤矿的瓦斯爆炸、渗水等）引起的无辜生命的流失、对重大的交通事故（如飞机失事、火车脱轨、轮船倾覆等）造成的无辜生命的流失，他们几乎采取不屑一顾的冷漠态度。仿佛这一切都不是发生在现实生活中，而是发生在其他星球上。总之，他们在形而上学的层次上清谈"生命的价值"和"存在的意义"，仿佛只是为了忘记现实生活中仍然存在着的、漠视生命的各种现象。

在对生命的漠视中，也存在着一种值得引起我们深思的现象，那就是人们对自己生命的漠视。听说，在南方的一所重点大学里，有一个男生在家里是独生子女，暑假住在学校的集体宿舍里。由于宿舍里没有装空调，太热，他连着几个晚上睡不好觉，竟跳楼自杀了。在我们通常的观念中，假如一个人为了生活中某种非常重要的原因而自杀，似乎他的行为还是可以理解的。但一个大学生，竟然因为这样微不足道的原因——有几天时间睡不好觉而自杀，却令人震惊。当然，在不同的国家里，自杀都是一种引人注目的社会现象。法国社会学家涂尔干写过一本《论自杀》的书。认真地思考起来，确实会发现，自杀是一种非常奇特的现象：一方面，自杀者非常胆怯，以至于不敢继续生活下去；另一方面，自杀者又非常胆大，竟敢做出普通人连想也不敢想的事情，甚至以十分可怕的方式结束自己的生命。按照德国哲学家黑格尔的看法，人是没有权利自杀的，但实际生活中经常出现的自杀现象却超越了这种迂腐之论。

第三种现象是孤独感的普遍上升。在我们这个日益电子化、数码化的社会里，一方面，世界变得越来越小，人们坐在家里就可以欣赏正在欧洲或美国进行的足球比赛，仿佛空间已经被消灭，广袤的地球已经蜕变为一览无余的"地球村"。按照一些后现代主义者的看法，毕加索创立的立体主义乃是对现代社会中空间萎缩和挤压倾向的最早的感受。另一方面，世界又变得越来越大，人与人之间的关系也变得越来越疏远。乍看起来，人与人之间的距离似乎仍然很近，尤其是当人们登上一辆挤得像沙丁鱼罐头一样的公共汽车时，前胸贴着后背，人与人之间的距离不是很近吗？近得就像媒体上经常出现的那个含义十分暧昧的词——"零距离"。但这里说的"近距离"或"零距离"只是人的躯体之间的距离，而人与人之间在感情上、精神上之间的距离却越来越大。众所周知，中国人有一个习惯，把良好的夫妻关系形容为"相敬如宾"。可是，难道世界上还有什么关系比宾主之间的关系更为遥远呢？就像人们在宾馆里经常可以见到的那句口号——"宾至如归"。这句口号看起来十分热情好客，其实却非常冷淡。你一进入客房，马上就会发现，《服务手册》上记录着可能损坏的每一件细小物品的赔偿价格，但对宾客应有的权利却没有任何明确的说明。在宾馆主人的眼中，客人不过是人格化的货币而已，至于"宾至如归"这样的口号也不过是引诱那些人格化的货币流入自己腰包的诱饵而已。

德国哲学家叔本华曾经用箭猪与箭猪之间的关系来形容人与人之间的关系。冬天的箭猪想相互取暖，但它们一靠近，各自身上的刺就把对方刺痛了。于是，它们永远只能保持那种"若即若离"的关系，即既不能太近，又不能太远。难道人与人之间的关系不正是如此吗？乍看上去，人与人之间卿卿我我，亲密得很，实际上，他们之间的距离遥远得可以用光年来计算。从另一个角度来看，在当今这个信息化、电子化的时代，人们之间普遍缺乏一种 face to face 的交流，即面对面的交流。每个人都坐在房间里，面对着一台电脑终端机。这种情形不由得使我们联想起 17 世纪德国哲学家莱布尼茨所说的"单子"（monad）。它用形而上学的方式表达出当时市民之间的关系。在莱布尼茨看来，单子是各自独立的，自我封闭的，没有窗户的。它们只能停靠上帝的"先定和谐"（established harmony）来建立相互之间的关系。而当代人操纵着的电脑终端机，就像自我封闭的单子，相互之间只能靠 internet 来沟通，而 Internet 展示的则是一个虚拟世界。在这个世界里，人们都用化名、笔名，甚至戴着各种面具进行交流。在虚拟世界中，人们即使可以得到安慰，这种安慰也只具有虚拟的性质。当代人的真实的生存状态乃是孤独。事实上，当代人把交往或沟通理解为自己探讨的根本性问题，正表明他们的孤独已经达到了怎样的深度。此外，从网络上的虚名到现实生活中的假冒伪劣现象的蔓延，也表明了人与人之间的防范意识、距离意识的增长。换言之，人变得越来越孤独了。

就普遍的虚假现象的存在而言，当代中国人仿佛又回到了贾宝玉的时代。在《红楼梦》中，"贾"和"假"是谐音，是相通的。"贾宝玉"也就是假宝玉，而假宝玉就是石头，所以《红楼梦》也叫《石头记》。关于各种假冒伪劣现象的存在，我把它们概括为以下三句话。第一句话是：除了字典中的"假"字是真的，其他都是假的；第二句话是：除了骗子是真的，其他都是假的；第三句话是：除了假头发是真的，其他都是假的。人们常说，张三戴着假头发。其实，这个说法本身就是错误的，"假头发"这个词之所以不能成立，因为所谓"假头发"其实都是用真头发做的，因为真头发的成本最低。因此，人们不能说：张三戴着假发，而只能说，张三戴着别人的头发。虽然张三戴的头发不是他自己的，但他戴的绝不是假头发，而是实实在在的真头发。尽管上面的三句话具有夸张的性质，但它们却从某个侧面道出了当代中国人所普遍地体验到的那种致命的孤独感。

从上面列举的三大现象可以看出，当代中国人在日常生活中忙忙碌碌，似乎十分充实、十分自信。事实上，我们也已经注意到，"充实"的"实"字已经成了这个时代的最时髦的用词。人们最喜欢使用的概念是"实践""实干""实行""实效"。当人们赞扬一个人时，最高的赞词就是"实在"；当人们赞扬一个家庭时，最高的赞词则是"殷实"。其实，"实在"也好，"殷实"也好，它们潜在的前提都是"有钱"或"有财富"。所谓"充实"也蕴含着同样的前提。其实，这种到处弥漫的"充实感"本身就是"虚无"的标志。

在日常生活中，由充实营造起来的存在的假象常常会被虚无击溃。我们知道，在通常的情况下，人都是父母爱情游戏的偶然产物，人被抛掷到这个世界上来后，会遭遇到各种各样的困厄。比如，一个人的最亲密的直系亲属的突然死亡、一个人蒙受了最亲密的朋友的欺骗、一个人遭遇到不测之祸、一个人突然发现自己得了一种致命的疾病等。在日常生活的这些"临界状态"下，当一个人面对着存在的巨大裂口时，他的精神会处于虚脱的状态下。一种巨大的"虚无感"会油然而生，并引起他对生命、人生、价值、意义等问题的重新思索。在这样的状态下，生命中所有的玫瑰色都会悄然褪去，痛苦、焦虑、绝望、罪恶感就会占据整个心灵。然而，人是天生容易遗忘的动物。也许过了三个月，也许只过了三天，他所经历过的苦难就渐渐地平息下去了。于是，他的全部生活和思想又恢复到日常生活的轨道中去。上午听课，下午从事体育活动，晚上看电影。他重新跌入"充实"和"自信"的深渊中，直到下一个裂口在他的生命中出现的时候。德国哲学家海德格尔把人生中的这种状态称之为"沉沦"（Verfallen）。其实，沉沦正是对"虚无感"的拒斥，而对"虚无感"的拒斥，正是虚无主义在当代中国社会中的典型表现形式。

正是海德格尔，在其《形而上学导言》一书中提出了"究竟为什么存在者在而无反倒不在？"的问题，并把这个问题理解为形而上学的所有问题中的首要问题。当然，海德格尔这里所说的"无"不同于中国古代哲学家老子所说的"无"。在《道德经》中，老子这样写道："三十辐共一毂，当其无，有车之用。埏埴以为器，当其无，有器之用。"他强调的正是"无"的作用。打个比方，一只杯子，唯其中间是空无的，才可以盛水，才会有杯子之用。我们这个教室，唯其中间是空无的，大家才可以走进来，并使一个教室获得自己的用途。在老子看来，一切"用"都奠基于"无"。实际上，老子说的"无"就是空间，而空间中充满着肉眼看不见的空气。而空气实际上并不是"无"，而是一种无定形的、不可见的"有"。在这个意义上，我们可以把老子的"无"称之为"不可见的有（存在物）"（invisible being）。与老子不同的是，海德格尔所说的"无"（Nichts）乃是指人的精神上的孤独、绝望、痛苦和罪恶感，即雅斯贝尔斯所说的"边界状态"（Grenzsituation）。在谈到"无"的问题的困扰时，海德格尔这样写道："譬如，在某种完全绝望之际，当万物消隐不现，诸义趋暗归无，这个问题就浮现出来了。也许只出现一次，犹如一声浑沉的钟声，悠然入耳，发出缓缓的回音。"

实际上，虚无每时每刻都存在着，犹如一头巨大的怪兽潜伏在我们生命的深处。每个人都有点像沼泽地里的青蛙，东嗅西嗅，忙忙碌碌地寻找着自己的食物，而虚无就像一条躲在暗处的蛇。它随时都会窜出来，把青蛙吞没。对于一个普通人来说，唯有穿透"充实"这层帷幕，领悟到虚无的逼近，他才可能不被虚无主义的浪潮淹没。

何谓虚无主义

按照德国哲学家尼采和海德格尔的看法，虚无主义就是最高价值的自我贬损。众所周知，在西方的文化传统中，最高的价值就是基督教的上帝。一切其他的价值都是以全知全能的上帝的存在为基础的。但自从"上帝已死"的口号出现后，西方文化中的最高价值被否定了，于是，虚无主义的情绪便到处泛滥。其实，"上帝已死"的口号不是尼采，而是黑格尔在《精神现象学》中谈到苦恼意识时最先提出来的。后来，尼采在《查拉图斯特拉如是说》等著作中着重发挥了这一见解。

按照我自己的研究心得，"上帝已死"口号的出现并不是偶然的，而是西方人性理论发展的逻辑结果。众所周知，在西方的人性理论中，性恶论一直是占主导地位的。基督教的"原罪说"就是对性恶论的充分肯定。性恶论有以下两个优点。第一，既然人性本恶，因而必须重视作为外在约束机制的法律的作用。有鉴于此，在西方的文化传统中，法律，尤其是现代意义上的民法起着十分重要的作用。第二，因为人性本恶，所以，包括总统在内的所有的伟大人物都会作恶。基于这样的考虑，就必须对总统所握有的权力进行限制。所以，由洛克、孟德斯鸠等人所倡导的"分权政治"只能产生于这种性恶论的基础上。这可以说是西方性恶论的积极方面。然而，西方的性恶论也有其消极的方面。在我看来，正是这种理论本身导致了"上帝已死"的结果。按照基督教的学说，上帝拥有两方面的使命。其一，创造世界和人类。显然，这个任务已经被上帝完成了。但是，由于人性恶的作用，人类的祖先又从伊甸园堕落下来。这样一来，上帝不得不承担起第二个使命，即其二，救赎人类。但在作了许多努力之后，上帝终于发现，完成第二个使命是不可能的。因为既然人性是恶的，也就是说，人性从里到外都是漆黑一团的，怎么可能得到救赎呢？一旦上帝发现自己无法完成救赎的使命，同时也就发现自己的存在是多余的。因为上帝一共只有两个使命。第一个已经完成，第二个无法完成。既然上帝已经无法完成第二个使命，那么，他就等于间接地证明了自己的存在是多余的。由此可见，西方的性恶论必然导致的结果是，有人出来宣布"上帝已死"。

与西方人不同，在中国人的文化传统中，虽然也曾出现过告子的"性无善无恶论"、孟子的"性善论"、荀子的"性恶论"和世硕的"性有善有恶论"，但占主导地位的始终是性善论。性善论的优点是努力把人性中的好的因素引导出来，因而有利于理想人格的培养和熏陶。其缺点则表现为以下两个方面：其一，由于肯定人性本善，所以漠视作为外在约束的法律，尤其是现代民法的建设，以为通过伦理建设就可以规约整个社会；其二，由于把人性理解为善的，所以，不可能产生出西方意义上的分权政治，而是寄希望于所谓"圣人政治""贤人政治"和"好人政治"，甚至寄希望于"为民做主"的"清官"。这一主导性的人性理论构成了中国政治体制改革的深层障碍。

刚才说到西方人关于"上帝已死"的观念，正是这一观念集中体现出传统虚无主义的特征，即最高价值的自我贬损。那么，什么是当代虚无主义呢？我认为，当代虚无主义的含义更为宽泛。与传统虚无主义不同，当代虚无主义乃是普世性价值（universal value）的自我贬损。那么，这里提到的"普世性价值"的含义又是什么呢？我们认为，它的主要含义是：珍惜生命、维护人权、尊重人格、追求自由、倡导民主、提倡平等、坚持社会公正等。当代虚无主义有两种不同的表现形式：一是显性的虚无主义，如国际恐怖主义团体组织的暗杀、自杀性爆炸等活动；二是隐性的虚无主义，它隐藏在日常生活中，以人们难以觉察到的方式表现出来。下面，简要地分析一下隐性虚无主义的几种表现形式。

隐性虚无主义的第一种表现形式是计算理性的蔓延。按照德国社会学家韦伯的看法，人有两种理性：一种是价值理性，既关系到人们在日常生活中遵守的价值规范，也关系到人们对生命意义和终极关怀的理解；另一种是工具理性或计算理性。就当今中国社会的现状而言，价值理性在不断地萎缩，而计算理性则在不断地膨胀。尤其是在市场经济的负面因素的影响下，计算和算计几乎成了当代人的全部思维活动。人不仅仅拿着计算机的时候在计算，而且在睡梦中也在计算。简言之，人本身就是一架计算机。据说，在"文化大革命"前，中国人民大学考分最高的专业是哲学，考分最低的专业是会计，但在社会转型以来，现在考分最高的是会计，考分最低的却是哲学了。这种局面的倒转从一个角度表现出计算理性在当今社会中的重要地位和作用。当今社会面临的精神危机是，一切学问都在蜕变为数学和计算。所谓"计算"，就是人们在从事任何活动时都会考虑到成本、投入、产出和收益。对于商厦里的服务员来说，他们的笑容是如此吝啬，以至于他们只笑到钱离开顾客的口袋为止。显然，再笑下去，就是资源的浪费了。而一旦顾客要退回已买的商品，他们脸上的笑容就不只像水泥一样凝固起来，还像《镜花缘》中的"两面人"，马上露出了浩然巾下的丑恶嘴脸。所谓"算计"就是把应该属于别人的财物和好处算计到自己的腰包里来。在地摊上泛滥成灾的所谓《厚黑学》《三十六计》《如何偷税漏税》等作品，全是为算计他人而撰写的。不用说，在这种计算理性产生影响的地方，价值理性和人文精神完全被边缘化了，计算和算计成了人的全部思维活动。

隐性虚无主义的第二种表现形式是历史意识的丧失。也就是说，人们对历史传统中的本质性的、有价值的东西采取了激进的、全盘否定式的虚无主义的态度。这种虚无主义的态度在"五四"时期已经有所显露。当时，有的学者主张把线装书扔进厕所里；也有的学者主张，干脆取消汉字，把汉字拉丁化。素以批判中国传统礼教观念见长的鲁迅先生，也在其名作《狂人日记》中这样写道："满本都写着两个字是'吃人'"。尽管鲁迅先生的批判是深刻的，读者在情绪上的感受也是痛快的，但冷静下来一想，这样的批判也不免有偏颇之处：难道如此丰富多彩的中国传统文化就只能简单地归结为"吃人"两个字吗？因而，对于当今的研究来说，不但有一个继承"五四"的问题，也有一个超越"五四"的问题。在超越"五四"的问题上，我们需要对那个时期激进主义的思想倾向进行认真的反思和总结。然而，"五四"以来，这种全盘否定中国传统观念的隐性虚无主义并没有得到深刻的反省，它总是不断地冒出来，从而给现实生活造成严重的影响。比如，在"文化大革命"中出现的"打倒封资修""横扫一切牛鬼蛇神"等口号，就是对历史采取虚无主义态度的经典性表现。这样的口号与苏联的"无产阶级文化派"所倡导的、否定俄罗斯文化传统的思想倾向实在有异曲同工之妙。必须指出的是，这种隐性的虚无主义还表现在人们对马克思恩格斯著作的翻译中。比如，马克思和恩格斯在他们合著的《共产党宣言》中提出了著名的"两个决裂"的观点："共产主义革命就是同传统的所有制关系实行最彻底的决裂；毫不奇怪，它在自己的发展中要同传统的观念实行最彻底的决裂。"这段话中的两个形容词"传统的"，在德语中的对应词是 ueberlieferten，而 ueberlieferten 则是德语动词 ueberliefern 的过去分词。Ueberliefern 的含义则是"递交""使流传"。我认为，作为 ueberliefern 的过去分词的 ueberlieferten 不应译为"传统的"，而应译为"流传的"。从《共产党宣言》中这段话出现的上下文可以看出，尤其是在第二个"决裂"中，马克思和恩格斯只是主张要同"流传的"观念（如"共产共妻"的观念等）实行彻底的"决裂"，而不是同"传统的"观念实行彻底的"决裂"。假如马克思和恩格斯真要同全部传统的观念实行彻底的决裂，那他们不就成了全盘反传统的虚无主义者了吗？实际上，马克思和恩格斯都是西方伟大的人文主义传统的批判的继承者。19世纪六七十年代，当德国理论界像对待一条死狗一样来对待黑格尔时，马克思却公然声明自己是这位伟大的思想家的学生。然而，在对马克思和恩格斯著作的翻译中，由于这种隐性的虚无主义对译者思想的影响，他们的思想竟被改铸为全盘反传统的虚无主义。还有一个典型的例子是德语动词 aufheben 的翻译问题。凡是熟悉西方哲学史的人都知道，从黑格尔以来，aufheben 获得了它在哲学上的确定的含义，即"扬弃"。所谓"扬弃"就是既有"保留"，又有"摒弃"。但是，在《马克思恩格斯全集》的中文译本中，aufheben 却被译为"消灭"。众所周知，"消灭"也就是完全中断与以前的思想传统之间的关系。

我们前面提到的历史意识的丧失，不仅是指人们对历史采取了简单化的、虚无主义的态度，而且也指历史的本质正在被遗忘，人们满足于在历史的泡沫中游泳。所谓"历史的泡沫"是指：对帝王私生活的猎奇心态、对历史剧中表现出来的矫揉造作的儿女私情的眷恋之情、对性和暴力的低级趣味、对历史上的边缘性知识（如拿破仑死于哪一年、亚历山大出生于哪一年等）的死记硬背，目的是应付关于历史知识的智力测验。所有这些都表明，在当代中国人的心目中，历史已经成了碎片和泡沫。我记得，在美国哈佛大学的核心课程中，还有"文化大革命"这门课，可是在我们这里，竟连这样的课也开不出来。如果30年前的历史已经被遗忘，又遑论5000年呢？

隐性虚无主义的第三种表现形式是当前占主导地位的应试教育制度。所谓"应试教育制度"，就是教育方面所有的安排都围绕提高升学率，尤其是围绕重点高中和重点大学的升学率的目标来进行的。在这样的教育制度中，一个优秀的老师之所以优秀，不在于他有真才实学，而在于他对考试题目猜得准不准；一个优秀的学生之所以优秀，也不在于他的知识如何扎实，而是取决于他每次考试能否获得高分。考分和升学率成了其他一切东西是否正确的最高判据。我曾经在《文汇报》上发表过一篇文章，题目是"学历史，还是学考历史？"，其中说到，现在的学生之所以学习历史，就是为了应付他们必须通过的历史课的考试。一旦历史课的考试通过了，历史知识也就成了多余的东西，它们也就应该统统被遗忘了。至于历史课本，在通常的情况下，只有三个去向：垃圾箱、废品回收站和低年级的、尚未通过历史考试的学生。也就是说，学生们感兴趣的只是获得历史这门课的考分，对历史本身却毫无兴趣。在他们的心目中，历史早已成了奢侈品，成了无用的东西的代名词。而他们真正感兴趣的也许是金庸先生的武侠小说。假如他们记住了一些可怜的历史知识的话，这些知识差不多也是从武侠小说中看来的，而从虚构的武侠小说中去探寻真实的历史事件，无疑是天方夜谭。在我看来，金庸先生之所以具有这么高的知名度，在相当程度上都是应试教育制度造成的。正是在应试教育制度的引导下，学校教师和家长以"共谋"的方式，名正言顺地剥夺了中学生的全部课外休息时间，用无穷无尽的课外辅导和模拟考试题目来折磨他们。在应试教育的重压下，中学生们开始了精神的大逃亡。在这一精神大逃亡的过程中，他们发觉，金庸先生的武侠小说为他们提供了一个最具吸引力的精神避难所。在他的小说中，通常有这样的情景：一个少男牵着一个少女的手，在全世界漫游。难道世界上还有比这更快意的事情了吗？有趣的是，金庸先生的武侠小说竟成了可怜的中学生们的精神解放证书。我在想，假如中国的应试教育制度已经让位给素质教育制度，金庸先生的武侠小说还会有这样好的销路吗？金庸先生还会有这么高的知名度吗？

　　隐性虚无主义的第四种表现形式是真正的宗教信仰的衰弱。乍看起来，在当代中国社会中，信仰宗教的人似乎越来越多，而且信徒的年龄也有年轻化的趋势。但仔细加以分析，就会发现，其中绝大部分信徒仍然处于"无根的信仰"的状态下。所谓"无根的信仰",指的是他们并不真正地信奉某种宗教学说,而只是在实用理性的引导下,依靠宗教来完成自己在现实生活中的心愿而已。大家知道,中国有句古话,叫"无事不登三宝殿"。所谓"三宝殿"也就是佛殿。"无事不登三宝殿"的意思是,有事才去烧香拜佛。这里所谓"有事",主要是指"祛除灾难"和"升官发财"。这充分表明,中国人的宗教信仰是以实用理性为基础的,并不是真正意义上的、抽象的宗教信仰。我们知道,佛教是倡导"知足常乐"的。一个人之所以经常感到痛苦,就是因为他的欲望太多。如果他能遏制自己的欲望,变得容易满足,他就会感到快乐。可是,现在连佛教所倡导的这一信念也遭到了亵渎。在城里的不少洗脚店的门口,写着"知足常乐"四个大字,这里的"足"不是佛教讲的"满足"的"足",而是指人们的"脚"。意思就是说,如果你进入店里洗脚,你一定会很快乐的。当我访问美国和加拿大的时候,我接触过许多理工科出身的大陆学人,他们中间的不少人已经成了虔诚的基督教徒。我也到华人创建的教堂里去听过华人牧师的布道。但你们是否知道,这些信徒们是如何向上帝进行祷告的?据说,有一个信徒是这样进行祷告的:"感谢上帝,我女儿的签证终于出来了。"乍听起来,这种感恩式的祷告是十分虔诚的,但仔细一想,马上就会得出相反的结论,即这个信徒实际上是一个虚假的信徒。说得透彻一点,与其说他是一个虔诚的信徒,不如说他是一个真正的无神论者。其实,稍加分析,就会发现,"感谢上帝,我女儿的签证终于出来了"这句话的潜台词是:"上帝啊,如果你不能解决我女儿的签证问题,我是决不会信仰你的。"说起来大家也许会觉得惊奇,当代中国社会中宗教信徒的增加是与真正的宗教信仰的衰弱同时发生的。它们本来就是同一个徽章的两个不同的侧面。

隐性虚无主义的第五种表现形式是健康的审判情趣的消失。据说,在我国美学界存在着不同的流派。但深入的考察表明,所谓不同的"美学流派"在观点上都是大同小异的。也就是说,"流派"云云,不过是研究者们的自我狂想罢了。其实，研究者们是以略略不同的语言说着同样的、缺乏创意的东西。比如，他们热衷于谈论"审美的共同心理结构"，却从不探讨人们在审美感受上的差异；他们热衷于谈论"审美活动中的认知范畴"，却从来没有意识到审美的根本宗旨——自由之追求；他们无批判地肯定任何审美的对象，却忘记了真正的审美活动都是对健康的人性的肯定和对生命的张扬。在日常生活中，人们最喜欢的审美对象是：充满媚态的猫或狗、畸形和扭曲的盆景、东倒西斜的假山、摇头晃尾而缺乏生命力的金鱼、苍白而消瘦的女孩等。这表明，虚无主义在审美活动中的泛滥已经严重到何等程度。事实上，真正健康的审美态度乃是对健康人性的赞扬、对生命的肯定、对自由的追求、对差异的认同。美学研究如果不抓住这些根本的要素来展开，它充其量不过是无聊的语言游戏罢了。

当代虚无主义的成因

下面简要分析一下当代虚无主义的成因。无疑地，当代虚无主义的形成是一个极其复杂的问题，在这个讲座中，限于时间和题旨，我们着重分析这些主要的原因。

一是科学主义（scientism）思潮的影响。随着当代科学技术的迅猛发展，工具理性或计算理性也迅速地蔓延开来，成为主导性的思维方式，而价值理性和人文精神则日益受到排斥，成为可有可无的东西。比如，在当代中国社会中，最流行的概念莫过于"工程"了。人们几乎把一切社会活动都归结为"工程"，以至于竟然出现了像"希望工程""阳光工程""明天工程""紧缺人才培训工程"等提法。在使用"工程"这个概念时，人们关注的是某种活动的组织性和效率性，很少去考虑，作为公民的个人权利如何在"工程"实施的过程中不受侵犯和损伤。在这种科学主义思潮的影响下，我们教师也有幸被称为"人类灵魂的工程师"。其实，这样的称呼方式与其说是出于对教师的尊重，不如说是对教师职业的亵渎。为什么？因为工程师面对完全相同的零件，而教师面对的则是具有不同个性的学生。也就是说，在教师的职业与工程师的职业之间存在着根本性的差异。所以，我们应该说："教师是人类灵魂的导师。"教师对待学生的方式完全不同于工程师对待零件的方式。教师应该做到"因材施教"，即根据不同学生的不同情况，进行相应的教育。中国儒学的创始人孔子就是一位"因材施教"的伟大导师。孔子的学生问老师什么是仁，孔子对每个学生的回答都是不同的，因为他是根据每个学生的特殊情况来解答问题的。相反，工程师在设计和生产零件的时候，从不考虑它们之间存在的差异。法国哲学家萨特在批判基督教关于"上帝创造人"的学说时，曾经讽刺道，这种创造的方式就像工厂里生产裁纸刀，生产出来的东西全都是相同的，没有任何个性的。德国哲学家康德曾经说过："人是目的。"这个口号本身就蕴含着一个基本理念，即在任何情况下都不应该把人看作单纯的手段或工具。记得邓小平曾经说过："尊重知识，尊重人才。"显然，这个提法包含对人的尊重，是对传统的物本主义观念的超越。但仔细地考量起来，这个提法还应该加以补充，使之完善化。如果我们说"尊重知识"，那么对那些缺乏知识或没有知识的人（中国还存在着数量可观的文盲）要不要尊重呢？如果我们说"尊重人才"，那么对那些不是人才的普通人是否也应加以尊重呢？有鉴于此，我建议，在"尊重知识，尊重人才"前面再加上一句话"尊重人格"。于是，整个提法就变成了："尊重人格，尊重知识，尊重人才。"这样一来，价值理性和人文精神就植入知识和人才的基础层面上去了。也就是说，我们对所有的人都是尊重的。在这个前提下，我们更尊重有知识和有才华的人。这样表达就比较全面了，也不容易引起误解。总之，科学主义的蔓延是当代虚无主义形成的重要原因之一。

二是实用主义（pragmatism）思潮的影响。我们上面提到的普世性价值观念最早是由西方人提出来的，但同时我们必须注意到，西方人，尤其是美国人，实际上并不崇拜抽象的普世性价值观念，他们真正坚持的乃是一种实用主义的立场。而正是这种实用主义的价值取向与普世性价值观念之间存在着不可避免的冲突。尽管西方人经常把"人权""自由""公正"这样的口号挂在嘴上，但在实际行动中，却常常走向反面。比如，国际恐怖主义组织的首领拉登实际上正是美国人扶植起来的。当俄国军队入侵阿富汗时，美国人就扶植拉登来对抗俄国人。同样地，在两伊战争时期，美国人又积极地向伊拉克的萨达姆提供包括化学武器在内的各种先进武器，以便制裁伊朗。至于美国士兵在伊拉克和其他地方的"虐俘丑闻"更是与他们自己提倡的"人权"观念相冲突的。更不用说，西方人还把过期的食品、带菌的钢板、核垃圾倾倒到东方。这些所作所为，激起了全世界人民的愤慨。总之，这种以国家利益为最高价值取向的实用主义，最终解构了西方人自己所倡导的普世性价值观念，从而为当代虚无主义的泛滥提供了温床。

三是后现代主义（post-modernism）思潮的影响。众所周知，后现代主义思潮对现代性的批判具有极为重要的理论意义和现实意义，但是，我们也必须清醒地意识到，后现代主义思潮也有自己的消极因素，而这种消极的因素正是我们在解读后现代主义的思潮时应该特别加以重视的。比如，法国后现代主义者利奥塔认为，现代性主张的都是"宏大叙事"（grand narrative），而在后现代的语境中，这类"宏大的叙事"已经一蹶不振了，而后现代则以"细小的叙事"（petty narrative）取代了这类"宏大的叙事"。在我们看来，这样的见解是站不住脚的，因为"大"和"小"本来就是相反相成的，世界上没有"大"的东西，也就不会有"小"的东西，反之亦然。所以，在后现代的语境中，绝不可能只存在着"细小的叙事"。比如，目前的"反恐怖主义"难道不正是世界各个国家都应遵循的"宏大的叙事"吗？显然，后现代主义所蕴含的消极因素——消解一切"宏大叙事"，本身就为当代虚无主义的发展提供了助力。

四是东方主义（orientalism）思潮的影响。以萨义德为最早倡导者的东方主义的兴起是 20 世纪国际文化界的一件大事。东方主义思潮的积极方面是对"西方话语霸权主义"和"欧洲中心主义"的冲击和批判，从而在一定程度上唤醒了东方民族的自我意识。但其消极因素也引起我们的高度重视。因为东方主义在反对西方话语霸权主义的时候，把洗澡水和小孩一起倒掉了。我们这里说的"洗澡水"，是指西方文化中存在的那些负面因素，而我们这里说的"小孩"，则是指西方人最早倡导的普世性价值观念。在我们看来，不应该对西方文化采取虚无主义态度。对西方文化中有价值的东西，如西方人所倡导的普世性价值观念，我们应该加以继承和弘扬；而对西方文化中存在的负面因素，当然应该加以否定和抛弃。由于东方主义思潮以全盘否定的方式对待西方文化，从而从另一个侧面助长了当代虚无主义的泛滥。

综上所述，当代虚无主义的成因是错综复杂的，我们上面列举的只是其中的一些原因，但这些原因已经启示我们，必须密切注意当代文化发展的情况，也必须与文化领域里的虚无主义倾向展开积极的斗争。

遏制当代虚无主义的蔓延

既然当代虚无主义的形成是一个十分复杂的问题，那么，遏制当代虚无主义的蔓延也不会是一个简单的问题，需要我们认真地加以反思。我这里强调的是遏制当代虚无主义的一些主要的措施。

第一，应该消除认为虚无主义只存在于西方的错误观念，充分认识当代虚无主义在中国社会中的各种表现及可能引起的严重的后果，从而在思想文化领域中积极展开对当代虚无主义的批判。

第二，应该认真研究当代虚无主义的来龙去脉和实质，认真借鉴西方人反思并批判虚无主义的历史，从中吸取宝贵的经验教训。

第三，应该深刻地总结马克思主义经典作家著作翻译、诠释和研究中的激进主义倾向，决不能把马克思主义经典作家的观点曲解为全盘反传统的虚无主义观念。应该实事求是地阐明他们对待传统文化的科学态度，尤其是应该实事求是地阐明马克思主义与人道主义传统的关系问题。长期以来，人们习惯于把马克思主义诠释为一种整人的学说。似乎一讲"大义灭亲"，一讲"六亲不认"，就是在讲马克思主义；反之，一讲"父子之情"，一讲"母女之爱"就是在宣传资产阶级的抽象的人性论。按照这样的诠释方式，马克思主义在当代社会中如何去获得更多的追随者呢？事实上，马克思主义的经典作家正是西方人道主义传统的批判的继承者，即使他们讲阶级斗争，归根结底也是为了实现解放全人类的伟大目标。所以，只有准确地认识马克思主义与人道主义传统之间的关系，才不会用虚无主义的态度去诠释马克思主义学说。

第四，应该弘扬人文精神，积极倡导普世性价值观念。当代科学技术的发展越是迅速，我们对人文精神的倡导也应该越是迫切。因为自然科学只解决事实的问题，而人文科学和人文精神则解决价值导向的问题。在我们应该加以弘扬的人文精神中，普世性的价值观念起着核心的作用。所以，我们对人文精神的倡导应该紧紧围绕对普世性价值观念的维护来进行。而这种对普世性价值观念的维护首先应该从自己做起，从点滴小事做起。每个人都是历史的参与者，而不是旁观者。实际上，也只有在参与历史的过程中，我们才可能清洗掉我们身上的种种不足，和历史一起，沿着健康的轨道向前迈去。最后，我想用朦胧派诗人顾城的两句诗来结束今天的演讲：

黑夜给了我黑色的眼睛，我却用它寻找光明！

"伪民俗"可以休矣^①

　　随着西方的"麦当劳""肯德基""好莱坞"等强势文化的入侵，随着中国大小城市的"水泥森林"的崛起，传统建筑的毁弃和老城区的消失，当代中国人突然觉得自己陷入了一个异己的、标准化的、陌生的环境之中。在追求和模仿西方现代生活方式的最初的兴奋和激动平息之后，失落感和怀旧感也随之而来。人们在回顾以往的生活方式时，很容易在与日常生活息息相关的、传统的民俗和民间文化中找到自己情感的寄托和精神的归宿。20世纪90年代以来，除了北京的"胡同热"、上海的"石库门热""咖啡馆热""陶吧热"等现象外，各种民俗村落、边地文化旅游、民间文化节目、传统庆典也如雨后春笋般地发展起来。尽管民俗、民间文化热并不像传统的高雅文化，如老、庄、

孔、孟的经典文本一样，起着"文以载道"的作用，它更多地体现出文化的休闲的、娱乐的和消费的功能，但就民俗、民间文化热本身来说，并不是一件坏事。

然而，我们发现，在民俗、民间文化热中隐藏着一股"伪民俗"的暗流，引起我们的高度警惕。我们这里说的所谓"伪民俗"，指的是完全受商业利益驱动的、趣味低劣的、粗制滥造的所谓"民俗"。首先，制作或再现这种"伪民俗"的原初动机绝不是恢复传统民俗、民间文化中真正有价值的内容，而是为了营利。有些地方之所以出现"抢文化名人"的闹剧，另一些地方之所以出现夸张、伪造文化名人历史的怪事，凡此种种，无不与"孔方兄"有关。其次，这种"伪民俗"注重的只是外表，缺乏对不同地域的民俗特殊性和内在精神的深入领悟。作为某些民俗，如舞蹈、庆典、歌咏演绎者的当代人，对这些民俗既缺乏心灵上的认同，也缺乏情感上的共鸣。他们只是以当代人的轻浮和矫揉造作演绎着粗犷而厚实的民俗。在某种意义上，他们不是传承了这些民俗，而是败坏了它们的趣味和内在价值。最后，那些粗制滥造的所谓"民俗文化村"、千篇一律的民俗文化旅游点、大同小异的民俗文化纪念品等，除了引发消费者们的审美疲劳及受骗感外，还能产生什么结果呢？

"伪民俗"可以休矣！

如何看待边地文化的兴起

近年来，在内地城市的居民中，边地旅游和边地文化悄然兴起，吸引了越来越多的人参与，从而形成了一道独特的风景线。人们或者赴西藏、新疆，去领略藏族、维吾尔族人的原始粗犷的生活方式和淳朴厚重的民风；或者游云南丽江、香格里拉，去探寻古镇民俗的遗韵和雪山草原的神秘；或者北上哈尔滨，去追忆莽莽雪原的洁白和冰雕世界的魅力；或者南下海口、深圳，去体悟南国风情的娇媚和茫茫大海的苍凉。

在这里，我们感兴趣的问题是：为什么边地旅游和边地文化突然受到了人们的青睐？有人以为，提出这样的问题是毫无意义的，因为既然城里人的腰包鼓起来了，又有余暇，自然会在好奇心的驱使下到从未去过的边地去看看。何况，近年来边地经济的发展和旅游资源的开发也为这种好奇心的满足创造了条件。所以，边地旅游和边地文化的兴起是最平常不过的事情，没有必要大惊小怪。这种见解对于那些缺乏想象力、喜欢就事论事地看问题的人来说，是最合适不过的了，但对于我们这些精神世界的探索者来说，总觉得它过于肤浅，没有搔到痒处。也有人以为，城里人长久地居住在现代化的衍生物——"水泥森林"之中，生命和感受都失去了灵性，对边地旅游和文化的兴趣乃是他们的后现代情节的一种显露。或许可以说，喜欢使用大字眼是人类最可原谅的瑕疵，然而，对于现代化还刚刚起步的当代中国社会来说，"后现代"云云，未免过于矫情、过于离谱！

　　按照我们的浅见，边地旅游和边地文化的兴起，乃是中国古代文明展现的新的生机，乃是人们的精神世界的一种新的攀升。众所周知，随着科学技术的迅猛发展，人们的精神世界日益被逼向计算理性的角落。在这里，利益、计算、算计、效率统治着一切，生命、激情、想象和灵感统统都被边缘化了，人们成了一部部走动着的科学技术的词典！正是边地旅游与充满人情味的边地文化重新激活了那些边缘性的东西，使人们看到了自己的精神世界的畸形和苍白。在这个意义上或许可以说，边地旅游和边地文化乃是真正的精神上的解毒剂。同样地，一种伟大的文明要想不枯萎下去，也得保持自己的内在张力，即科学精神和人文精神之间的张力。由此观之，边地旅游和边地文化的兴起并不是偶然的，乃是中国文明在当前的发展情景中的一种不自觉的自我校正！

样板戏与怀旧[①]

凡是亲身经历过"文化大革命"的人都知道，当时流行的《红灯记》《智取威虎山》《红色娘子军》等八个样板戏差不多构成了全国八亿人的主要精神食粮。由于不断地重复播放，人们对这些样板戏的唱词已经耳熟能详，甚至倒背如流了。有趣的是，在"文化大革命"结束后，这些样板戏的片断仍然以各种方式被演出、播放或模仿，它们甚至成了卡拉 OK 中的保留节目。这也许在某种程度上折射出经历过"文化大革命"的不同时代的普遍的怀旧心理。然而，这种怀旧心理表明，在普遍崇尚文化多样化状态的当代中国社会中，样板戏在总体上已经成了历史的遗迹，不管它们的牧师如何祷告，它们都不可能涅槃重生了，命运注定它们只能以碎片的方式继续存在下去，也许只是为

---

① 本文载《社会观察》，2006（5）。

了偿清历史的债务。

样板戏的第一个特征是把生活典型化、集中化，从而达到理想化的效果。当时流行的见解是，艺术一定要以更典型、更集中的方式反映生活，一定要源于生活，高于生活。乍看起来，这种以"典型论"为特征的艺术观使艺术作品，尤其是样板戏更能吸引观众的眼球，也更能把编导者的主观臆想传达给观众，然而，这种"典型论"的艺术观却为文化生活中正在酝酿的巨大危险敞开了门户。我们这里说的"危险"，就是造假。试想，艺术作品如果可以任意地拔高生活、改铸生活的话，那么，反映实际生活的艺术作品与诸多好莱坞的大片，如《星球大战》《黑客帝国》《侏罗纪公园》又有什么区别呢？为了吸引观众的眼球，不惜牺牲生活中的真实，这正是样板戏的最大失误之处。那么，什么是生活中的真实呢？人们常常认为，大风大浪、大起大落、大吵大闹、大争大斗才是生活中的真实。诚然，我们并不否认，在生活中，这些现象在局部范围内是存在的，但当这些现象被集中起来，加以典型化的时候，它们同时也就被虚假化了。

我们发现，在实际生活中，上面提到的这些现象总是被生活中的冷漠、无聊、沉默、单调和重复等状态所稀释。如果这些状态出现在艺术作品中，也许无法吸引人们的眼球，但它们却构成人们的日常生活，也是人们无法回避的。许多人一生也没有经历过什么了不起的坎坷或风浪，平淡，甚至平庸就是他们一生的故事。20世纪法国荒诞派剧作家贝克特的《等待戈多》，描写一群流浪汉坐在路边，等待着戈多的来临。但他们并不知道戈多是谁，甚至也不知道戈多是不是人。这看起来是十分荒诞的，但它正是真实生活的具体写照。在阳光和煦的冬天，中国农村里的一个老太太拖着一把椅子出来晒太阳，从上午九点一直晒到十二点，周围没有发生任何值得一提的事情。对于这个老太太来说，平淡和沉默就是她的真实生活。同样地，一个在大城市的办公室里工作的白领女孩，上午九点上班，下午五点下班，每个工作日都是如此。她就像希腊神话中的西绪福斯，每天推着石头上山，但当石头快到山顶的时候，它又自动地滚落下来。于是，西绪福斯不断地重复着同样的劳动。那个女孩和他一样，单调、重复和无聊构成她的实际生活。在这个意义上可以说，真实的生活不可能，也不应该被典型化。艺术作品的虚构永远是一种有限度的虚构。

样板戏的昙花一现启示我们，"典型论"的艺术观是站不住脚的，尽管艺术作品在形式上是虚构的，但它的生命仍然在于切中生活中的真实。艺术可以创造自己的理想世界，但这个世界必须与真实世界保持必要的张力。

样板戏的第二个特征是通过所谓"三突出"的原则，塑造完美的英雄人物。按照这样的思路，在反面角色和正面角色中应该突出正面角色；在正面角色中应该突出英雄角色；而在诸多英雄角色中，则应该突出第一英雄角色。为了突出第一英雄角色的地位和作用，编导者不得不把所有的优点都堆积到他的身上，使之成为全智全能、完美无缺的存在物。在这个意义上可以说，样板戏塑造的第一英雄，如杨子荣、阿庆嫂、李铁梅、马洪亮等，同时也是现代神祇。他（她）们没有生日、没有爱情、没有私事、没有缺点、没有任何个人的牵挂，仿佛他（她）们一生下来就是革命者。然而，在真实的日常生活中，这样的人是不存在的。因而，乍看起来，他（她）们的形象十分高大，实际上却显得苍白无力，因为他（她）们与真实生活的距离实在太遥远了，简直可以用光年来计算。正如人们常说的那样，金无足赤，人无完人。现实生活向我们展现的完全是不同的画面：有的人作战非常勇敢，但同时又很好色；有的人显得冷酷无情，但对自己的亲人又有着深深的眷恋之情；也有的人有仁爱之心，但关键的时刻又缺乏决断等。生活世界是无限丰富的，人的本质也是多方面的、错综复杂的，决不像样板戏中的英雄人物那么简单，那么纯。

其实，历史绝不可能是由完美的英雄人物创造的，历史是在各种有偏向的，甚至充满错误的探索中向前发展的。回顾新中国成立以来走过的50多年的历程，难道我们没有这样的感受吗？事实上，我们的许多失误都与这种追求完美性的思想方法息息相关。比如，"文化大革命"中提出的口号"斗私批修一闪念"不正是要求每个人都成为没有任何私念的完人吗？但在"文化大革命"的狂热消失后，人们才清醒地意识到，在今后很长的一个历史时期内，人还是会有私念的。问题不是去消灭私念，而是使人们在处理公事与私念的关系时，学会把自己的私念放在后面。正如古人范仲淹所说的："先天下之忧而忧，后天下之乐而乐。"样板戏塑造的英雄人物之所以显得苍白无力，缺乏感染力，因为在生活中人们是找不到这样的原型的，就像在自然界中找不到一个完美的圆或完美的三角形一样。

既然样板戏所塑造的完美的英雄人物在日常生活中是不存在的，于是，它们不但不能如编导者所期待的那样，对普通人起教化和引导作用，反而倒过来起着反讽的作用，即为普通人提供了一把尺子，用来衡量当代社会的精英人物，看看他们是否也是按照完美英雄的方式来生活的。不幸的是，这种对照十有八九是失败的。于是，人们发出了"片子就是骗子"的感叹。"文化大革命"结束后，王朔的"痞子文学"之所以应运而生，其中一个动机就是解构样板戏中的完美的英雄人物，告诉人们，这是一个关于完人的美丽梦想，而一旦梦醒了，这样的现代神祇也就自行垮台了。

样板戏的第三个特征是染上了不健康的悲剧的色彩。我把悲剧分为两类：一类是健康的悲剧，即英雄人物欲加以实现的理念具有某种现实性，是完全有可能被实现的；另一类是不健康的悲剧，即明眼人一看就知道，英雄人物欲加以实现的理念根本上就是一种乌托邦，不具有任何现实性。"文化大革命"中的样板戏之所以属于不健康的悲剧，因为他们为英雄人物设计出高不可攀的理念，而这种被无限拔高的理念本身就是空洞的、虚假的，根本无法加以实现。比如，在我们这个历史时代，

"大公无私"就是一个虚假的理念，而"先公后私"则是一个可能实现的、健康的理念。如果编导者以"大公无私"这样的理念去诠释样板戏中的英雄人物，这样的样板戏就会转化为不健康的悲剧。乍看起来，这种不健康的悲剧是严肃的，但骨子里却是滑稽的、可笑的，因而这样的悲剧必定转化为闹剧。毋庸讳言，这类闹剧完全不同于喜剧。真正的喜剧具有深刻的思想含量，而它得以存在的前提，按照黑格尔的说法，就是理念的非实体化或虚无化。事实上，正是这种理念的非实体化或虚无化才使喜剧所肯定的轻松、幽默成为可能。而与此相反，不严肃的悲剧却试图无限制地拔高理念的地位和作用，因而它不但不可能被导向真正的喜剧，而只可能被导向闹剧，即导向一种无思想内涵的、粗疏的东西。实际上，我们置身于其中的这个时代已经向我们表明，尽管在一定的程度和范围内，悲剧和悲剧精神仍然有其存在的理由，但是，喜剧和喜剧精神的兴起已经成为一个不争的事实。在这个主体与主体、主体与客体的关系日趋紧张的时代中，轻松和幽默才是富有生命活力的真正的体现，而被无限拔高的虚假的理念只能加剧这种紧张关系，从而从根本上消解生命，使之成为僵死的存在物。

总之，"文化大革命"中的样板戏乃是特殊历史时代的产物，它们只能生长在文化专制主义的土壤里。一旦文化多元主义成为人们的普遍共识，样板戏也就与那个时代一起永不复返了。其实，怀旧并不是重新燃起死火，而只不过是以温柔的方式，悼念一个已经逝去的时代。

化腐朽为神奇，变阴影为阳光[①]

在某种意义上，大多数现代人的一生是从"篮子"（摇篮）里走到"盒子"（骨灰盒）里。尽管人的寿命是有长短的，但死亡却是任何人都无法加以改写的结局。《红楼梦》说："纵有千年铁门槛，终须一个土馒头"，遗憾的是，大部分现代人死后恐怕连"土馒头"（坟墓）也"住"不起了。由于土地紧俏，市民们普遍担心今后会"死无葬身之地"。我听了王计生先生的报告，报告谈到要改变思路，实现"死有葬身之地"的理想，很受鼓舞。

记得法国国王路易十五曾经说过："我死后哪怕洪水滔天。"在他看来，只要自己死了，这个世界就与自己再无任何意义关系了。路易十

---

① 本文原来的标题是"化腐朽为神奇，变阴影为阳光：谈谈我对殡葬文化的看法"，载我的新浪博客，网址为 http：//blog. sina. com. cn/s/blog _ 7alaca360100 sxla. html

五把自己的死亡仅仅理解为自己个人的事情，一方面反映出他的极端自私自利的性格，另一方面也反映出他对死亡的无知。中国人说"牵一发而动全身"，其实，在通常的情况下，一个人的死亡会"牵一发而动六身"。

其一，在一般的情况下，死者在未死之前，总会有未了的心愿。只要濒死者的未了的心愿是合理的，尽可能地满足这些心愿，就是活着的人应尽的义务。这也正是我们通常所说的"终极关怀"的一项基本内容。中国人的谚语是："人之将死，其言也善"，但这一说法也有很多例外。比如，鲁迅先生在临死时就表示，对自己的敌人一个也不宽恕。这表明，鲁迅的性格乃是一个斗士的性格。《儒林外史》写到一个十分吝啬的员外，处于濒死状态时，迟迟不肯合上自己的眼睛，因为他眼前的油灯中竟点着两根灯芯，多么浪费！一旦其中的一根灯芯被剔掉了，他就安然离开了这个世界。尽管这个员外的未了的心愿是如此微不足道，但它毕竟是一个人的心愿。就像《圣经》里所说的："虽然我是尘土，我还能对主说话。"

其二，一个人的死亡会在直系亲属乃至整个家族中发生重大的影响。如果说，一个涉世不深的青年人的夭折会引起直系亲属的巨大悲痛，那么，一个德高望重的老年人的逝世则会引起整个家族的震撼。不管如何，死亡本身不是死者的不幸，而是生者的不幸。因为唯有生者才具有自己的感受能力。无论是传说中哭倒长城的孟姜女，还是申冤的窦娥，都体现出死者在生者心中留下的巨大的精神空间。假如说，濒死者肉体上的死亡在瞬间就可以完成，那么，死者在生者精神中的死亡却可能表现为一个漫长的过程。在这个意义上可以说，每一次的死亡在亲友中都表现为一个重大的事件。

其三，一个人的死亡也会在情人、朋友、同事的心灵中激起重大的反应。列夫·托尔斯泰笔下的安娜·卡列尼娜就试图以自己的死亡来惩罚渥伦斯基。因为在通常的情况下，人们总是轻视自己拥有的东西，重视自己即将失去或已经失去的东西，在感情上也是如此。毋庸讳言，一个人的死亡会在活着的人的心中造成巨大的，甚至无法弥补的精神空缺和心灵创伤。尽管追悼会、追思会和守灵仪式在一定程度上会淡化生者对死者的思念和负罪感，但这种思念和负罪感却决不会轻易地消失。

其四，对一个死者的祭祀和纪念，不仅关系到亲属、情人、朋友和同事的精神寄托，也关系到一个民族的文化传承和人文关切。就此而言，土葬和墓地起着十分重要的文化传承的作用。无论是埃及的金字塔，还是印度的泰姬陵；无论是莫斯科的新处女地公墓；还是法国的拉雪兹公墓；无论是中国的秦始皇陵；还是美国的阿灵顿公墓；无论是希腊迈锡尼的阿伽门农陵墓，还是英国的海格特公墓，都以其耸立的墓碑、常青的松柏和常常更新的鲜花，默默地倾诉着一个民族的历史，传递着一种文明的兴衰。事实上，现代人与古代人之间不仅存在着物质上的联系，就像人们在博物馆里见到的石斧、骨针和陶器一样，也存在着精神上的关联，宛如人们在瞻仰陵墓、浏览族谱和解读历史人物的文本时所感受到的那样。其实，这里不仅有祖先崇拜，有宗族延续，有情感寄托，更有人文精神的绵延和历史文化的传承。

其五，通过对死者的多种方式的纪念和缅怀，大大地促进了社会的安定与和谐。按照统计资料，中国每年约有 800 万人死亡，如果每个死者牵连到 8 个生者的话，每年就有 6400 万人卷入丧事中。在某种意义上，每个人的死亡都可以理解为一次大小不等的"地震"，围绕着这一"地震"，生者与死者、前人与后人、亲人与朋友、权利与责任、环境与资源等一系列关系也为之展开。假如每个死者的丧事都能够在尽善尽美的状态下演绎，那该避免多少矛盾和冲突。

其六，每个死者遗体的处理、灵魂的安顿和对骨灰的保存方式都会牵涉到从事殡葬业的群体。迄今为止，这个群体的存在和发展一直处于边缘化的状态下，它不但受到漠视、鄙视，甚至受到歧视，仿佛对死者及其家属的终极关怀不是一项神圣的事业，而是一个低贱的行当，仿佛歧视者可以永葆青春，死亡永远不会降临到他们身上似的！正是这种普遍的行业歧视倾向的存在，不但使殡葬业的人才难以得到积聚，而且也使这方面的工作长期处于无政府主义的状态下。

从上面的叙述可以看出，一个人的死亡并不纯然是他个人的事情，而是"牵一发而动全身"，关系到社会生活的方方面面。在这个意义上，殡葬乃是一个有巨大发展潜力的、宏大的事业。那么，如何才能变消极为积极，使我国的殡葬事业走上健康的轨道呢？我想提出的口号是："珍惜生命，关怀临终，因势利导，造福人类。"这个口号具体地表现为"四化"。

一是"化抱怨为引导"。以往人们总是对殡葬行业中存在的暴利和混乱的状态进行抱怨。无论是清明前后，还是冬至左右，大众媒体总是一个劲地批评殡葬业中出现的种种不健康的现象，以至于殡葬业竟成了一个谁也离不开，而谁都可以加以唾弃的行业，而政府的相关部门也倾向于以传统的"管卡压"的方式来管理它。其实，这里需要的是整个思维方式上的根本性转变，那就是"化消极的抱怨为积极的引导"，以传承文化、贯彻人文关怀为宗旨，以市场经济为杠杆，努力适应殡葬业的多元化的发展方向，以满足人民群众合理的、健康的消费愿望。

二是"化哀思为动力"。在一般的情况下，一个人的死亡总会在周围的人中间激起巨大的反响和久远的哀思。如何使死者的亲友尽快地走出精神上的阴影，这是殡葬从业人员在工作中应该努力加以实现的目标。当然，化哀思为动力并不仅仅是殡葬从业人员的事情，也是哀思者自己应该努力达到的目标。然而，无论如何，在办丧事的过程中，殡葬从业人员的素质、态度和情绪起着十分重要的作用。在殡葬从业人员的心目中，不应该把办丧事仅仅理解为市场上的经营行为，而应该把它们理解为一种特殊的人文关怀活动。在这样的活动中，营造一种温馨的气氛，体现一种深切的关爱，表达一种由衷的同情，建立一种真诚的友谊，常常会形成无形的精神力量，引导死者的亲友尽快走出精神的阴影，回到生活的阳光中。

　　三是"化腐朽为神奇"。一谈起死者、遗体、骨灰、太平间、墓地，人们常常会联想起腐烂、不洁和恐怖，甚至会表现出极度厌恶的情绪。长期以来，社会上对殡葬行业和从业人员采取了普遍歧视的态度，从威斯汀酒店试图解除殡葬会议在它那里举行的合同这一现象就可以看出，这种戒备的、冷漠的、歧视的倾向有多么严重。如何化腐朽为神奇，减少死亡和墓地在人们心中留下的阴森可怖的印象？我认为，福寿园在这方面创造了值得推广的经验。通过园林化、人文化和艺术化这样的做法，福寿园完全改变了墓地在人们的心目中留下的传统印象，使之成为可供人们瞻仰并接受教育的文化旅游胜地。同样地，星星港的开辟，也充分体现出福寿园对失去孩子的家庭的深切关怀。所有这一切都向人们展示了一种可能性，即以人文精神为导引的、精心打造的殡葬业完全可以成为阳光产业。

　　四是"化无序为和谐"。由于政府相关部门对殡葬业采取的"敬而远之"的态度，相关的政策和措施迟迟得不到落实，殡葬业从业人员的素质和队伍也得不到相应的提升和改造。而少数不法分子和不法团体则乘机大发"死人财"，使不少地方的殡葬活动呈现出无政府主义的状态，而种种迷信也乘隙而起，不但加重了丧家的经济负担，也进一步恶化了社会的不安定局面。显然，只要政府的相关部门实现了对殡葬活动的人性化的管理，只要相关的政策和措施规范了人们在殡葬活动中的合理的消费，濒死者就能及时地得到终极关怀，死者的亲朋也能较快地走出丧事的阴影。

经典解读中的内在张力[①]

　　谁都不会否认，经典是无法通过当今社会通行的量化标准加以确定的，因而在任何一个文化共同体中，关于哪些文本属于经典的争论，总是永无休止的。然而，在我的心目中，经典这个概念却不应该被滥用，它或者指称那些拥有巨大的原创性和思想影响力的文本，如康德的《纯粹理性批判》，或者指称那些在文化或文明的塑造中具有决定性意义的文本，如《圣经》。在我看来，只有保持经典指涉的精神高度，使其不坠落下来，对经典解读的倡导才是有意义的。犹如德国哲学家叔本华在《作为意志和表象的世界》的"第二版序"中所说的："只有从那些哲学思想的首创人那里，人们才能接受哲学思想。因此，谁要是向往哲学，就得亲自到原著那肃穆的圣地去找永垂不朽的大

---

　　① 本文载《文汇读书周报》，2007-10-12。

师。"毋庸讳言，真正的经典解读应该成为读者与思想大师之间展开的开放性的、创造性的对话。

显然，采用"一百句"的形式，由专家引导读者解读经典，不失为明智之举。然而，我认为，无论是专家还是读者，无论是对经典的理解、辑录还是阐释、传播，似乎都应该在下面这些有差异的，甚至是对立的端点之间建立必要的张力。

一是客观性与历史性之间的张力。假定有十位专家，在相互不了解的情况下，各自从同一部经典中辑录出一百句话，我们完全可以断定，他们辑录的结果将是不一样的：其中小部分最有影响力的句子可能发生重叠，而大部分句子将是见仁见智，迥然各异的。实际上，当任何一个专家对经典进行解读和辑录时，都会无例外地受到自己的视角的影响。在这个意义上可以说，并不存在着超越一切视角的所谓"客观性"，客观性总是奠基于特定的视角之上的。一位专家越是下决心清除自己视角中隐含着的单纯主观的、偶然的因素，使之聚焦于经典的本质，作为选家，他对经典文本中句子的辑录就越具有客观性。

然而，正如法国哲学家阿尔都塞所指出的，单纯的客观性体现为理论上麻木的中立性，并不是专家追求的真正目的。作为选家，专家需要清除的，只是自己视角中隐含着的主观的、偶然性的因素，而需要加以坚持并凸现的则是自己置身于其中的时代所蕴含的历史性。这种自觉的历史性体现为不同历史时期的专家对自己时代的生活本质和主导价值的领悟。显然，这种领悟应该体现在对经典的理解、辑录、阐释和接受的整个过程中。否则，这一过程必定是外在的、漂浮的、无根基的。由此可见，不管是专家还是读者，在与经典对话的过程中，都应该把客观性（真实）与历史性（价值）紧密地结合起来。

二是部分与整体之间的张力。众所周知，诠释学循环的一个基本内容是：要了解整体，必须先把握部分；反之，要把握部分，又必须先了解整体。在这里，部分与整体这两个端点之间的互动体现为以下两种具体关系。其一，词和句子的循环关系。人所共知，句子是由词构成的，假定句子是一个整体，那么构成这个句子的词就是部分。在这个意义上，要把握整个句子，必须先对其中的每个词，尤其是那些关键词的含义获得准确的理解；反之，只有先把握了整个句子，才能对其中每个词的含义做出确切的阐释。其二，句子和文本的循环关系。假定经典文本是一个整体，那么构成这一文本的每个句子就是部分。显而易见，要透彻地把握整个文本，必须先准确地理解每个句子；反之，要准确地理解每个句子，又必须先把握整个文本。这就启示我们，要对经典中辑录出来的每个句子进行准确的理解和阐释，就必须兼顾蕴含在上述两个方面中的部分与整体的循环关系，在互动性的理解和阐释的过程中，不断地深化我们对经典本身的认识。

三是历史意义与当代意义之间的张力。我们知道，任何经典都源于特定的文化共同体发展中的特定历史阶段，而特定历史阶段又构成特定的语境。经典文本总是从它所从属的历史语境中获得自己的历史意义的。然而，一旦生活于当今时代的专家或读者去阅读、辑录或接受经典文本时，他们对其意义的理解和阐释又常常是以当代语境作为依据和出发点的。由于他们不自觉地混淆了当代语境和历史语境之间的界限，从而也必定会混淆经典文本的当代意义与历史意义之间的界限。

众所周知，在《家庭、私有制和国家的起源》一书中，恩格斯就曾批评过他同时代的人类学家试图以当代语境取代历史语境的简单做法："只要还戴着妓院眼镜去观察原始状态，便永远不可能对它有任何理解。"这就启示我们，经典所蕴含的历史语境不同于阐释者所带入的当代语境；同样地，经典的历史意义也不同于阐释者试图赋予它的当代意义。事实上，在阅读、阐释和接受经典的过程中，人们必须在经典的历史语境与阐释者的当代语境、经典的历史意义与阐释者赋予它的当代意义之间建立相应的张力。经典的历史意义指涉的是历史上曾经存在过的生活世界，而经典的当代意义指涉的则是当今的生活世界。在一般的情况下，历史意义和当代意义之间存在着重大的差异，但它们的共同点在于，它们都奠基于作为生活世界的构成者的生存实践活动的根本意向。应该在领悟这种根本意向的基础上，合理地阐发经典文本的当代意义与其历史意义之间的关系。当意大利哲学家克罗齐说"一切历史都是当代史"的时候，他既肯定了经典在意义阐释上的无限的开放性，也肯定了对经典的当代意义的阐释的优先性，但这种优先性决不应该以漠视、误解或牺牲经典的历史意义为前提。

还须注意的是，在关于经典的叙事中，我们也不应该忘记西方人的那句谚语——伟大与贻害是孪生子。伟大人物和经典文本既能激发读者的创造热情，也会窒息他们的创造意识。因为一方面，伟大人物和经典文本是以巨大的创造性为标志的，普通人要超越这种创造性是异常困难的，这容易造成一种普遍的沮丧情绪；另一方面，伟大人物和经典文本极易染上神化和教条化的病症。比如，德国诗人海涅曾在《论浪漫派》一书中批评过伟大的歌德："令人反感的是，歌德对每一个有独创性的作家都感到害怕，而对一切微不足道的小作家却赞赏不已；他甚至弄到这步田地，结果受到歌德称赞，竟变成才能平庸的证明。"同样地，在习惯于以本本主义的方式理解并阐释经典的人们那里，经典的悲剧性命运也只能是自身的教条化。

面对这种局面，我们该怎么办？一方面，我们需要本本，即经典；另一方面，我们又拒斥本本主义，主张把对经典的阅读与对当下生活世界的考察紧密地结合起来。事实上，只有通过每个历史时期的阐释者的努力，不断地从生活世界中汲取养料，经典才能保持其恒久的生命力。于是，我们又返回到《浮士德》的重要教诲之前："理论是灰色的，而生活之树是常青的。"

《光华文存》^① 总序

记得德国哲学家康德曾经说过：有两样东西，我们越深入地加以思索，敬畏之情就越增长，那就是头上的星空和心中的道德法则。其实，在阅读那些经天纬地、笔力千钧的学术论著时，也会油然而生"高山仰止，景行行止"的感受。

当五大卷厚厚的纪念文集摆放在眼前时，我们的内心受到了巨大的震撼。从内容上看，这些文集涉及文学、史学、哲学、经济学、政治学、法学、管理学、社会学等诸多学科，几乎涵盖了复旦人文社会科学研究的全部领域。

---

① 《光华文存》是《复旦大学学报（人文社会科学版）》为纪念改革开放30周年，从复旦学报发表过的论文（1978—2008）中辑录出来的纪念文集，已由复旦大学出版社于2008年5月正式出版。纪念文集由文、史、哲、经、政法五大卷文献构成，每卷文献均有分序，本文是为五大卷文集所撰写的总序之二，而总序之一则由章培恒先生撰写。这里"光华"的含义取自《尚书大传·虞夏传》中"日月光华，旦复旦兮"。

其中既有以"为往圣继绝学"自况的前辈大师留下的畛域广泛、烛隐发微的珍贵文字，也有以"守护思想"自期的中青年学者写下的返本开新、自出机杼的扛鼎之作。其气象之恢宏，犹如黄河之水天上来，奔流到海不复回；其说理之缜密，宛如水银之泻地，雕琢之无痕。庄子云："且夫水之积也不厚，则其负大舟也无力。风之积也不厚，则其负大翼也无力。"这五大卷的纪念文集不正是复旦深厚久远的学思传统的一个真实写照吗？

当我们逐卷浏览文集中的一篇篇杰作时，一阵阵新观念的热浪迎面向我们扑来。从风格上看，这些佳构包罗宏富，色彩纷呈：或考证精审，微言大义；或征事数典，抉发详备；或放言高谈，臧否人物；或独造精微，自成体系。似乎思想的会饮在此岸举行，仿佛精神的百花在这里盛开。从内涵上看，它们的主要特征可以概括为四点。

一是正本清源。众所周知，20世纪70年代后期，人们还没有完全从"十年浩劫"的阴影中走出来，"以阶级斗争为纲"的传统观念仍然梦魇般地支配着他们的大脑，而"两个凡是"的错误观念又为思想戴上了新的桎梏。于是，解放思想、正本清源就成了学术界义不容辞的责任。曾几何时，当光明日报特约评论员的文章《实践是检验真理的唯一标准》发出第一声狮吼的时候，复旦学人紧随其后，在思想学术领域里擎起了拨乱反正的大旗。夏征农先生的《没有民主就没有社会主义》、漆琪生先生的《马克思的劳动价值学说过时了吗？》、全增嘏先生的《坚持马克思主义哲学史观》、王中先生的《论评论文写作和新闻学上的几个问题》等雄文，高屋建瓴，振聋发聩，别伪求真，发隐举疑，堪称这方面的开山之作，积极地推进了当时的思想解放运动。

二是接续传统。人所共知，"文化大革命"中流行的思想观念常常是以文化虚无主义的方式表现出来的。在这种表现方式中，传统被推进了硫酸池，消失得无影无踪，而当代中国人的思想似乎像智慧女神雅典娜一样，突然从宙斯的脑袋里蹦跳出来。不用说，这是一个十足的现代神话。历史和实践一再启示我们，即使当某些人以"反传统"自诩时，他们实际上仍然是从属于传统的，因为传统内部本来就蕴含着"反传统"的要素。要言之，"反传统"本身也是一种传统，因而当代人对传统的抗衡，犹如婴儿对母腹、麦子对镰刀的反抗，注定是苍白无力的。当然，肯定传统的重要作用并不等于说它是固定不变的。诚如德国哲学家黑格尔所言："这种传统并不是一尊不动的石像，而是生命洋溢的，有如一道洪流，离开它的源头愈远，它就膨胀得愈大。"既然我们始终置身于传统之中，那么试图抹掉传统，就像拉着自己的头发离开地球那样，必定是荒谬之举。正确的做法是，从当代生活世界的本质出发，对传统进行创造性的转化。在这方面，王蘧常先生的《顾亭林逝世三百周年祭》、周谷城先生的《儒学别解》、陈子展先生的《〈桔颂〉解》、郭绍虞先生的《提倡一点文体分类学》、蔡尚思先生的《朱熹的书院教育与礼教思想》、严北溟先生的《论佛教的美学思想》等大文，持论平允，见解深邃，取精用宏，含英咀华，在对传统的接续和反思上，真可谓功不在禹下！

三是融贯中西。与改革开放同步的是，西学东渐又形成了新的高潮。与闭关自守时期百花凋零的学术窘境相对峙的是改革开放时期思想文化上的繁荣昌盛。即便在风雨如磐，素缟遭染，人人谈西学而色变的日子里，复旦学人仍然不骛时尚，不逐时流，孜孜不倦地埋首于对西学经典和最新思潮的探索中。贾植芳先生的《中国比较文学研究的过去、现在与未来》、汪熙先生的《从汉冶萍公司看旧中国引进外资的经验教训》、刘星汉先生的《国际人权保障与美国人权外交》、刘放桐先生的《杜威哲学的现代意义》、金重远先生的《戴高乐的五月十三日》等佳作，陶铸百家，钳锤中外，天姿神迈，独标悬解，无人能出其右。

四是戛戛独造。在披阅文集时，感受最深的是复旦学人老吏断狱般的治学态度和发前人之所未发的创新精神。他们既不泥古崇古，唯前人之马首是瞻，也不矫情鸣高，奉西学之定论为圭臬，而是泛滥百家，首创山林，融贯中西，自造新境。顾颉刚、谭其骧先生的《关于汉武帝的十三洲问题讨论》、周予同先生的《"六经"与孔子的关系问题》、胡曲园先生的《从〈老子〉说到中国古代社会》、朱东润先生的《论传记文学》、蒋学模先生的《开展社会主义宏观经济学的研究》、章培恒先生的《关于〈古诗为焦仲卿妻作〉的形成过程与写作年代》等巨制，提挈纲维，开示蕴奥，大音希声，震古烁今，犹如空谷石崩，留下了经久不息的回音。

　　阅毕文集，如坐春风，掩卷而思，感慨良久。最令人欣慰的是，江山代有才人出，复旦青年才俊也远绍前贤，近取同志，寂寞孤怀，卓然颖出，成绩斐然，难分轩轾。限于序言的篇幅，在这里就不一一列举了。然而，他们不迷信古人，不趋附时相，沉潜往复，从容含玩，守定身心，厚积薄发的治学精神表明，复旦学思传统的血脉已经贯通下来，足见斯道不孤矣！尽管浮躁情绪不绝如缕，像靡菲斯特菲勒斯一样纠缠着中国人，但复旦学人却愿意不徇流俗，不囿旧说，掉背孤行，心无旁骛地浸淫于学术之中，并把德国诗人歌德在《浮士德》中的箴言引为同调：

　　浮光只图炫耀一时，

　　真品才能传诸后世。

评《20世纪思想家辞典》

由伊丽莎白·迪瓦恩等编写的《20世纪思想家辞典》（贺仁麟总译校，上海人民出版社，1996）以其涵盖面宽、信息量大、参考资料丰富而具有一定的学术价值。然而，我们认为，这部辞典的最大的不足之处是在内容上缺乏它的书名所应当包含的那种完整性。

时间跨度上不完整

这部辞典从时间跨度上看是不完整的。它初版于1983年，也就是说，它的最新资料至多涉及80年代初。这样一来，20世纪的最后20年就完全逸出了辞典编写者的视野。但既然书名叫作《20世纪思想家辞典》，这难道不是一个很大的缺憾吗？有人也许会辩解说：这本辞典的书名中出现的"20世纪"并不是一个严格的概念，它涉及的思想家的生活和工作的跨度是从 19 世纪 50 年代到 20 世纪 70 年代，实际上已超过了一个世纪。在我们看来，这种辩解不免是苍白无力的。无论如何，"20 世纪"总是一个十分确定的概念。如果要把它模糊化，那就应该改动辞典的书名，比如把它称作《现代思想家辞典》，并在辞典的前言中说明"现代"一词的特定的时间跨度。否则，不论人们如何辩解，这部辞典在时间上的不完整性总是一个不争的事实。

地域跨度上不完整

这部辞典从地域跨度上看也是不完整的。入选这部辞典的大部分思想家是西欧和北美人，亚洲、拉丁美洲的思想家只占很小的比率，非洲则一个也没有。当然，我们的意思并不是要在全世界的各大洲中间平均地分摊思想家的名额。每个洲有没有思想家，还得从实际情况出发，不能"无中生有"。但就我们最熟悉的中国而言，像毛泽东、邓小平、陈独秀、鲁迅、胡适、冯友兰、熊十力、钱锺书这样有世界性影响的思想家也未入选，足见这部辞典的编写者的思想的局限性了。当然，假如这部辞典取的名字是《20 世纪西欧北美思想家辞典》，那在地域问题上就无可厚非了。但既然辞典的书名未明确地指明地域的范围，那就表明，它所包含的实际地域是整个世界。这部辞典在收辞范围中所表现出来的地域上的严重的不均衡性启示我们，辞典编写者的思想出发点仍然是斯宾格勒、李约瑟和其他西方学者多次批判过的"欧美文化中心论"，显然，以这样的观念作为出发点是很难全面地勾勒出 20 世纪思想家的整体图景的。

收辞范围上不完整

这部辞典在其已确定的收辞范围内也是不完整的。比如，在 20 世纪的小说家方面，收入了美国小说家苏珊·桑塔格，但却未收入法国小说家普鲁斯特（1871—1922）、爱尔兰小说家乔伊斯（1882—1941）和奥地利小说家卡夫卡（1883—1924）。众所周知，这三位未收入辞典的小说家对 20 世纪西方文学的发展产生了重大的影响。尽管苏珊·桑塔格在美国乃至国际文学界拥有一定的影响，但其影响是无法与上面提到的三位大师相比的。另外，在介绍具体人物的思想时，这部辞典也缺乏应有的完整性。比如，法国哲学家阿尔都塞影响最大的著作是《保卫马克思》，但作者只是从这部著作中的一篇论文"矛盾与多元决定"出发来论述他的思想，未免有以偏概全的嫌疑。更有趣的是，在这一词条中，甚至压根儿未提起阿尔都塞的另一部重要的著作《阅读〈资本论〉》，这就给人一种支离破碎的印象。

辞典应该追求某种完整性

在我们看来，辞典应该追求内容上的某种完整性。当然，这种完整性并不是绝对的，即使在整个 20 世纪过去之后，我们着手来编一本 20 世纪思想家辞典，也难免会有疏漏之处，因为许多历史人物即使"盖棺"也未必能"论定"，事实上，历史人物翻案的事是屡见不鲜的。然而，无论如何，在可能的范围之内，相对地追求某种完整性，总会使一部辞典拥有更多权威性，从而也拥有更多的读者。

创建新的精神家园

记得法国哲学家帕斯卡尔曾经把人比喻为"芦苇",而另一位法国哲学家拉美特利则在更宽泛的意义上把人比喻为"植物"。这两个隐喻向我们昭示的真理是:正如植物必须扎根于土壤一样,人也必须扎根于文化,文化是人的根基,是人的家园。人一旦失去了自己的精神家园,就成了无根的浮萍,成了"漂泊的荷兰人"。

然而,我们不无担忧地看到,近几十年来,随着科学技术的发展、市场经济的扩展和大众文化的蔓延,人类正在失去自己的精神家园。德国哲学家海德格尔惊呼,现代技术"已经把人连根拔起";而市场经济则驱除了古代的精神幽灵,把一切都淹没在世俗化的、利己主义的冰水之中;与此同时,以现代技术和市场经济为媒介的大众文化正在不断地销蚀着各种文化传统的生命力,把人降低为一个无根基的、单纯的文化消费者。好莱坞电影、麦当劳快餐和可口可乐饮料正以不可阻挡之势席卷全世界，一切高雅的、经典的文化作品都面临着灭顶之灾。就当代中国的青年人而言，除了三四千个汉字，几十首流行歌曲，若干个崇拜的明星之外，还剩下什么呢？他们甚至连"文化大革命"是怎么一回事都搞不清楚，遑论中国的传统文化！也许可以说，正是有感于文化危机的降临，牟宗三等四位学者早在1958年就发表了《为中国文化敬告世界人士宣言》，慷慨陈词："如果中国文化不被了解，中国文化没有将来，则这四分之一的人类生命与精神，将得不到正当的寄托和安顿。"美国哲学家麦金太尔则在1981年出版的《追寻美德》中试图通过对古希腊哲学家亚里士多德所倡导的城邦式的美德的复兴，走出现代人所面对的道德文化上的困境。

我们从这样的角度出发去看问题的时候，就会发现，李德顺等人撰写的、不久前由黑龙江教育出版社出版的《家园——文化建设论纲》一书就具有某种特殊的意义。显然，该书的作者是怀着一种厚重的忧患意识来思考21世纪所面临的文化问题的。他们对当前文化研究中出现的泡沫化趋向深恶痛绝，因而始终牢牢地扣住文化问题的核心，即作为人类家园的文化从当前的困境和出路来展开自己的论述，从而给人以高屋建瓴的感觉。全书提纲挈领，先纵论文化的本质与形态、"多"与"一""品"与"位""命"与"运"，并进而阐明了自己的见解："从哲学上说，文化即'人化'，包括世界的'人化'和人的'人化'，即'化人'"；继而反观中国传统文化，对其价值取向、本质特征和得失互补的复杂状态做了深入的考究和解析；最后，从对现代化的挑战所做的回应出发，既批判了"向外看"的"西化论"，也批判了"向后看"的"传统论"，主张确立"向前看"的"创建论"，即从现代化的基本价值导向出发，创建新的精神家园。

创建新的精神家园并不是对传统文化采取虚无主义的态度，而是从现代化的价值导向出发，去除传统文化的糟粕，吸取其精华，使自强不息的中国文化精神获得新的形式；创建新的精神家园也不是对外来的文化采取虚无主义的态度，而是认真地学习其他一切文化的长处，丰富我们的文化精神的内涵。记得奥古斯丁曾经说过："人真是一个无底的深渊！"或许我们可以补充说：作为人的精神家园的文化也是一个无底的深渊！只有不断地从这个深渊中汲取灵感和力量，我们的人生才会有深度，人类的文明才会有活力。这就是《家园——文化建设论纲》一书所要传达给我们的真理之声。

西藏纪行

　　每当我走进书店，见到那些介绍西藏宗教文化或风土人情的书籍或图册时，总忍不住把它们捧在手中，浏览一会；每当我在各种文艺会演或电视荧屏上欣赏西藏演员的响亮歌声和优美舞姿时，一种强烈的愿望就在我的内心萌动起来，那就是：到西藏去看看，在这个令人神往的地方留下我的足迹！

　　然而，由于各种原因，这个愿望一直没有得到实现。繁忙的教学和科研几乎挤走了我的全部休闲时间，要匀出十天左右的时间来，也不是一件容易的事。朋友们的劝告也使我心存疑虑。一位朋友对我说："在拉萨走上通向布达拉宫去的台阶时，在我周围传来的是一片喘气声。"也有一位朋友说："西藏的高原反应很厉害，你有高血压，千万去不得。弄得不好，还有生命危险。"朋友们还绘声绘色地举一些例子给我听，加重了我的心理负担，我不禁犹豫起来。一晃又是几年过去了，我进藏的愿望仍然在"原地踏步"。有时候，我暗暗地想，这辈子恐怕与西藏无缘了。

令人始料不及的是，觉醒大和尚于今年8月组织了"上海佛教界赴西藏参访团"，知道我有进藏的愿望，他热情地邀请我参加这次"雪域·心之旅"，我想也没想便答应下来了。难道这不正是我期待已久的事情吗？何况，与大和尚一起踏上这次朝圣之旅，会有更多的机会去考察并了解我心仪已久的藏传佛教。大和尚考虑得很细致，还让我妻子一起去，一路上也好相互照应。不用说，我妻子也很高兴，因为西藏也是她魂系梦萦的地方。大和尚和长春法师还为参访团全体成员安排了行前的身体检查，并给每个成员发放了抗高原反应的药物，甚至还安排了随队医生！既然所有的后顾之忧都消除了，还有什么可以害怕的呢？于是，我们和其他参访团成员一起，怀着轻松而喜悦的心情踏上了这次难忘的"雪域·心之旅"。

两访布达拉宫

8月7日下午，参访团前往布达拉宫参观。下车后，我们沿着长长的台阶和坡道慢慢地往红山上爬。从坡道两侧的围墙看出去，近处是布达拉宫红白相间的围墙，山下是繁华的拉萨市市容，远处则是连绵不断的群山。在蓝天白云的衬托下，布达拉宫显得分外威严和壮观。一个面色红润、身材颀长、穿着美丽的长裙的藏族姑娘（宫内导游）带领我们进入了布达拉宫。宫内光线幽暗，空气混浊，与宫外明亮的阳光、清新的空气形成鲜明的对照。刚进入宫中时，我的眼睛还不能适应周围的环境，随着拥挤的观光者的队伍往前走，宫内的佛像、壁画、装饰和文字渐渐地变得明晰起来。布达拉宫是历代达赖喇嘛的冬宫，也是西藏地方统治者的政治中心。它集寺庙、灵塔、寝宫、僧舍、经堂、宫殿、城堡于一身，宫内的道路就像希腊克里特岛上的弥诺斯迷宫，蜿蜒曲折，错综复杂。不同的楼层之间通常用陡峭的木梯或竹梯相联结，观光者们不得不双手紧握着扶手，才敢攀上或爬下。令人扼腕的是，去年5月，当我受克里特大学（University of Crete）的邀请，前去参加希腊举行的第一次国际哲学会议时，按照会议议程，我们有幸参观了弥诺斯迷宫的遗址。但遗憾的是，那里早已是一片废墟了。人们只是凭自己的想象力设想着这座迷宫当时的模样和盛况。值得庆幸的是，虽然布达拉宫的历史没有那么悠久，但它依然像从天而降的天宫，耸立在红山之巅，成为全世界观光者们的一个永恒的梦想。

当我们穿梭在幽暗的过道上时，那位藏族姑娘如数家珍地介绍着宫内陈列的佛像、达赖像、灵塔、寝宫、经堂等。在闪烁不定的酥油灯光织成的光影中，我们都听得如醉如痴。我发现，几乎在所有的佛像和达赖像前，络绎不断的观光者们都留下了数不尽的纸币，间或也能见到色彩迥异的外币。这或许是观光者们虔诚向佛的标志。但我心中却隐隐地感觉到现代人精神上的无奈和想象力的贫乏。难道只有金钱才能准确地表达现代人内心的感受吗？也许更重要的是认真研读佛经，领悟其中蕴含着的经天纬地的真理！

当我们恋恋不舍地离开布达拉宫的时候，仿佛从梦想回到了现实。天空依然是那么瓦蓝，就像用水洗过一样，白云依然是那么痴情，紧紧地黏附在山峦上。回到西藏宾馆，我们突然又听到一个好消息，晚餐后再去欣赏布达拉宫的夜景。尽管最初的高原反应已经在我身上显现出来，走路快一点就会气喘吁吁，但听说有再度"拜访"布达拉宫的机会时，我毫不犹豫地答应了。

第二次的"拜访"实际上是远眺，即站在红山脚下的广场上，从正面一睹布达拉宫的风采。我们到达广场时，已经是晚上七点多了，但西藏的夜幕降临得很晚，整个布达拉宫仍然沐浴在落日的余晖中，显得分外美丽，分外庄严。遗憾的是，当我们站在广场上欣赏布达拉宫的整体形象时，广场上林立的灯柱、交叉的电线和电缆却严重地"污染"了我们的眼睛，美丽的布达拉宫竟被这些视觉的障碍物切割成无数的碎片。我心中不禁暗暗地想，这个广场的设计者们是多么缺乏文化。不然，怎么会做出这种佛头着粪的事情来？其实，平心而论，这也是时下国内不少风景旅游点的通病。我们的眼球经常会遭遇到这样的画面：比如，在一个风景最优美的地方，赫然摆放着一只脏兮兮的垃圾箱；在一个建筑物能够进入画面的最好的视角上，空中的电线交织成一团乱麻；一条景色秀丽的小溪与一个散发着异味的厕所同时进入人们的眼帘。如此等等，不一而足。见到这样的情景，就像吞下一只苍蝇那么难受。

为了避开这些讨厌的灯柱和电线、电缆，我们不得不穿过马路，到布达拉宫前拍摄全景。当然，在这里也有一些灯柱，但只要细心观察，还是可以找到一些角度，让布达拉宫的整个轮廓在照相机的画面上清晰地再现出来。最后，我们收起了照相机，全神贯注地凝望着这座美丽的天宫，仿佛要把它的形象永远镌刻在我们的心中。与此同时，我们的心也不断地向上飞升，直到与这温馨而朦胧的夜色融为一体。

纳木错湖畔的沉思

8月9日早晨，阳光依然是那么灿烂。参访团成员们兴高采烈地乘车前往纳木错湖。从理论上计算，从拉萨到纳木错湖，大巴士要花三个半小时，但实际上却花了4个半小时。从上午八点多出发，直到下午一点才到达目的地。时间延误的原因是多方面的：原来准备早晨八点整出发，但那天延误到八点半左右才发车。此外，路上也因为各种原因而停车。事后我才明白，在这次赴西藏的整个参访活动中，今天是最艰难的一天，因为纳木错湖是西藏地区海拔最高的地方之一，而且在路上必须翻越一座海拔5200米的山峰！

奇怪的是，在路上我只觉得全力乏力，眼睛睁不开，老想打瞌睡。尽管如此，窗外美丽的景色却吸引了我的全部注意力。大巴士经常紧靠着雅鲁藏布江行驶，一侧是在建造公路时开凿出来的陡峭的石壁，仿佛一个个巨大的、张牙舞爪的怪物，向大巴士的顶部压下来，压得人简直喘不过气来；另一侧是咆哮奔腾的江水。我猜想，水底一定隐藏着许多巨石，被巨石激起的浪花飞溅开来，发出隆隆的声响。间或可以看到山上的飞瀑，它们像一条条白练似的悬挂在峭壁上，仿佛是大自然献给来访者的洁白的哈达，而它们的下端则消失在混浊奔腾的江水中。在我的视野中，周围的山峦显得那么大气，那么壮观，它们就像一组铿锵有力的音符，组合成气势宏大的交响乐。但是，我们从中能够感受到的，不是雄浑的旋律，而是沉默的力量。它们似乎暗示我们，人世间的一切都是那么微不足道，那么转瞬即逝，而它们，这些无言的、巨大的存在物却是永恒的，它们只是怀着轻松的心情注视着匆匆而过的行人和车辆。在大自然面前，人显得多么渺小。我注视着不断向车窗后滑去的、永无尽头的崇山峻岭，不禁联想起南方人轻浮的言谈。什么"五岳归来不看山"，什么"天下第一峰"之类的自夸，只要他们到这里来过，都会黯然失色！

　　这里的崇山峻岭之美，还得益于它们在阳光和云层的双重作用下显现出来的多重层次感。一方面，山体的色彩是驳杂的。大部分山岭的颜色是黑魆魆的，但也有一些山岭，受到严重风化，已经化成浅色的沙粒，远远望去，在阳光的照射下，泛出耀眼的光芒。我不禁联想起泰国柏太雅的著名的白沙滩，也联想起敦煌的鸣沙山，有不少游客兴致勃勃地在那里滑沙。然而，与这里的沙山比较起来，鸣沙山简直成了儿童的游乐场。另一方面，这些山体离开云层又是那么近，我不禁忆起毛泽东诗词中的名句——"刺破青天锷未残"，情形竟是那么逼真。而那些乳白色的、厚厚的云层又像不愿离去的恋人，紧紧地黏附在山岭上，就像人们把厚厚的奶油层涂抹在面包上一样。凡是在阳光受到云层阻遏的地方，山岭都呈现出墨绿色，甚至黑色；凡在未受云层阻遏的空间中，山岭，尤其是沙山，映射出刺眼的光芒，仿佛整个钻石矿裸露在人们的眼前！

我被一路上美丽的景色迷住了，以致忘记了身体的不适。当大巴士终于在靠近纳木错湖的半山腰停下来时，我才发现，我的身体已经处于极度不适的状态下。下车后，我不但感到气喘吁吁，而且走路就像踩在棉花上，摇摇晃晃。同行的人们见到山脚下的纳木错湖，都异常兴奋地向它走去，我却觉得一步都跨不出去。虽然妻子自己也很难受，但她发现我的脸色非常难看，劝我先休息一下，不要急着去湖边，我同意了。在我们左边的平地上，耸立着两块巨大的岩石，它们之间约有十来步距离，数不尽的彩色经幡和哈达缠绕在它们的上面，它们就像胜利归来的两位战士，守护着山脚下的纳木错湖。放眼望去，湖边结集着不少游人，有人俯身下去，用手掬起明净的湖水；有人赤着脚，站在湖水之中，仿佛要使这天湖的圣洁的水渗入自己的身体；也有人摆着各种姿势照相；而更多的人则坐在湖边，眺望着平静的湖面，仿佛期待着湖中怪兽的出现。一提到"怪兽"，人们或许会联想起英国的"尼斯湖怪"，或长白山的"天池湖怪"。人们通常把"怪兽"看作一种神秘的，甚至可怕的存在物。其实，汉语中的"怪"字是由"忄"（即"心"）和"圣"这两个部分构成的，其含义是"有圣人之心"。由此可见，"怪"字乃是一个十分吉祥的词。在日常生活中，我们大可不必把"怪人"视为异类，也大可不必把"怪兽"视为令人畏葸之物。从半山腰看出去，群山包围中的纳木错湖显得分外宁静，波澜不起，像一个躺在母亲的怀抱里酣睡的宁馨儿。当我极目远眺时，右面的山崖挡住了我的视线，我无法看到湖面如何向更远处的天际延伸。然而，在目光受阻的地方，我的想象力却开始跃跃欲试了。在它的帮助下，美丽的纳木错湖的全景梦幻般地展现在我的眼前，就像镶嵌在群山中的一颗硕大无比的绿宝石，在午后阳光的照射下闪闪发光。

　　休息一会后，我觉得体力恢复一点了，便和妻子一起，慢慢地向山脚下走去。终于，我们俩也融入了湖边的人群中。湖水非常清澄，湖底的鹅卵石清晰可见。我忍不住蹲下身来，用双手捧起清凉的湖水，把自己的脑袋埋在手掌中。一股沁人心脾的凉意袭上我的心头，昏昏沉沉的大脑似乎清醒了不少。我们也在湖畔坐了下来，凝望着清澈见底的湖水，我不禁陷入了沉思之中。

据说，西藏有些未受污染的湖泊，湖水的能见度竟然达到十三米之多，而在大部分受污染的湖泊中，连一米左右的能见度也是罕见的。记得古希腊医学家希波克拉底曾经说过，对于人的生命来说，最重要的是水、空气和阳光。然而，遗憾的是，随着人类文明的发展，人类自身的生存条件却日益恶化。水、空气和阳光，本来是人类生活中最平常的东西，现在却成了千金难求的稀缺资源。在上海，凡是站在窗口可以眺望到黄浦江江面的房子，每平方米的房价几乎都在 2.5 万元以上。我在报纸上发现这样一则广告，有一幢高层住宅楼上的一个房间，面积只有 61 平方米，就是因为从窗口可以眺望黄浦江，它的价格竟高达 191 万元！对于大气污染，北方人的感受或许比南方人更为强烈。每当遮天蔽日的沙尘暴降临的时候，他们恨不得像田鼠一样钻到地下去。对于大城市的居民来说，甚至连阳光也成了争夺的对象，肤色的苍白既表明他们与阳光无缘，也表明他们与健康无缘。我常常想，人类究竟在干什么？难道人类创造文明的目的就是毁掉自己？中国人常把蠢人理解为"搬起石头砸自己脚"的人，其实，整个人类不正是这样的蠢人吗？或许人类会以种种善良的愿望为自己的行为所造成的恶果辩护，但西方人不也说过这样的名言吗？通向地狱去的道路通常是由善良的愿望铺成的。二十多年前，当我在报刊上见到"开发"这个词的时候，心里充满了希望和憧憬，然而，在今天再听到这个词的时候，我却感到深深的忧虑。因为在不少场合下，所谓"开发"，常常是资源浪费和环境破坏的同名词。德国哲学家海德格尔主张，应该把自然视为人类的伴侣，应该让自然泰然处之，不要轻易去扰动它、影响它。人们常常说，要把自然唤醒。其实，不如让自然继续酣睡。我希望，纳木错湖像睡美人一样，永远酣睡下去，它并不需要一位英俊的王子用自己的吻把它唤醒。虽然这个吻可能是甜蜜的，但它必定会充满毒性，会毁掉这颗无比珍贵的绿宝石。

日喀则与希望小学

8月10日，参访团到达了西藏的第二个大城市——日喀则，入住山东大厦。据说，日喀则的海拔比拉萨高二百米，许多人到这里后都感到难受，不但气喘，而且也伴有恶心和呕吐。令人难以置信的是，我的感觉反而好多了。在日喀则，我们参观了扎什伦布寺，逛了步行街，商店里陈列着的绿松石首饰使同行的女同胞们爱不释手。当然，在这里，最使我难忘的是第二天下午在日喀则会议中心举行的"普陀觉群希望小学捐建仪式"，捐助对象是日喀则地区的萨迦县。日喀则地委领导和萨迦县委领导都出席了，小学生的代表也出席了，仪式举行得十分隆重。捐建仪式和揭牌仪式完成后，长春法师也要我在大会上讲几句话，我欣然同意了。

在我看来，觉醒大和尚率领的参访团在这次参访过程中做了两件功德无量的大好事：一是代表上海佛教界向西藏自治区佛教界捐赠了20万元人民币，助印《丹珠经》；二是向日喀则萨迦县捐赠了30万元人民币，建设希望小学。如果说，前一个举措立足于对藏传佛教文化传统的保存和弘扬的话，那么，后一个举措则着眼于将来，寄希望于教育事业的发展和未来人才的培养。更令人感动的是，觉醒大和尚在发言中表示，上海佛教界和玉佛寺今后每年都会致力于对这里的希望小学的捐助。他还表示要创造条件，让这里的优秀教师和学生有机会到上海去看看，甚至在那里进一步深造。从这两个不寻常的举措中，从坐在第一排的小学生代表们的喜气洋洋的、充满希望的脸庞上，我看到了觉醒大和尚的远见卓识，也看到了中国教育发展的根本方向和现代化事业的未来的希望。与此同时，我也意识到，这次参访活动已经远远地超出了它本身的意义，升华到一个全新的精神高度上。它不仅体现出觉醒大和尚慈悲为怀的博大胸襟，也体现出他对中国悠久的文化传统和教育事业和拳拳之忧！

　　当我随着参访团的其他成员顺利地踏上归途的时候，我的心里久久不能平静。在这次参访活动中，如果说，西藏的蓝天白云和藏传佛教的博大精深净化了我的心灵，开阔了我的眼界，提升了我的思想境界的话，那么，觉醒大和尚的远见卓识和博大胸襟也使我看到了佛教文化和高尚人格的巨大力量。

印度印象

　　从小时候起，在我的印象中，印度就是一个遥远而神秘的国度。然而，命运却给了我意想不到的机会，使我两次有机会踏上这片令人神往的土地。第一次是 1999 年 12 月，我参加了由"国际价值与哲学学会"与印度多个大学、研究所联合主办的、题为"中国佛教的印度之根"（The Indian Roots of Chinese Buddhism）的国际学术研讨会，历时三周，既参观了新德里、加尔各答、瓦拉那西（泰戈尔故乡）、阿格拉（泰姬陵所在地）、海德拉巴等城市，也瞻仰了鹿野苑、菩提伽耶等佛教圣地，从而对这个神秘的国度留下了初始的印象。那次回国后，由于学术工作的繁忙，无暇把当时的一些想法整理出来。第二次机会是在 7 年后降临的。2007 年 1 月 5—13 日，上海玉佛寺觉醒大和尚发起并组织了"上海佛教界赴印度圣迹参访团"，我有幸以居士的身份，参加了这次"天竺·心之旅"，再度踏上了印度的土地，访问了新德里、瓦拉那西、鹿野苑、菩提伽耶、巴特那、那烂陀、王舍城等处，这使我不但加深了对印度这个国家的认识，也加深了对佛教历史和教义的领悟。

在我的脑海里，印象最深的莫过于在瓦拉那西的那个早晨所见到的街道上的景象。记得那天早晨，天还没有亮，Morning call 就把我们叫醒了。六点整我们从宾馆乘车出发，不久便到了一处停车场。这里距离恒河边还有一段不算短的路程，是由窄窄的街道构成的，汽车无法开进去。于是，我们排着长长的队伍，以"急行军"的方式，在朦胧的晨光中，向恒河边走去。或许可以说，这段路是一个人生命中最难忘记的一段路。

街道上空弥漫着一股臭烘烘的气味，不少流浪汉睡在路边阴沟旁。他们把自己的身体，甚至脑袋都裹在肮脏的、发黑的毯子或衣服里，仿佛地上扔着许多袋马铃薯。在这些睡着的、没有声息的流浪汉近旁，有时也能见到同样肮脏的、扑在地上打盹的狗，或悠然自得地行走在街上的牛。在街道的两边，布满了积水、牛粪、垃圾和随风飞舞着的塑料袋。在街道上，各种人力车和助动车飞快地、川流不息地在熹微的晨光中滑动，常常和我们擦肩而过，我们不得不小心地避让它们。街道两旁的商店大部分还没有开，只有几家饮食店冒着热气，门前的小桌周围，坐着一些匆忙进食的男人。他们用漫不经心的眼光打量着我们的队伍。触目可见的都是伸手向你乞讨的人，也有的残疾人趴在地上，借助自己的双手行走着，甚至在灰尘中滚动着，用充满乞求的目光注视并追随着观光者，那种可怜的模样，真使人惨不忍睹。在恒河边的石阶上，坐着许多苦行僧。他们也与流浪汉一样，把自己裹在肮脏的布片里，只露出一双闪闪发光的眼睛，又黑又瘦的手中攥着一个饭碗或小钵，伸手向观光者乞讨……

街道上的景象使我想起了 7 年前我来这里时的情形，几乎完全一样。我心里不禁一阵纳闷：为什么 7 年来这里的情形毫无变化？为什么一个拥有伟大而悠久文明的国家会让它的百姓沦落到这个地步？在这个充满神秘色彩的国家里，或许从佛陀的时代起，乞讨就并不令人感到羞耻，甚至完全是正常的事情，然而，一个社会却不能只有乞讨者。退一万步说，即使乞讨要获得成功，也必须先有东西被生产出来。对于一个社会来说，关键是拥有自己的勤劳的生产者。记得德国社会学家马克斯·韦伯在《新教伦理与资本主义精神》一书中叙述"新教伦理"的表现形式时，就谈到"勤劳""俭节"等品德。事实上，对于一个国家来说，要是它的民众缺乏这样的品德，而以乞讨为荣的话，现代化是很难发展起来的。在我国的新闻媒体上，不少专家撰文，把印度看作中国在亚洲的最强大的竞争者，我却从来没有被这样的见解困扰过。在我看来，瓦那拉西的这条窄窄的街道就是一个明证。在这个早熟的文明中，只要不洁和乞讨还是一种普遍的受尊敬的生活方式，现代化就不可能成为真正的文化上的自觉。

我对印度的第二个深刻印象是在我们从菩提伽耶乘车赶往巴特那的公路上形成的。事实上，这两个城市之间的距离只有100多千米，如果公路建得好而且路上不拥堵的话，恐怕最多花2小时就能够到达了，然而，遗憾的是，我们花了七八小时。实际上，我第一次来印度时，就已经听人说起，印度的公路系统还是英国人建造并留下的。有的公路路段由于年久失修，坑坑洼洼，行车非常困难，到下雨天就更不用说了。然而，更令人难以理解的是，这些城市之间的公路都是不画线的。也就是说，去的车在这条路上走，来的车也在这条路上走。即使在途中想停车的话，也没有专门的停车场，因而车只好停在路边，对其他车辆的行驶来说，造成了诸多不便。更令人匪夷所思的是，连摩托车、自行车、牛车、牛、羊、狗也都在这唯一的道上走。在这样的路况下，汽车怎么开得快？尽管驾驶员们都是"勇士"，能够在人堆里、车堆里熟练地开着大客车往前闯，但在狭窄的公路上经常发生的汽车堵塞、交会车、避让动物、避让大坑、穿越集市、穿越修路地段等，却使任何车辆都只能像蜗牛一样在公路上爬行。

从印度公路的路况，我自然而然地联想到作为中国文化核心观念的
"道"。在汉语中，"道"的原始含义是"路"，而"路"的本来含义则是
通达、畅通。这充分表明，"道"的本真精神体现在通达和畅通中。古代
大禹治水，强调的就是疏导而不是堵塞，而疏导这种做法正是"道"的
精神的集中体现。在当代社会中，"道"的精神获得了更加全面的表现形
式。事实上，任何社会要得到健康的发展，就需要建造并疏通各种各样
的路。这里不仅有水路、陆路，还有空中之路；不仅有电话、电报、电
传、电视，还有电脑和 Internet；不仅有"看得见的路"（visible way），
也有"看不见的路"（invisible way），而在"看不见的路"中，最重要的
是人与人之间的政治关系之"路"的疏通。对于民主社会的建设来说，
这样的"路"比什么都重要。德国哲学家哈贝马斯的"交往理论"（the-
ory of communication）实际上体现的也正是这种"道"的精神。从当代
印度城市间公路的普遍堵塞可以看出，其文明中缺失的正是中国文化中
的"道"的精神。中国人在改革开放中越来越清醒地认识到这一精神的
重要性，而印度人似乎还没有充分地意识到这一点。

我对印度留下的第三个深刻的印象是，尽管我们瞻仰的大多是佛教
的圣地和圣迹，尽管我们在鹿野苑，尤其是菩提伽耶见到了不少虔诚的
佛教徒，但还是隐隐地感觉到，佛教在印度的衰微。调查资料表明，在
当代印度社会中，有 80％以上的人信奉印度教，而信奉佛教的人只有
0.2％左右。为什么佛教在自己的发源地会渐渐地被边缘化？一路上我不
断地思索着这个问题。按照历史书的记载，在印度，佛教创立于公元前
6 世纪，到公元 12、13 世纪差不多销声匿迹了。之所以导致这种结局，
其直接原因有二：一是穆斯林的入侵及对佛教庙宇的破坏和佛教徒的残
杀；二是印度佛教在其发展后期越来越注重神秘的宗教仪式（据说西藏
的密宗正是在其后期倾向的影响下形成起来的），正是这种倾向导致它失
去了大量的信徒，从而其影响也日渐衰弱。但在我看来，佛教在印度的

衰亡似乎还有更深刻的原因，即一方面，它的教义把生命和欲望作为绝对的恶的东西加以排除和否定；另一方面，修行并达到佛性的困难使许多人望而却步。而佛教传播到中国后，之所以获得了那么多的追随者，因为中国的佛教教派，尤其是禅宗，结合本土文化，对生命、欲望和对佛性的领悟做出了更合乎情理的阐释。

当然，值得欣慰的是，虽然佛教在印度已经一蹶不振，但它对中国和东南亚诸多国家却发生了重大的影响。事实上，它的顽强的生命力正体现在它对自己教义的不断反省和更新中。觉醒大和尚在谈到这次"天竺·心之旅"的"缘起"时，曾经提出了如下的希望："谨望各位有缘人见贤思齐，长随佛学，道不远人，努力精进，以期不虚此行，不负此生，则佛教幸甚，众生幸甚!"这个希望不仅显示出他自觉地接续、承继佛教伟大传统的决心，也表明佛教和佛学在中国这片广袤的大地上依然拥有经久不衰的生命力!

理解瑞士[①]

            1997 年 5 月 26—28 日，在阳光明媚的瑞士古城圣加仑举行了第 27 届国际经济管理研讨会。在圣加仑的市民的眼中，这"五月里的三天"（Three days in May）已成了每年一度的隆重的节日，至于不同年份的"三天"之间有什么差异，似乎并不重要。然而，对于代表中国大学生、首次以集体的方式登上圣加仑学术舞台的 15 名复旦学子来说，这"三天"却是极不寻常的。因为邀请这么多中国学生与会在圣加仑研讨会，这在其发展史上是没有先例的。在这三天中，中国的专家和学生都受到了特别的礼遇。会议组委会特意把中国经济体制改革研究会常务副会长高尚全教授的主题报告安排在第一天上午。作为紧挨着美国哈佛大学教授亨

---

    ① 本文参见俞吾金主编：《跨越边界》，230～246 页，上海，复旦大学出版社，1998。

廷顿的第二位发言者，他的报告引起了全体与会者的莫大的兴趣；之后，在专题讨论中，中国学者和企业家的发言也吸引了许多听众。最令人激动的是，当托马斯（Thomas Casas i Klett，在复旦大学注册的西班牙留学生）作为本次会议的三位获奖的学生之一登上主席台，做了题为"中国金融的万里长城"的报告后，赢得了全场听众长时间的、热烈的掌声。

这一切都表明，在 1997 年的圣加仑，"五月里的三天"有着历史性的意义。它记录了中国人创造的经济奇迹以及瑞士人、欧洲人乃至许许多多的地球村居民试图了解中国的急切心理，也记录了中国大学生满怀激情和信心走向国际学术舞台的音容笑貌和雄健的步伐。历史将会记住这不寻常的三天，尽管它非常短暂，但它却有着永久的价值。正如老黑格尔所说，转瞬即逝的玫瑰并不亚于万古长存的山岭。

作为这 15 位学生的领队教师的我，在整整 10 天的时间里与他们朝夕相处，结下了深厚的友情。特别是在这令人难忘的三天里，我同他们一样萌生出许许多多新的感悟。虽然我与绝大部分学生（托马斯除外）一样，是第一次踏入以"世界花园"著称的瑞士，但我并没有像他们那样受到强烈的视觉冲击，因为我已在西德（当时两德尚未合并）生活过两年。居住在德语区的瑞士人似乎与德国人没有什么重大的差别。听他们讲德语，我有一种特别亲切的感觉。我常常会联想起当时我在德国时，有一次在电车上听两位德国妇女拉家常，她们的德语是如此之纯真，音调是如此之美，以致在我的记忆中永久性地保留着这一幕。由于当时的西德处在美国的占领之下，所以西德人的英语大致上是不错的，但大部分居住在德语区的瑞士人讲起英语来，却拗口得很。就像希腊英雄安泰，一离开大地母亲，便失去了应有的活力。这种有趣的语言环境在一定程度上也使复旦的学生受到了感染。他们都是学英语的，只有少数几位研究生初知德语。有一次，一位同学为了对圣加仑大学的一位瑞士籍的学生表示感谢，在匆忙中竟说："Very Dank"。其中 Very 是英语，表示"非常"，而 Dank 却是德语，表示"感谢"。大家听了不禁善意地笑起来。不能说我在瑞士没有感受到任何新鲜的东西，我想表明的是，我的瑞士之旅主要不是感觉之旅，而是精神之旅、思维之旅。下面记录的就是我的一些感悟。

机遇与努力

乍看起来，机遇似乎是向所有人敞开的，但幸运者总是少数。正如一位科学家所说的：机遇总是偏爱着准备的大脑。所谓"有准备的大脑"是指平时不断地思索着、努力着的人。对于这样的人，机遇总是敞开着的。或者换一种说法，在努力中已经蕴含着机遇。反之，对于平时不思索、不努力的人来说，机遇实际上是不存在的。这次复旦15名学生的英文论文入选，看起来纯粹是偶然的，犹如希腊神话中的爱神阿佛洛狄忒垂青特洛亚王子帕里斯一样。但在我看来，这与其说是命运之神的特别眷顾，不如说是这些学生日积月累努力的结果。这些学生的英语基础都比较好，思想也比较活跃。第27届圣加仑国际经济管理研讨会所涉及的主题也正是他们平时反复思考的问题。张蔚斌和马磊合作的论文《信息社会：超越地缘政治》就是一个典型的例子。早在圣加仑研讨会征文之前，他们对这个问题已做了深入的讨论和研究。在此基础上撰写的论文自然是很见功力的。由此可见，他们的论文并不是"急就章"，而是长期思考的结晶。这就可以解释，为什么17个学生递交了申请论文，竟有15个被接受。同样地，正因为他们在英语上有较深的造诣，所以在语言表达上也非常流畅。甚至可以说，有几位学生的英文论文如神来之笔，写得十分漂亮，连平时不为人注意的小词的运用都已达到炉火纯青的境界，得到了导师们的好评。也正因为他们的英语达到了一定的水平，所以无论是在圣加仑的研讨会上，还是在与一些大公司总裁的会谈中，他们都表现得十分活跃，得到了与会者的普遍的赞扬。

学生们的成功还表明，他们的努力并不是埋头拉车，更不是闭门造车，而是出于追求真理的热情。亚里士多德的名言"吾爱吾师，吾更爱真理"在他们的身上得到了充分的体现。而这种追求真理的热情又植根于他们对中国的振兴、对全人类的生存和发展的高度的责任感。常常有人抱怨现在的青年人，尤其是大学生缺乏社会责任感。我觉得，这种抱怨并没有充分的理由。该抱怨的倒是我们在教育上的失误。因为我们在教育方式上很少给青年人以主动权，我们对他们总是一百个不放心，总是怀着戒心，总是越俎代庖。这样一来，他们的责任感就找不到机会展示出来。久而久之，在少数青年人的心目中，责任感就渐渐地淡化了。实际上，只要我们信任他们，给他们充分的主动权，他们强烈的责任感就会释放出来。在这些学生的身上，我感受到的正是对国家事业和前途的高度的责任感。一年一度的圣加仑研讨会就完全是学生主办的。为什么办得如此井井有条？正是学生的责任感使然。

由此可见，正是高度的责任感和追求真理的热情使真正的、持之以恒的努力成为可能，从而也使机遇为之敞开。而这，不正是复旦精神的真谛之所在吗？

理解与感觉

一般说来，感觉到的东西人们不一定能深刻地理解它；只有理解了的东西，人们才能更深刻地感觉它。我们对瑞士的印象也正是如此。我们力图做到的不仅仅是感觉瑞士，而是理解瑞士。其实，对瑞士的解读和理解早在我们去瑞士前就已经开始了。多年前，我在读茨威格的名著《异端的权利》时，就对加尔文新教教义的冷酷无情留下了深刻的印象。加尔文不仅整天用黑袍裹着自己的躯体，像幽灵一样游荡在鲜花盛开的大地上，而且他敌视一切感情上的享受，以致他干脆取消了日内瓦市民的所有娱乐活动。茨威格不无遗憾地写道，在加尔文的思想专制之后，日内瓦在随后的两百年里竟然没有出过一个思想家和艺术家。加尔文甚至把一个不信仰神学的西班牙科学家送上了火刑柱。在几个世纪后的今天，瑞士的精神氛围已经迥然不同，以致在圣加仑的国际研讨会上，听众把最热烈的掌声给了同样以孜孜不倦的热情追求真理的另一个西班牙人——托马斯。然而，正如黑格尔所说：好的最大的敌人是最好。在瑞士的富于诗意的、近乎完美的宁静中，缺乏的不正是生命的萌动和热情的奔涌吗？

最近以来，报刊上一直在讨论第二次世界大战时期瑞士与德国纳粹之间的亲密关系。据说，瑞士不仅放手让希特勒利用自己的铁路运送战争物资和苦工，而且收购纳粹德国从世界各地掠夺来的国库储备黄金。显然，这种做法是与瑞士的永久中立地位相冲突的。尽管持这种行事方式的人只是瑞士人中的一小部分，尽管不久以前瑞士政府已对报刊上的这类指责做出了回应，但在国际社会中，某种不可言说的、淡淡的失意还是留下来了。它似乎从一个侧面反映出，历史的高利贷尚未完全偿清，加尔文的严酷的、专制的思想统治所造成的精神创伤还在隐隐作痛。这颇有点像终年白雪染顶的阿尔卑斯山，它总是隐隐地出现在瑞士美丽风光的背景中，给人一种威严、疏远而又冷峭的感觉。无怪乎青年黑格尔在伯尔尼附近徒步漫游时，在自己的旅行日记中这样写道："凝望这些永远死寂的大土堆，只能使我得到单调而又拖沓的印象：如此而已。"也无怪乎拿破仑在越过阿尔卑斯山时，不无敌意地说出了一句流传至今的名言："我比阿尔卑斯山高。"

这次瑞士之旅，由于时间紧迫，我们失去了登临阿尔卑斯山、领略"会当凌绝顶，一览众山小"的意境的机会，也失去了探寻山上的古隘口、踏访历史遗迹的机会。其实，正是这些古隘口记录着古代欧洲人交往的秘史。然而，我并不觉得有什么遗憾的地方，因为在精神上我已经理解它了。虽然理解并不能取代感觉，但理解却能改变感觉。

对话与独白

圣加仑研讨会的观念也就是"对话的观念"（The Idea of Dialogue）。

数百名来自世界各国的政治家、企业家、理论家和学生既可以在大会、分会和专题讨论会上自由地提出自己的问题，也可以在会后或就餐、喝咖啡的时候进行无拘无束的谈话。这种平等的对话不但增进了人们之间的相互了解，而且也能消除由于各种原因引起的误解。大仲马笔下的爱德蒙·邓蒂斯被抛入达尔夫堡的单身牢房之后，他的第一个愿望和冲动就是要与别人谈话。其实，人并不是处在单身囚禁状态下才渴望交谈的，作为社会动物，人总是渴望着交谈，渴望着理解和被理解。瑞士人、欧洲人乃至大部分西方人是通过报刊和电视上的歪曲的报道了解中国的，从他们的谈吐中就可以看出，他们对中国有很多误解，需要通过交谈加以澄清。在短短三天会议中，我接触到的一些西方人或多或少有着这样那样的误解，通过交谈和解释，他们的想法也就起了变化。所以，要真正地了解中国，不仅需要与中国人进行沟通和交谈，而且最好要到中国去感受一下。在这次研讨会中负责中国方面事务的姚建中先生的导师 Th. Leuenberger 教授在会后就写信给我，他今年 10 月将去新加坡访问，希望能顺访上海，到复旦做一个《全球化及其结果》的学术报告。在某种意义上，渴望与中国人进行交流和对话已成了当今西方人的时髦。

与对话不同，独白（Soliloquy）乃是自顾自地说话，并不在乎有否听众。或者换一种说法，独白者同时又是听众。有时候，自我会分裂为二，一个自我需要与另一个自我谈话。在这个意义上可以说，独白是一种特殊的、虚拟的对话。但不管怎么说，独白没有走出自我的圈子，它是封闭性的。唯有对话的形式才能为心灵的开放提供条件。然而，对话与独白并不是截然对立的两个世界。我觉得，主要存在着两种不同形式的对话：一是形式上的对话，二是真正的对话。所谓"形式上的对话"是指有对话的形式而无对话的实质。在这样的对话中，对话的主题、对话的意义、对话的方式都是由某一方规定的。所以，与其说它是对话，不如说它是独白。所谓"真正的对话"，其主题的确定、意义的阐发和方式的采纳都应该是双方平等地商定的结果。此外，任何一方在对话中所使用的语言都不应当是权力话语。这种真正的对话的意境在现实生活中是很难达到的。然而，从封闭的独白走向开放的对话无论如何是一种进步。一旦我们熟悉了对话的形式，接下去要做的事情就是提高对话的质量了。

圣加仑的对话既不能说是"形式上的对话"，恐怕也不能说是"真正的对话"，它是介于这两者的中间形态。因为研讨会的主题主要是从瑞士乃至欧洲的根本利益出发的，研讨会议程也表明了这一点。从文化心理分析的角度来看，这里显露出来的乃是潜意识中的欧洲中心主义倾向。当然，从21世纪初以来，也有不少学者对"欧洲中心主义"提出了批评，而东方世界，尤其是亚洲的崛起也向"欧洲中心主义"提出了挑战。第27届圣加仑研讨会邀请这么多中国学生和代表参加，而且把中国代表的发言放在十分重要的位置上，这也表明欧洲人正从自我中心主义的思维框架中摆脱出来。虽然"真正的对话"处于人们憧憬的远景之中，但通过地球村居民的共同努力，这一远景还是有可能实现的。历史并不在我们之外，相反，它存在于每个人的身上。

确立边界与跨越边界

这次圣加仑会议的主题是"跨越边界"（Crossing Boundaries）。这个主题引起了不少的争论。什么是"边界"？有人认为，国界就是边界，也有人认为，贸易区域才是边界；有人认为，语言就是边界，也有人认为，文化才是边界；有人认为，心理就是边界，也有人认为，观念才是边界。仁者见仁，智者见智。什么是"跨越"？有人认为，跨越就是跃过去的意思；也有人认为，跨越就是拆除的意思，"跨越边界"也就是拆除边界的意思。

上面罗列的意见似乎都有一定的道理，但对整个问题的思考仍然在原地踏步。说边界是国界或是语言等，这仅仅是边界的不同类型，但并没有真正回答什么是边界。同样地，说跨越就是跃过去，这不过是同义反复；而说跨越就是拆除，在理解上也是有问题的。其实，跨越边界恰恰表明边界存在着。正因为边界存在着，才需要人们去跨越。如果边界拆除了，那么"跨越"在这里就成了一个无意义的词。要深入地理解这个问题，就应当把焦点会聚到确立边界或跨越边界的主体——人的身上。这样，我们首先要回答的问题是：人为什么要建立边界？回答其实很简单：人要生存在这个世界上，他就必须建立各种各样的边界。举例来说，一个社会如果处在无政府主义的状态下，人与人之间就会因彼此的侵犯而最终陷于毁灭。所以人们必须制定法律，确定合法与非法的边界，并运用国家的力量对非法的行为进行惩处。又如，当人们试图认识世界时，就不得不通过设立学科边界的方式把世界切割开来。于是，就有了物理、化学、生物、数学、政治学、经济学这样的学科，而不同的学者则在不同的学科边界内从事研究活动。由此可见，边界不是人们凭自己的好恶可以要或可以不要的东西，边界是从人的生存活动深处产生出来的。在某种意义上，人是边界动物。人为了自己的生存而设置边界，也为了自己的生存而跨越边界，在有的时候则拆除边界。所以，人与边界的关系不是外在的、偶然的、任意的关系。海德格尔把人的出生理解为"被抛状态"（Geworfenheit），说得具体一点，人一出生就被抛入了某些欲罢不能的边界之中，如国界、文化边界、人种边界、语言边界等。人永远不可能进入无边界状态之中，他跨越了某个边界，又必然会置身于新的边界之中。一个幻想摆脱一切边界的人，不是被整个社会放逐，就是精神病人。

在这个意义上来考察"跨越边界"，就会发现，它实际上没有说出什么新的东西，因为设置边界和跨越边界构成人的日常生活。问题在于，普通人是自发地、不经意地生活在边界之中。边界构成他的生活，但他从不把它作为自己的反思对象。而对于哲学家来说，情形就不同了。雅斯贝尔斯在其生存哲学中，提出了一个十分重要的概念——"边界状况"（Grenzsituationen），他把人的死亡、苦难、斗争和罪过理解为边界状态。人正是通过对这种无法逃避的边界状况的思考和跨越才进入哲学或宗教领域的。当然，圣加仑所要跨越的边界主要是指经济、贸易、金融、经营管理和地理方面的边界。但无论如何，提出"跨越边界"这个口号总是对日常生活中自发的边界意识的一种超越。显而易见，"跨越边界"的口号是在全球化的趋势日益明朗的情况下提出来的，而这里所以提"跨越"而不是"拆除"边界，正是暗示出作为全球化相反的发展趋向的区域化仍然会长期存在下去。在这个意义上可以说，"跨越边界"的口号既承认了边界存在的必然性和必要性，又强调了在某种情况下跨越边界的合理性和现实性，乃是一个充分体现辩证法精神的口号。

人与自然

北京和苏黎世之间的飞机航班一周只有一次，这至少从一个侧面反映出中国与瑞士乃至整个欧洲的联系还不怎么紧密。这个遗憾却为我们在三天会议之后能有另外三天来领略瑞士的自然风光提供了契机。作为"世界花园"的瑞士处处显示出人与自然之间的和谐的关系。由于时间比较紧，我们没有机会南行到日内瓦去欣赏日内瓦湖的旖旎风光，但离开圣加仑不远的、一望无际的博登湖和气势磅礴的莱茵瀑布又使我们的遗憾宛然冰释。博登湖边绿树掩映，湖水清澄，湖面上白帆点点，远处是群山的淡淡的影子。站在岸边，油然而生"舟遥遥以轻扬，风飘飘而吹衣"的动感。但转念一想，自己已近天命之年，光阴虚掷，岁月蹉跎，不免兴尽悲来。

莱茵瀑布给我的是一种完全不同的感觉。当奔腾的水流由于巨大的落差发出雷鸣般的吼声，当风卷着乳白色的水汽迎面向我扑来的时候，我突然感受到自然的原始的野性和不可征服的巨大的力量。在城市里生活惯了，很容易把自然理解为一个任人打扮的、十分听话的女孩。实际上，在城市里，人们习惯于把自然囚禁在水泥围栏之中，这仿佛是为了回应自然的敌意，即每个城市都处在自然的包围之中。只有当人们走向自然，震撼于自然的原始的力量时，才能解除自己的自我中心主义，才会放弃征服自然的夸张的念头。古人和近代人都以征服自然为目的，结果造成了自然环境的严重破坏，破坏了的环境倒过来报复了人类。我们常用"搬起石头砸自己的脚"来形容某些愚蠢的人，但在人与自然的关系上，这不正是人类行为的真实写照吗？人类经常陷入的悖论在于：当他认为自己做了许多有重大意义的事情时，这些事情的意义远比他自己想象的要小；反之，当他认为自己没做什么有害的事情时，他的行为所造成的消极的结果远比他自己想象的要大。在历史和实践中付出了惨重的代价之后，当代人终于通过像海德格尔这样的哲学家说出了人类应与自然保持的新的关系，即"守护自然"。

我站在莱茵瀑布前，虽然感受到自然的巨大的力量，但在前拥后挤的游人中，却失去了陈子昂所吟咏的"前不见古人，后不见来者，念天地之悠悠，独怆然而涕下"的空灵的意境。当代人的可悲不仅在于失去了自然，而且也失去了空间。在拥挤中生活乃是当代人的普遍的命运。当西方人站在进出海关的一米线外或当他们远远地站在自动取款机前耐心地等待他人取款时，他们常常为自己享有的这种"私人空间"而感到骄傲。其实，这样小的空间只是留给工具理性的，至于价值理性，需要大得多的空间才能启动。在拥挤中，一切灵感都会消失。当代人的不幸还在于，他们在旅游时总是受照相或摄像之害。人们常常谴责那些把"某某某到此一游"刻在树上或墙上的低俗的游客。其实，仔细想来，照相或摄像不正是以看起来似乎显得高雅得多的方式在重复同样低俗的游戏吗？当代的游人其实并不真正地醉心于观赏自然风光，他们只是满足于把自然风光和自己的光辉形象留在摄影器具里。正如当代的不少大学生热心的并不是学英语，而是学考英语。一旦形式取代了内容，现象消灭了本质，剩下来的还有什么呢？当游人们（有时也包括我自己）繁忙于摄影或被摄影的时候，他们放弃的不正是旅游中最应当保存的宝贵的东西吗？有时候我想，如果李白和杜甫都拥有一架照相机的话，他们还能写出这样美丽的诗句来吗？

到自然风景优美的地方去旅游，乃是人对自然的返回。按照斯宾格勒的说法，生活在城市的"石化"的环境里，文化会随之而衰退。他曾经断言，几乎所有的文化都发端于乡村，衰落于城市。不管他的看法是否正确，不断返回自然乃是人类的永恒的情结之一。人不应当自私地把自然理解为使用价值和取用对象，而应把自然理解为自己生命的保姆，应当保护自然，维护自然的安宁，尊重自然运动的规律，不把自己的意志强加给自然。当自然不再被分割为碎片，不再为水泥栏杆所围困，不再是人们必须驱车几百千米才能一睹芳容的"圣地"，而成为人类生活的普遍环境时，人的生活才真正达到了人的水平。

传统文化与现代化

无论是在圣加仑、苏黎世、伯尔尼还是其他城市的街道上漫步，游人都能感受到传统和现代化之间的张力。一方面，具有民族风格的建筑物、街道、文化产品触目可见，每年的传统节日都在广场和街道上隆重地演绎，吸引着无数的游人驻足观望；另一方面，现代化的超级市场、竖在马路边上的巨大的广告牌、包装漂亮的商品琳琅满目，同样令人流连忘返。传统文化与现代化奇妙地结合在一起，展示出独特的魅力。

也许可以说，博物馆与教堂是瑞士传统文化最经典的传承媒介。在圣加仑这个小城里，有一条幽静的林荫路名叫"博物馆路"，自然博物馆、历史博物馆、艺术博物馆、民俗博物馆等都集中在这里。游人花上半天到一天，就能领略反映瑞士传统文化的丰富的馆藏。间或可以看到一队队学生前来参观，带队老师站在展品柜前耐心地给学生们讲解着。传统文化正通过这样的方式代代相因。然而，进一步能够通过心灵去感受这种传统的却是教堂。当我们进入圣加仑的 Kathedrale 大教堂时，它的宏伟的气势、精美的雕刻、彩绘的玻璃和轰鸣的管风琴声给我们留下了深刻的印象。坐在空落落的长椅上，仰望着钉在十字架上的耶稣像，感受着氤氲在教堂里的肃穆的气氛，我的心灵为一种异样的力量所震动，但这种力量却缺乏亲和性，它无法渗透到我心灵的深处，就像卡夫卡笔下的土地测量员只能在城堡的周围游荡一样。

有的学者认为，人类心灵的超越有着两条不同的路径。一是外在超越之路，西方基督教走的就是这条路。康德把这一点说得十分清楚，因为在他看来，上帝作为理念，不过是人类做出的假设，其目的是使人的行为向善。二是内在超越之路，中国哲学，特别是儒家学说走的就是这条路。儒家学说要求人们不断地提升自己的道德观念，由内圣而外王，使自己的行为符合高尚的道德观念。其实，这里对"内""外"的划分并不具有实质性的意义。上帝看起来是一个外在的形象，但对于虔诚的基督徒来说，它又是一个内在的形象。同样地，道德观念似乎是内在的，但一见诸行为，它也就外在化了。事实上，在"内"与"外"之间从来就没有不可逾越的界限。正如德国小说家黑塞在《内与外》中所说的："无物在外，无物在内，因在外者，也即在内。"在我看来，我们对不同文化的感受主要有两种。一种是亲切感。一般说来，当我们置身于自己的文化或与自己相类似的文化中时，常常会产生这种感受。另一种是疏离感。当我们处在与自己的文化差距较大的另一种文化中时，这种感受常常会油然而生。

人们在传统文化的框架内从事着现代化事业，而现代化事业又以自己独特的价值观念改铸着传统文化。我想，这大概就是背负着传统的包袱、从事着现代化事业的任何一个民族都无法回避的现实生活。

虽然瑞士之行已经结束，在我的记忆中却留下了许多值得深思的东西。

图书在版编目(CIP)数据

哲学遐思录／俞吾金著.—北京：北京师范大学出版社，2016.7
（2017.9重印）
（俞吾金哲学随笔）
ISBN 978-7-303-19777-4

Ⅰ．①哲…　Ⅱ．①俞…　Ⅲ．①随笔－作品集－中国－当代
Ⅳ．① I267.1

中国版本图书馆 CIP 数据核字（2015）第 280739 号

营　销　中　心　电　话　010-58805072 58807651
北师大出版社学术著作与大众读物分社　http://xueda.bnup.com
ZHEXUE XIASILU
出版发行：北京师范大学出版社 www.bnup.com
　　　　　北京市海淀区新街口外大街 19 号
　　　　　邮政编码：100875
印　　刷：北京京师印务有限公司
经　　销：全国新华书店
开　　本：730mm×980mm　1/16
印　　张：24.5
字　　数：355 千字
版　　次：2016 年 7 月第 1 版
印　　次：2017 年 9 月第 2 次印刷
定　　价：62.00 元

策划编辑：饶　涛　杜松石　　责任编辑：赵雯婧　张　爽
美术编辑：王齐云　　　　　　　装帧设计：王齐云
责任校对：陈　民　　　　　　　责任印制：马　洁